ALL
SPANISH
VERBS
FROM a TO Z

LAROUSSE

English version
Victor HARGREAVES
Alba BUILES-PEREZ

Review of text
Olivier CHAUCHE
Robert DAVREU

Typesetting
Josiane SAYAPHOUM

Editor
Isabelle LECHARNY

FOREWORD

The purpose of this practical handbook is to provide the user with a useful reference tool to work with when writing or reading in Spanish. It should be of help both to the beginner and the more advanced learner. Verbs and their associated nouns form the basis of all European languages and over nine thousand Spanish verbs are listed in this work.

The first part of the book deals with the grammatical description of the verb and its use in modern Spanish. There are also explanations concerning the use of tenses together with all the regular and irregular forms and the exceptions. A full model for every type of verb is presented in the verb tables. In the verb index the model to be used for each verb is indicated. Only the general, most used meaning of the Spanish verb is given in English and users should check with a full dictionary for the full range of different meanings the verb can have according to the context in which it appears.

As the handbook is primarily intended for use in the countries of North America, the index includes many verbs which are employed in American Spanish but are less well known in European Spanish. For these reasons also both the tense classification of the Royal Academy in Madrid and that of the Venezuelan grammarian Andrés Bello, widely recognized in Latin America, are given in the verb tables.

It should be remembered that Spanish is a phonetically consistent language and once the basic pronunciation has been acquired most new verbs can be pronounced correctly. For this reason phonetic transcription, unlike in English, is of less importance.

Alba Builes-Perez   Victor Hargreaves

SUMMARY

PART I
THE VERB AND ITS CONJUGATION

THE VERB IN CASTILIAN SPANISH

The verb in Castilian Spanish is the part of speech which expresses being, state, action or feelings, usually indicating time and person. Thus, when we say *leo* or *leen* we show that it is *yo* (I) or *ellos* (they) who is carrying out the action of *leer* (reading) at the present moment in time. We take into account similar considerations when the action takes place in the past (*leía, leían, leí, leyeron*) or if we expect it to take place in the future (*leeré, leeremos*). The verb expresses not only the three possibilities of time (present, past and future), but also whether the action is considered as finished or not. Grammatical sentences must have a verb, either expressed or understood; this demonstrates the fundamental role that the verb assumes in discourse.

VERB TYPES ACCORDING TO GRAMMATICAL FUNCTION

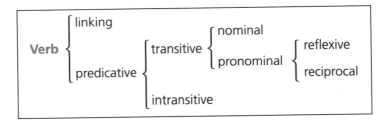

▰LINKING VERBS

A **linking verb** serves to join the subject and the nominal predicate of a sentence (*Juan ES colombiano* / John IS Colombian; *Las aves SON animales vertebrados* / Birds ARE vertebrates).

▰PREDICATIVE VERBS

A **predicative verb** contains the idea of a predicate (quality and attribute) and always expresses a state, an action or a feeling. This type of verb divides into two large categories: transitive and intransitive verbs.

▰TRANSITIVE VERBS

With a **transitive verb**, the action falls on a person or thing, either expressed or understood. The person or thing which receives the action directly, is known as the direct object (*Juan leyó la CARTA* / John reads the LETTER). To know whether a verb is transitive, you ask yourself who or what thing is the object of the action. For example, *amar* (to love) is a transitive verb and in answer to question *¿Qué se ama?* / What is loved? one answers John, nature, children, etc., according to the sentence in question.

Nominal verbs, whose direct object is a noun, are included in the transitive verbs as also are the *Pronominal* verbs, whose direct object is a pronoun. Pronominal verbs can be subdivided into reflexive verbs and reciprocal verbs.

INTRANSITIVE VERBS

With **intransitive verbs** the action remains with the subject and is complete without the need for a direct object (*Kant nació, vivió y murió en Königsberg* / Kant was born, lived and died in Königsberg; *María enmudeció de terror* / Mary was speechless with terror). Many verbs can be used both transitively and intransitively; compare the sentence *El atleta corre* / The athlete is running with the sentence *El atleta corre los cien metros lisos* / The athlete is running the full hundred metres.

Within the intransitive verbs there are some verbs in Castilian Spanish which are known as *neutral* or *state verbs*. These verbs express a continuing state in the subject (*estar* / to be) or the situation where the subject plays little or no part in the action (*vivir* / to live; *existir* / to exist; *yacer* / to lie; *quedar* / to remain, *etc.*).

REFLEXIVE VERBS

A **reflexive verb** is a verb whose action is reflected back into the subject who is carrying out the action (*Yo me lavo* / I wash myself). The object is expressed by a personal pronoun (*me, te, se, nos, os, se*). Some verbs are exclusively reflexive (*atreverse* / to dare, *arrepentirse* / to repent, *quejarse* / to complain), whereas many other verbs can also be used as non-relexive verbs (*lavar and lavarse* / to wash (clothes) and to wash oneself; *dormir and dormirse* / to sleep and to go to sleep, etc.).

RECIPROCAL VERBS

A **reciprocal verb** is a verb whose subject is two or more persons, things or animals who carry out an action on others and at the same time are the recipients of the action from the others (*Pedro y yo nos saludamos* / Peter and I greeted each other; *Los amigos se tutean* / Friends use the "tú" address form with each other). Sometimes in order to reinforce the idea of reciprocity, it is necessary to add some extra words, since these verbs are constructed like reflexive verbs, using the pronouns *nos, os* and *se*. Let us look at the following two examples: *Los hermanos se ayudaban ENTRE sí* / The brothers were helping each other; *Los dos rivales se insultaron RECIPRO-CAMENTE* / The two rivals insulted one another.

CONJUGATION

The name *conjugation* or *inflexion* is given to the ensemble of all the forms that a particular verb can take.

The verb, which is the part of speech which has the most variations in its form, consists of a *radical* or *stem*, usually invariable and an ending (desinence) which changes according to the grammatical context. In the series *am-o, am-amos, am-aban*, these two parts of the verb can be seen clearly.

The changes which the structure of the verb can undergo indicate the different voice, mood, time and tense, number and person, and are known by the grammatical term of *accidence*. In the same way, the modifications in the verb form can also indicate the *aspect* of the verb, which refers to the way in which the action is seen as being carried out.

VOICE

The **voice** of a verb indicates if it is the subject which carries out the action or if it is the subject which undergoes the action. In the first case, the verb is in the active voice: *Yo amo* / I love, in the second case it is in the passive voice: *Yo soy amado* / I am loved. The passive voice is constructed using the verb *ser* and, sometimes, the verb *estar;* these verbs are known as auxiliaries. The auxiliary is followed by the participle of the verb being conjugated. In Castilian Spanish, in contrast to some other languages, the active voice is used more often than the passive voice. The reflexive and impersonal form of the passive, which is often used to substitute for the *"ser + participle"* construction, is formed using the 3rd person of the verb, preceded by the particle *se*, and the subject receiving the action agrees with the verb (SE *prohíbe fumar* / Smoking forbidden; SE *venden pisos* / Appartments for sale).

MOOD

The **mood** of a verb indicates the speaker's attitude to what is being said.

● The *indicative mood* indicates the event as being real and objective (*Pedro* ESTUDIA *medicina en la Facultad de Buenos Aires* / Peter is studying medecine at the faculty in Buenos Aires).

● The *subjunctive mood* indicates an event which is subordinated to another verb which expresses desire, will, supposition, etc. (*Quiero que* VENGAS / I want you to come; *Temo que* LLUEVA / I fear it may rain).

● The *potential mood* presents an event not as real, but as being possible, and is nearly always dependent on a condition (*Si trabajaras más,* GANARIAS *más dinero* / If you worked harder, you would earn more money). Modern grammars now consider the potential as another indicative tense, called the *conditional*, and not as a mood.

● The *imperative mood* is used to give orders, make requests or pleas, or to give advice (VENID *a las doce* / Come at 12 o'clock; AMA *al prójimo* / Love thy neighbour).

In addition to the moods discussed above, there are other forms in the conjugation called *non-personal or non-finite forms*, which have no desinences in number and person. These forms are the *infinitive*, considered as the substantive or noun form of the verb (AMAR *a Dios* / To love God), *the participle*, which is the equivalent of an adjective (*Libro* EDITADO *en México* / Book published in Mexico) and *the gerund*, which has adverbial value (Vino CORRIENDO / *I came running*). The Venezuelan philologist and grammarian Andrés **Bello** (1781-1865), proposed the name *derivados verbales* (verbal derivatives) for these three forms.

TENSE

The **tense** of the verb indicates that the action takes place in the *present, past* (*preterite*) or the *future*. From a structural point of view, there are *simple tenses*, constructed using one word only (*amo, amaremos*), and com-

pound tenses, constructed with two or more words (*he amado, habremos sido amados*). The verbs of the latter category are constructed using the auxiliary *haber* and the participle of the conjugated verb, giving a perfective aspect, that is to say, expressing the action as finished.

Each of the moods dealt with in this section, has one or several tenses, as shown in the tables that follow. The terminology used is that of the Real Academia Española (Royal Spanish Academy) together with the terminology proposed by the Venezuelan grammarian Andrés Bello, this latter terminology being extensively used in Latin American countries where Castilian Spanish is spoken.

MOODS AND TENSES

		Royal Academy	Andrés Bello	Form
Indicative	simple tenses	presente	presente	amo
		pret. imperfecto	copretérito	amaba
		pret. perfecto simple	pretérito	amé
		futuro	futuro	amaré
		condicional	pospretérito	amaría
	compound tenses	pret. perfecto compuesto	antepresente	he amado
		pret. pluscuam-perfecto	antecopretérito	había amado
		pret. anterior	antepretérito	
		futuro perfecto	antefuturo	hube amado
		condicional perfecto	antepospretérito	habré amado habría amado
Subjunctive	simple tenses	presente	presente	ame
		pret. imperfecto	pretérito	amara or amase
		futuro	futuro	amare
	compound tenses	pret. perfecto	antepresente	haya amado
		pret. pluscuam-perfecto	antepretérito	hubiera or hubiese amado
		futuro perfecto	antefuturo	hubiere amado
Imperative	simple tense	presente	presente	ama, amad
Impersonal forms		infinitivo	simple	amar
			compuesto	haber amado
		gerundio	simple	amando
			compuesto	habiendo amado
		participio		amado

NOTA BENE: The names of the nearest English equivalent to these tenses is given in the section **Meaning of the tenses**, p. 10. But we must point out that, as in Spanish, the names of tenses in English is far from being universal or standardised.

PERSONS

Each tense of the verb is made up of six forms which correspond to the three grammatical persons in the singular (*yo, tú, él*) and the three persons in the plural (*nosotros, vosotros, ellos*).

The three persons are used to indicate who is carrying out the action of the verb. The first person (*yo, nosotros, nosotras*) indicates who is speaking (*Yo como temprano* / I eat early), the second person (*tú, vosotros, vosotras*) refers to the person or persons the first person is speaking to (*Vosotros tenéis que llevar a cabo el trabajo que os han encomendado* / You must finish completely the work they gave you). The third person (*él, ellos, ellas*) indicates which person or persons one is speaking about (*Ellos reían descaradamente* / They laughed shamelessly).

The system of verb inflexions in Castilian Spanish, with its different endings for number and person, usually makes it unnecessary, except where added emphasis is required, to use the personal pronouns (*yo, tú, nosotros,* etc.) before the actual verb form. Except for the simple perfect preterite, called preterite by Andrés Bello, the endings for number and person are as follows:

	Singular	Plural
1st person	- *vowel*	- mos
2nd person	- s	- is
3rd person	- *vowel*	- n

The endings in the simple perfect preterite are somewhat different:

	Singular	Plural
1st person	- *vowel*	- mos
2nd person	- ste	- steis
3rd person	- *vowel*	- ron

ASPECT

The aspect of the action expressed by the verb refers to the manner in which the action is considered as happening, depending on whether the meaning of the verb in question has an instantaneous character (*disparar* / to shoot, *morir* / to die), durative (*dormir* / to sleep) reiterative (*machacar* / to grind), perfective (*nacer* / to be born), or imperfective (*correr* / to run).

The use of a verb tense is likewise essential for expressing the aspect. We should mention that all the compound tenses, as well as the simple perfect preterite, are perfective (*Hemos comido* / We have eaten; *Ayer hablé* / I spoke yesterday). The other simple tenses are, on the other hand, imperfective (*Yo leo* / I read; *Juan trabaja en la mina* / John works in the mine). When a perfective verb of instantaneous character is in an imperfective tense, it acquires a reiterative aspect (*El soldado disparaba tras la trinchera* / The soldier was shooting from behind the trench).

Some circumlocutions and verbal expressions can be used to show aspects of an action. Thus, *ir a + infinitive* indicates an inchoative quality, that is to say, it indicates the beginning of an action (*Iré a comer dentro de poco a casa de mi hermano* / I am going to eat at my brother's shortly). *Ir* or *estar + gerund* is the construction which is used to highlight the progressive or durative aspect of an action (*Le atropelló un automóvil cuando iba saliendo de la oficina* / A car knocked him down as he was leaving the office; *Al no conciliar el sueño, Estuve leyendo la noche entera* / Being unable to get to sleep, he stayed up reading the whole night).

VERB TYPES ACCORDING TO CONJUGATION

Verbs, according to which conjugation they follow, can be divided into regular verbs, irregular verbs, defective verbs and impersonal verbs. There are also the auxiliary verbs, so called because of their function in forming the compound tenses and the passive voice.

REGULAR VERBS

Regular verbs are those which, in all tenses and persons, never change their radical nor the distinguishing characteristics of the group to which they belong. Spanish conjugations are divided into three groups, according to whether their infinitive form ends in – *ar*, - *er* or – *ir* (1st, 2nd and 3rd conjugations). Later on, we shall present in table form all the inflexions of the verbs which serve as models for each of the three conjugations: *amar, temer, partir*.

IRREGULAR VERBS

Irregular verbs are those whose conjugation shows variations in the ending, or in the stem, or in both at the same time, when they are compared to the conjugation model to which they belong. Thus, the first person singular of the verb *jugar* is JUEGO instead of *jugo,* of *salir* is SALGO, of *ir* is VOY, etc.

Verb irregularities, as will be pointed out later in a series of verb models, are of different kinds. In the last part of the handbook there is an alphabetical list of Spanish verbs, both regular and irregular, followed by a number which refers to the corresponding model.

DEFECTIVE VERBS

Defective verbs are those which do not have a complete conjugation table, meaning that some forms of the conjugation are missing. This is due to the fact that the meaning of the verb does not allow the logical existence of some forms or persons. For example, verbs such as *atañer* (to concern, to have to do with), *acaecer* (to happen, to occur), *acontecer* (to happen, to come about), or *concernir* (to concern) are only conjugated in the third person. Originally, these limitations were due to their phonetic nature since some forms produced a difficult or unpleasant sound when pronounced. This is the case for the verb *agredir* (to attack, to set upon) and *abolir* (to abolish), which were only used in the forms where the vowel *i* is present in the ending (*agredimos, agredía; abolimos, abolía,* etc.).

▮IMPERSONAL VERBS

Impersonal verbs are those verbs which are used only in the infinitive and the third person singular in all tenses. They are verbs having to do with the weather or events in nature: *Ayer llovió* / It rained yesterday; *Hoy ha nevado* / Today it has been snowing. However, when they depart from their usual meaning some of these verbs can have a subject and so give up their impersonal status (*Amanecrán días de gloria* / Days of glory will dawn; *anochecí en Buenos Aires* / I arrived in Buenos Aires at nightfall).

In special cases, some other verbs can be considered as being impersonal. For example, some cases of the verb *ser* (to be) when used in expressions of time (*Es tarde* / It is late; *Es temprano* / It is early), or the verb *haber* (to have) when it denotes existence (*Había una gran multitud en el estadio* / There was a big crowd in the stadium) or an event (*Hubo peleas aquel día* / There were fights that day), and the verb *hacer* (to make), when it denotes a weather condition (*Hizo mucho calor* / It was very hot) or the passage of time (*Hace muchos años que no lo veo* / I have not seen him for years).

▮AUXILIARY VERBS

Auxiliary verbs are those verbs which are used to form the compound tenses and the passive form. *Haber, ser* and *estar* are the most used verbs for this purpose. However there are some other verbs which, when they are used in verbal expressions, lose their habitual meaning and change into real auxiliaries. In the following examples: *Vamos a trabajar seriamente* / Let us get down to work seriously; *Te lo tengo prometido* / I take it as promised; *Hace tiempo que vengo sospechando este hurto* / For some time now I have suspected this theft, the verbs *ir, tener* and *venir* are very far from their usual meaning, and grammatical analysis leads one to consider them as auxiliaries.

MEANING OF THE TENSES

The moment in time when an action is carried out is indicated by the tenses, which are referred to as present, preterite or future.

We speak about absolute tenses, which follow chronological time where the action is expressed at one of the above mentioned moments in time (present, preterite – past simple –, future) and relative tenses, which are those that relate the action to another, taking into account not the present time of the person speaking, but rather another time which is present in the discourse. There are perfect tenses where the action is seen as being finished, and imperfect tenses where the action is seen as still going on.

In the following section we describe the current use of the Spanish verb tenses and the different shades of meaning that these tenses introduce into discourse.

■INDICATIVE MOOD

■ *Presente* (Present)

This is an absolute time tense where the action coincides with the time of speaking (*Juan lee la prensa* / John reads the newspapers). In addition to this fundamental use, the present indicative is also used in different ways which we now describe.

● The *habitual present* refers to discontinued actions, which may not be happening at the time of speaking, but which have occured before and which will occur after the time of speaking (*Estudio medicina* / I study medecine).

● The *historic (or eternal) present* is used when narrating past events, where the context leaves no doubt as to when the action took place (*El imperio Romano, ségun la mayoría de los historiadores, desaparece en el año 395* / Imperial Rome, according to most historians, ends in 395 AD). This form is often used since it provides a vivid or dramatic touch to the narration of events.

● The *present with future meaning* is usually used when the speaker is sure or has the firm intention of carrying out the action (*Mañana salgo para Londres con objeto de ver a unos amigos* / Tomorrow I leave for London in order to see some friends).

● The *mandatory present* serves rather like an imperative (*Mañana vas a la libréria y compras un diccionario* / Tomorrow you go to the bookshop and you buy a dictionary).

The present indicative is also the appropriate tense to denote an "eternal" truth (*El triángulo es un polígono de tres lados* / A triangle is a polygon with three sides).

■ *Pretérito imperfecto* (Imperfect)

This is a relative time tense used to express a past action whose beginning and end are not taken into account. It has a wide time spread and is therefore very useful for a narration (*Cuando amanecía, los pajaros empezaban a cantar* / As dawn was breaking, the birds were beginning to sing). This tense can also be considered as fulfilling similar functions as the present tense, except that the action is in the past (*Cuando terminó la guerra, las madres lloraban de alegría* / When the war ended, mothers were crying with joy).

The imperfect is also employed to soften the "directness" of a request (*Quería pedirte un favor* / I would like to ask you a favour) and in direct speech it can be used instead of the conditional in a subordinate clause following a main clause which announces a hypothetical event (*Si me tocara la lotería, me iba de viaje a París* / If I win the lottery, I will make a trip to Paris).

■ *Pretérito perfecto simple* and *pretérito perfecto compuesto* (Preterite and present perfect)

It is convenient to look at these two past tenses together, because of their absolute time and perfective aspect. The fundamental difference between the two tenses can be seen in the relation to the unit of time to which they refer. The pretérito perfecto simple tense refers to a period the speaker regards as being already finished (*Ayer vi a Juan* / I saw John yesterday), the compound tense, on the other hand, expresses a finished event in a period of time which is still present in the mind of the speaker (*Este año ha llovido mucho* / It has rained a lot this year). These two time matrices are quite often confused and are used indifferently in a somewhat random way. As a general rule, it is recommended that the present perfect is used for actions which have just finished (*He sentido mucho la muerte de tu padre* / I have been greatly saddened by the death of your father) and the pretérito when the event is further in the past (*Sentí mucho la muerte de tu padre el verano pasado* / I was greatly saddened by the death of your father last summer). However, different usage in the different regions of the Spanish speaking world have made this distinction practically invalid. One has only to listen to the announcements of some television presenters who use the following: *Vieron ustedes la retransmisión de la final de la Copa del Mundo* / You saw (!) the repeat broadcast of the World Cup final.

■ *Pretérito pluscuamperfecto* (Pluperfect preterite)

This is a relative time tense which indicates that a past event has taken place before another event in the past (*Cuando llegué ya había partido* / When I arrived he had already left).

■ *Pretérito anterior* (Past anterior)

This is a relative time tense which expresses an event which takes place immediately prior to another event (*Apenas hubo sonado el disparo, cuando llegó la policía* / Hardly had the shot been fired, than the police arrived). It can be distinguished from the pluperfect by the nearness of the events. This tense, which is always preceded by a time adverbial (*apenas*, *después que*, *tan pronto*, *en cuanto que*, *cuando*, etc.), is little used and is replaced by the preterite or by the pluperfect although this usage does not appear in the conjugation tables.

■ *Futuro imperfecto* (Future perfect)

This is an absolute time tense which denotes an event to come (*Vendré temprano mañana* / I will come early tomorrow). It is also used as a substitute for the imperative, in expressions of request and orders (*Amarás a Dios sobre todas las cosas* / You will love God above all things) and can also denote a probability (*Supongo que sabrás la lección* / I presume you know the lesson).

■ *Futuro perfecto* (Future perfect)

This is a relative time tense which denotes a future event which takes place before another future event (*Cuando vengas a verle ya habrá terminado el trabajo* / When you come to see it I will have already finished the work).

■ *Condicional* (Conditional)

This is a relative time tense which shows a future event in relation to the past (*La radio anunció que llovería* / The radio announced it would rain). The accomplishment of the event remains completely undetermined since it is seen from the present; the said event has been expressed in the past and it may be carried out in the present or in the future.

Given the future meaning of this tense, the action expressed is always conditional or hypothetical, and for this reason it is sometimes known as the hypothetical future. Its principal use is in the main clause following a subordinate conditional clause (*Si vinieras pronto, iríamos de paseo* / If you came early, we would go out for a walk).

The conditional is also employed to indicate a probability in the past (*Serían las cuatro cuando se produjo el asesinato* / It would have been four o'clock when the murder was carried out) and in the future (*No sería raro que mañana lloviera* / It is not unlikely that it will rain tomorrow). This tense can also be employed to give commands and to make polite requests which are less direct than those expressed by the imperfect (*Yo querría pedirte un favor* / I would like to ask you a favour).

■ *Condicional perfecto* (Perfect conditional)

This is a relative time tense which relates a future event to a past time which is seen as the starting point for the event. The essential difference of this tense from the present conditional is that the action is presented as being finished (*Me dijo que cuando yo viniera ya habría terminado completamente su trabajo* / He told me that by the time I arrived he would have already completely finished his work).

Like the present conditional this tense is used in the main clause following a subordinate conditional clause (*Si hubieras estudiado más, habrías aprobado* / If you had studied harder, you would have passed your exam). It is also employed to express probability, although only in the past (*Habrían dado las diez* / It would have been around ten o'clock) or as way of expressing politeness (*Yo habría querido ser más generoso* / I would have liked to have been more generous).

▌SUBJUNCTIVE MOOD

The time relations between the different verb forms of the subjunctive, due to the "unreal" character embedded in its mood, are less clear than those of the indicative and this is also true for the relations between the tenses of the two moods. The indicative has ten tenses but the subjunctive has only six which in practice can be reduced to four due to the fact that the future subjunctive tenses are very rarely used.

All subjunctive tenses are relative, which leads to greater complexity and sometimes makes the relations between anteriority, co-existence and posteriority rather random. Notwithstanding these remarks we describe below the use of some of the tenses.

■ *Presente* (Present)

This is a relative tense with imperfect aspect, use to refer to a past, present or future event (*No creo que lo conozcas* / I don't think you know him; *Dudo que vengan antes de dos meses* / I doubt they will come before two months time).

Given the possibility of this tense to denote the future, it is frequently employed in sentences which express doubt concerning a coming event (*Tal vez venga mañana* / Perhaps he may come tomorrow) in optatives (*¡Ojalá apruebe el examen!* / I do hope he passes his exams!) and in hortatives (*¡Marchemos francamente por la senda constitucional!* / Let us remain within the law!). It also serves to express commands by substituting for the inexistant persons in the imperative, which only has the second person singular and plural (*Venga usted temprano* / Come early!; *Amemos a la patria* / Let us love the Fatherland) or for the negative form of a request or order (*No rompáis la unidad nacional*, instead of *No romped* / Don't destroy national unity).

■ *Pretérito imperfecto* (Imperfect)

This is a relative tense with imperfect aspect used to refer to events in the past, present or future (*Me rogarón que cuidara las plantas* / They asked me to look after their plants). This tense can be distinguished from the present subjective in that it cannot express a finished action. It is usually dependent on another verb in the indicative mood in the present perfect, imperfect or conditional tense. Thus, in the example we have just given the main verb could have been *rogaban* or *rogarían*.

In simple sentences the imperfect subjunctive expresses, in a stronger way, the same shades of meaning (doubt, desire) as the present subjunctive (*Quizá la mercanería resultera cara* / Perhaps the goods might prove expensive; *¡Ojalá aprobara el examen!* / I do hope I pass my exams!)

■ *Pretérito perfecto* (Present perfect)

This is a relative time tense with perfect aspect which expresses a completed action in the past or in the future. It usually depends on another verb in the present or future indicative (*Dudo que haya terminado* / I don't think he has finished; *Me alegraré de lo haya terminado* / I will be glad that you have finished it.)

■ *Pretérito pluscuamperfecto* (Pluperfect)

A relative time tense with perfect aspect that expresses an action carried out in the past in a set period of time and now finished (*Yo no sabía que hubieras terminado ya la carrera* / I didn't know he had already finished his studies.) It is the subjunctive equivalent of the pluperfect indicative and the compound conditional.

■ *Futuro* and *futuro perfecto* (Future and future perfect)

These are relative time tenses which are used to express an action which is possible in the future. They are now hardly ever used and are only preserved in legal language. In current speech the future subjunctive is usually replaced by the present indicative or the present subjunctive and the future perfect subjunctive by the preterites in the indicative or the subjunctive. Nevertheless these tenses are still preserved in certain sayings and time-honoured proverbs (*Donde quiera que fueras, haz lo que vieres* / Wherever you wish to be, do as you see (English equivalent: When in Rome, do as the Romans do).

▨IMPERATIVE MOOD

■ *Presente* (Present)

This is the only tense of the imperative mood and serves to express a command (*Ve al mercado y compra fruta* / Go to the market and buy some fruit). It only has two forms; the second person singular (*Acelera un poco el paso, por favor* / Walk a bit faster, please) and the second person plural (*Venid todos a comer a las dos en punto* / All of you come to lunch at 2 o'clock sharp), the other persons are expressed by the present subjunctive (*Tengan a bien presenciar el acto* / Please be kind enough to attend the ceremony). We have already pointed out that negative order expressions also use the present subjunctive (*No rompáis la unidad nacional*, instead of *No romped* / Don't destroy national unity).

CASTILIAN SPANISH CONJUGATION

As we saw earlier the regular Castilian verbs fall into three groups, according to the ending of their infinitive: - ar, - er, - ir. The conjugation tables of the models for these three groups are placed after the tables showing the passive and pronominal forms and after the tables showing the auxiliary verbs *haber* and *ser; haber* is used to form the compound tenses and *ser* is used to form the passive voice. Following these five verbs there is a series of irregular verbs with specific characteristics and then, after these, there are the verbs which have undergone changes in their spelling or their stress accentuation, for which the whole conjugation is shown. These tables serve as models for all the verbs listed in the final alphabetical index where the number next to each verb indicates which model should be consulted.

Verb irregularities are mainly the result of phonetic rules governing the whole Spanish language system. We should point out that we consider as only apparent irregularities those forms which simply represent spelling variations (for example *dirige / dirija; alzo / alce, pago / pague; saco / saque, etc.*).

REGULAR CONJUGATION

▰DISTINGUISHING CHARACTERISTICS

The first group of regular verbs whose infinitive ends in – *ar*, contains by far the largest number of verbs. Furthermore, all new verbs are based on this conjugation, as well as those formed by derivation using a suffix and ending in – *ear* (*plantear* / to plant), - *ficar* (*plantificar* / to dump down), - *izar* (*dramatizar* / to dramatize), - *ntar* (*atragantar* / to choke).

The second and third conjugations contain considerably fewer verbs than the first and often hesitate between the endings – *er* and – *ir*; this uncertainly has been continuing since the early beginnings of Castilian Spanish.

If we look at the vowel of the verb stem, that is the penultimate syllable of the infinitive, we can classify as regular (although some require a stress accent) those verbs of the first conjugation which have the vowels *a, i, o, u* (except *andar* / walk and *jugar* / play), those which have a diphthong in the penultimate syllable of the infinitive (*peinar* / to comb; *defraudar* / to cheat; *inquietar* / to worry; *enviudar* / to be widowed, etc.) and those which end in – *aar, - ear, - iar, - oar* and – *uar*. Also regular are those of the third conjugation which have a diphthong in the penultimate syllable of the infinitive (*aplaudir* / to applaud; *persuadir* / to persuade; *reunir* / to reunite, etc.)

As we have already pointed out there are some verbs which are phonetically regular, but which, for reasons of spelling, show an apparent irregularity in the written language. In the following table these changes in the written form are presented. Then, after the conjugation tables of the truly irregular verbs, there is a list of those verbs which can serve as models for the verbs showing spelling or stress pattern differences in some tenses and persons (tables 71 – 90).

Conjugation	Ending	Change	Circumstances	Example
First	- car	c → qu	before *e*	*sacar*
	- gar	g → gu	before *e*	*pagar*
	- zar	z → c	before *e*	*cazar*
Second	- cer	c → z	before *a, o*	*mecer*
	- ger	g → j	before *a, o*	*proteger*
	- eer	i → y	before *a, o* between two vowels and without tonic accent	*poseer*
Third	- cir	c → z	before *a, o*	*zurcir*
	- gir	g → j	before *a, o*	*dirigir*
	- guir	u disappears	before *a, o*	*distinguir*
	- quir	qu → c	before *a, o*	*delinquir*

STRESS PATTERNS OF VERBS ENDING IN – *IAR*

Verbs whose infinitive ends in – *iar* can be subdivided into two groups, according to whether the – *i* in the three singular persons and in the third person plural is accented or not in the three present tenses (indicative, subjunctive and imperative). We can see the difference in the stress accent in the forms *guío* (first group) and *alivio* (second group). The verb *guiar* serves as a model for the verbs which experience the change in stress pattern and is presented in table 75.

The following are the main verbs which are conjugated according to this model:

aliar
amnistiar
ampliar
arriar
ataviar
averiar
aviar
biografiar
cablegrafiar
calcografiar
caligrafiar
calofriarse
cartografiar
ciar
cinematografiar
confiar
contrariar

criar
chirriar
desafiar
desataviar
desaviar
descarriar
desconfiar
desliar
desvariar
desviar
enfriar
enviar
espiar
esquiar
estriar
expiar
extasiarse

extraviar
fiar
fotografiar
fotolitografiar
hastiar
inventariar
jipiar
liar
litografiar
malcriar
mecanografiar
ortografiar
piar
pipiar
porfiar
radiografiar
recriar

resfriar	taquigrafiar	variar
rociar	telegrafiar	vigiar
serigrafiar	tipografiar	xerografiar

The verbs listed below of the first conjugation ending in – *iar* take the stress accent on the syllable which precedes the *i* of the ending. This means that they show no irregularity and follow entirely the forms of the first conjugation (*amar*), as shown in table 3.

This subgroup contains many more verbs than the previous group. We give below a non-exhaustive list of the principal verbs in this subgroup:

abreviar	desperdiciar	parodiar
acariciar	desquiciar	plagiar
agobiar	elogiar	potenciar
agraviar	enjuiciar	premiar
aliviar	ensuciar	presenciar
angustiar	enturbiar	promediar
anunciar	envidiar	pronunciar
apropiar	escanciar	rabiar
arreciar	evidenciar	radiar
asediar	expoliar	refugiar
atrofiar	fastidiar	remediar
auspiciar	incendiar	renunciar
beneficiar	iniciar	reverenciar
calumniar	injuriar	saciar
cambiar	licenciar	sentenciar
comerciar	lidiar	sitiar
codifiar	limpiar	tapiar
compendiar	maliciar	terciar
contagiar	mediar	testimoniar
copiar	negociar	vanagloriarse
denunciar	odiar	vendimiar
desahuciar	oficiar	viciar

Some verbs hesitate between the stress pattern – *io* and – *ío*. As a general rule we can mention that the pronunciation – *io* is more common in the verbs *afiliar* (*afilio*), *auxiliar* (*auxilio*), *conciliar*, *filiar*, and *reconciliar*, whereas the stress accent falls on the *i* in the verbs *ansiar* (*ansío*), *expatriar* (*expatrío*), *gloriar*, *repatriar* and *zurriar*.

▰SIMILARITIES BETWEEN VERBS ENDING IN – *IAR* AND – *EAR*

There are some similarities between verbs ending in – *iar* of the second subgroup (with the pronunciation – *io*) and some of the verbs ending in – *ear*. These similarities are most often found in the popular speech of some Latin American countries, where there is merging of syllables and stress accentuation. For example, in the speech of Argentinian gauchos, it is quite common to hear the verb *galopear* (to gallop) used in the forms *galopiamos* or *galopiara*. Some verses from Canto VI of the celebrated gaucho poem *Martín Fierro*, by the Argentinian writer José Hernández (1834 – 1886), illustrate clearly the use of this dialect:

Y en medio de las aspas
Un planazo le asenté
Que lo largó CULEBRIANDO
Lo mismo que buscapié.

Le COLORIARON las motas
Con la sangre de la herida,
Y volvió a venir jurioso
Como una tigra parida.

VERBS ENDING IN – *UAR*

Like the verbs ending in – *iar,* the verbs in – *uar* can be divided into two subgroups according to whether or not the stress accent falls on the syllable which precedes the *u* in the three persons singular and the third person plural in the three present tenses (indicative, subjunctive and the imperative). This difference can be seen in the pronunciation of *actúo* (first group) and *averiguo* (second group). The conjugation of the verb *actuar* is shown in table 76.

We list below the main verbs which are conjugated according to this model, with reference to the positioning of the stress accent:

acensuar	efectuar	menstruar
acentuar	evaluar	perpetuar
atenuar	extenuar	puntuar
avaluar	fluctuar	redituar
continuar	graduar	revaluar
deshabituar	habituar	situar
desvirtuar	individuar	tatuar
devaluar	infatuar	usufructuar
discontinuar	insinuar	valuar

The remaining verbs of the first conjugation ending in – *uar* take the stress accent on the syllable which precedes the *u*. In fact, this means the verbs whose infinitives end in – *cuar* or – *guar*. Thus they do not show any stress pattern irregularities and are conjugated according to the model of the first conjugation (*amar,* table 3) or like the verb *averiguar* (table 77).

The following is a list of the main verbs in this subgroup:

adecuar	antiguar	desaguar
aguar	apaciguar	desmenguar
amaniguarse	apropincuarse	evacuar
amenguar	atestiguar	fraguar
amortiguar	atreguar	menguar
anticuar	averiguar	oblicuar

We may add that *licuar* and *promiscuar* allow both pronunciations.

IRREGULAR CONJUGATION

Most of the irregularities in Spanish conjugations concern the verb stem. We summarize the most common irregularities in a table given below. However there are other more exceptional irregularities which are more difficult to systemize, such as verbs with more than one radical stem and changes appearing in some future and conditional tenses, participles and gerunds.

Types of irregularity			
Vocalic	**weakening**	e → i	*pedir, pidió*
		o → u	*morir, murió*
	diphthong	e → ie	*querer, quiero*
		o → ue	*volver, vuelvo*
		i → ie	*inquirir, inquiero*
		u → ue	*jugar, juego*
Consonantal	**consonant substitution**		*hacer, haga;* *haber, haya*
	consonant addition	to the final consonant of the stem	*nacer, nazco;* *salir, salgo*
		to the final vowel of the stem	*huir, huyo;* *oír, oye*
Mixed	**substitution**	vowel + cons. another vowel + cons.	*decir, digo;* *caber, quepo*
	aggregation	of – *ig* in the final vowel of the stem	*oír, oigo;* *caer, caigo*

Two verbs have more than one radical:

Infinitive	Present	Imperfect	Preterite
ser	soy	era	fui
ir	voy	iba	fui

A few verbs lose the e or the *i* in the infinitive endings – *er* and – *ir* when these are used to form the future and conditional tenses:

Infinitive	Future	Conditional
haber	habré	habría
caber	cabré	cabría
saber	sabré	sabría
poder	podré	podría

The following verbs undergo more complex changes:

Infinitive	Future	Conditional
hacer	haré	haría
querer	querré	querría
decir	diré	diría

Other verbs introduce a *d* in between the final consonant of the stem and the *r* of the infinitive form:

Infinitive	Future	Conditional
poner	pondré	pondría
tener	tendré	tendría
valer	valdré	valdría
salir	saldré	saldría
venir	vendré	vendría

Some regular verbs have an irregular participle and some others have two participles, one regular and one irregular. In these cases, the endings can be – *cho* (*hecho*) – *jo* (*fijo*), - *so* (*impreso*) or – *to* (*escrito*). A list of these verbs is shown in the appendices III and IV.

With regard to the gerund, verbs with vowel irregularity of the type e → i and o → u, like *pedir* and *morir*, create this form by vowel weakening; *pidiendo, muriendo*. There are no other real irregular gerunds, except for two verbs *poder* and *venir*; *pudiendo, viniendo*.

Finally we should point out that in nearly all cases verb irregularities do not occur in one verb only, but usually include another verb or other verbs.

Following these general remarks on regular and irregular verbs, we give models showing all the conjugations of regular and irregular auxiliary verbs or those showing changes in their spelling and stress positioning. The verb tables are numbered and serve to conjugate all the verbs shown in the alpabetical index.

These models are given in the active voice, but before them we show a verb conjugated in the passive voice (*amar*) and a verb with a pronominal conjugation (*lavarse*).

For reasons of space and to give a clearer layout to the tables, we have omitted the personal pronouns for each tense, something which in any case is usually unnecessary to show in Castilian Spanish, except where there is a need to avoid ambiguity or to add greater emphasis. The personal pronouns are as follows:

	Singular	Plural
1st person	yo	nosotros
2nd person	tú	vosotros
3rd person	él, ella, ello	ellos, ellas

PART II
CONJUGATION MODELS

Auxiliaries

1 haber
2 ser

Regular verbs

3 amar (1st conjugation model)
4 temer (2nd conjugation model)
5 partir (3rd conjugation model)

Irregular verbs

6 pedir	28 erguir	50 caer
7 tañer	29 dormir	51 traer
8 teñir	30 adquirir	52 raer
9 bruñir	31 podrir	53 roer
10 reír	32 jugar	54 leer
11 acertar	33 hacer	55 ver
12 errar	34 yacer	56 dar
13 tender	35 parecer	57 estar
14 querer	36 nacer	58 ir
15 tener	37 conocer	59 andar
16 poner	38 lucir	60 trocar
17 discernir	39 conducir	61 colgar
18 venir	40 placer	62 agorar
19 sonar	41 asir	63 negar
20 desosar	42 salir	64 comenzar
21 volver	43 valer	65 avergonzar
22 moler	44 huir	66 satisfacer
23 cocer	45 oír	67 regir
24 oler	46 decir	68 seguir
25 mover	47 predecir	69 embair
26 poder	48 caber	70 abolir
27 sentir	49 saber	

Verbs showing changes in their spelling and the positioning of the stress accent

71 sacar	78 airar	85 zurcir
72 pagar	79 ahincar	86 dirigir
73 cazar	80 cabrahigar	87 distinguir
74 forzar	81 enraizar	88 delinquir
75 guiar	82 aullar	89 prohibir
76 actuar	83 mecer	90 reunir
77 averiguar	84 proteger	

CONJUGATION IN THE PASSIVE VOICE

● Each tense is given the name accorded to it by the Real Academia Española por la Lengua (Royal Spanish Academy for Language), below this is the nomenclature proposed by Andrés Bello.

INDICATIVE

presente (Bello: presente)		pret. perf. comp. (Bello: antepresente)	
soy	amado	he	sido amado
eres	amado	has	sido amado
es	amado	ha	sido amado
somos	amados	hemos	sido amados
sois	amados	habéis	sido amados
son	amados	han	sido amados

pret. imperf. (Bello: copretérito)		pret. pluscuamp. (Bello: antecopretérito)	
era	amado	había	sido amado
eras	amado	habías	sido amado
era	amado	había	sido amado
éramos	amados	habíamos	sido amados
erais	amados	habíais	sido amados
eran	amados	habían	sido amados

pret. perf. simple (Bello: pretérito)		pret. anterior (Bello: antepretérito)	
fui	amado	hube	sido amado
fuiste	amado	hubiste	sido amado
fue	amado	hubo	sido amado
fuimos	amados	hubimos	sido amados
fuisteis	amados	hubisteis	sido amados
fueron	amados	hubieron	sido amados

futuro (Bello: futuro)		futuro perf. (Bello: antefuturo)	
seré	amado	habré	sido amado
serás	amado	habrás	sido amado
será	amado	habrá	sido amado
seremos	amados	habremos	sido amados
seréis	amados	habréis	sido amados
serán	amados	habrán	sido amados

condicional (Bello: pospretérito)		condicional perf. (Bello: antepospretérito)	
sería	amado	habría	sido amado
serías	amado	habrías	sido amado
sería	amado	habría	sido amado
seríamos	amados	habríamos	sido amados
seríais	amados	habríais	sido amados
serían	amados	habrían	sido amados

SUBJUNCTIVE

presente (Bello: presente)		pret. perf. (Bello: antepresente)	
sea	amado	haya	sido amado
seas	amado	hayas	sido amado
sea	amado	haya	sido amado
seamos	amados	hayamos	sido amados
seáis	amados	hayáis	sido amados
sean	amados	hayan	sido amados

pret. imperf. (Bello: pretérito)		pret. pluscuamp. (Bello: antecopretérito)	
fuera		hubiera	
or fuese	amado	or hubiese	sido amado
fueras		hubieras	
or fueses	amado	or hubieses	sido amado
fuera		hubiera	
or fuese	amado	or hubiese	sido amado
fuéramos		hubiéramos	
or fuésemos	amados	or hubiésemos	sido amados
fuerais		hubierais	
or fueseis	amados	or hubieseis	sido amados
fueran		hubieran	
or fuesen	amados	or hubiesen	sido amados

futuro (Bello: futuro)		futuro perf. (Bello: antefuturo)	
fuere	amado	hubiere	sido amado
fueres	amado	hubieres	sido amado
fuere	amado	hubiere	sido amado
fuéremos	amados	hubiéremos	sido amados
fuereis	amados	hubiereis	sido amados
fueren	amados	hubieren	sido amados

IMPERATIVE

presente		
sé	tú	amado
sea	él	amado
seamos	nosotros	amados
sed	vosotros	amados
sean	ellos	amados

IMPERSONAL FORMS

infinitive	compound infinitive
haber amado	haber sido amado

gerund	compound gerund
siendo amado	habiendo sido amado

participle	
sido amado	

PRONOMINAL (REFLEXIVE) CONJUGATION

INDICATIVE

presente (Bello: presente)		pret. perf. comp. (Bello: antepresente)	
me	lavo	me	he lavado
te	lavas	te	has lavado
se	lava	se	ha lavado
nos	lavamos	nos	hemos lavado
os	laváis	os	habéis lavado
se	lavan	se	han lavado

pret. imperf. (Bello: copretérito)		pret. pluscuamp. (Bello: antecopretérito)	
me	lavaba	me	había lavado
te	lavabas	te	habías lavado
se	lavaba	se	había lavado
nos	lavábamos	nos	habíamos lavado
os	lavabais	os	habíais lavado
se	lavaban	se	habían lavado

pret. perf. simple (Bello: pretérito)		pret. anterior (Bello: antepretérito)	
me	lavé	me	hube lavado
te	lavaste	te	hubiste lavado
se	lavó	se	hubo lavado
nos	lavamos	nos	hubimos lavado
os	lavasteis	os	hubisteis lavado
se	lavaron	se	hubieron lavado

futuro (Bello: futuro)		futuro perf. (Bello: antefuturo)	
me	lavaré	me	habré lavado
te	lavarás	te	habrás lavado
se	lavará	se	habrá lavado
nos	lavaremos	nos	habremos lavado
os	lavaréis	os	habréis lavado
se	lavarán	se	habrán lavado

condicional (Bello: pospretérito)		condicional perf. (Bello: antepospretérito)	
me	lavaría	me	habría lavado
te	lavarías	te	habrías lavado
se	lavaría	se	habría lavado
nos	lavaríamos	nos	habríamos lavado
os	lavaríais	os	habríais lavado
se	lavarían	se	habrían lavado

SUBJUNCTIVE

presente (Bello: presente)		pret. perf. (Bello: antepresente)	
me	lave	me	haya lavado
te	laves	te	hayas lavado
se	lave	se	haya lavado
nos	lavamos	nos	hayamos lavado
os	lavéis	os	hayáis lavado
se	laven	se	hayan lavado

pret. imperf. (Bello: pretérito)		pret. pluscuamp. (Bello: antecopretérito)	
me	lavara	me	hubiera
or	lavase	or	hubiese lavado
te	lavaras	te	hubieras
or	lavases	or	hubieses lavado
se	lavara	se	hubiera
or	lavase	or	hubiese lavado
nos	laváramos	nos	hubiéramos
or	lavásemos	or	hubiésemos lavado
os	lavarais	os	hubierais
or	lavaseis	or	hubieseis lavado
se	lavaran	se	hubieran
or	lavasen	or	hubiesen lavado

futuro (Bello: futuro)		futuro perf. (Bello: antefuturo)	
me	lavare	me	hubiere lavado
te	lavares	te	hubieres lavado
se	lavare	se	hubiere lavado
nos	laváremos	nos	hubiéremos lavado
os	lavareis	os	hubiereis lavado
se	lavaren	se	hubieren lavado

IMPERATIVE

presente	
lávate	tú
lávese	él
lavémonos	nosotros
lavaos	vosotros
lávense	ellos

IMPERSONAL FORMS

infinitive	compound infinitive
lavarse	haberse lavado

gerund	compound gerund
lavándose	habiéndose lavado

participle	
(doesn't exist)	

1 HABER

to have

trans. (auxiliary)

- **Hay un gato en la silla.**
  There is a cat on the chair.
- **He comido las manzanas.**
  I have eaten the apples.

INDICATIVE

presente (Bello: presente)	pret. perf. comp. (Bello: antepresente)	
he	he	habido
has	has	habido
ha*	ha	habido
hemos	hemos	habido
habéis	habéis	habido
han	han	habido

* When this verb is used impersonally, the 3rd person singular is *hay*.

pret. imperf. (Bello: copretérito)	pret. pluscuamp. (Bello: antecopretérito)	
había	había	habido
habías	habías	habido
había	había	habido
habíamos	habíamos	habido
habíais	habíais	habido
habían	habían	habido

pret. perf. simple (Bello: pretérito)	pret. anterior (Bello: antepretérito)	
hube	hube	habido
hubiste	hubiste	habido
hubo	hubo	habido
hubimos	hubimos	habido
hubisteis	hubisteis	habido
hubieron	hubieron	habido

futuro (Bello: futuro)	futuro perf. (Bello: antefuturo)	
habré	habré	habido
habrás	habrás	habido
habrá	habrá	habido
habremos	habremos	habido
habréis	habréis	habido
habrán	habrán	habido

condicional (Bello: pospretérito)	condicional perf. (Bello: antepospretérito)	
habría	habría	habido
habrías	habrías	habido
habría	habría	habido
habríamos	habríamos	habido
habríais	habríais	habido
habrían	habrían	habido

SUBJUNCTIVE

presente (Bello: presente)	pret. perf. (Bello: antepresente)	
haya	haya	habido
hayas	hayas	habido
haya	haya	habido
hayamos	hayamos	habido
hayáis	hayáis	habido
hayan	hayan	habido

pret. imperf. (Bello: pretérito)	pret. pluscuamp. (Bello: antecopretérito)	
hubiera	hubiera	
or hubiese	or hubiese	habido
hubieras	hubieras	
or hubieses	or hubieses	habido
hubiera	hubiera	
or hubiese	or hubiese	habido
hubiéramos	hubiéramos	
or hubiésemos	or hubiésemos	habido
hubierais	hubierais	
or hubieseis	or hubieseis	habido
hubieran	hubieran	
or hubiesen	or hubiesen	habido

futuro (Bello: futuro)	futuro perf. (Bello: antefuturo)	
hubiere	hubiere	habido
hubieres	hubieres	habido
hubiere	hubiere	habido
hubiéremos	hubiéremos	habido
hubiereis	hubiereis	habido
hubieren	hubieren	habido

IMPERATIVE

presente	
he	tú
haya	él
hayamos	nosotros
habed	vosotros
hayan	ellos

IMPERSONAL FORMS

infinitive	compound infinitive
haber	haber habido

gerund	compound gerund
habiendo	habiendo habido

participle	
habido	

● **Soy francés.**
I am French.

intrans. (auxiliary)

● **¿Eres española?**
Are you Spanish?

INDICATIVE

presente (Bello: presente)	pret. perf. comp. (Bello: antepresente)	
soy	he	sido
eres	has	sido
es	ha	sido
somos	hemos	sido
sois	habéis	sido
son	han	sido

pret. imperf. (Bello: copretérito)	pret. pluscuamp. (Bello: antecopretérito)	
era	había	sido
eras	habías	sido
era	había	sido
éramos	habíamos	sido
erais	habíais	sido
eran	habían	sido

pret. perf. simple (Bello: pretérito)	pret. anterior (Bello: antepretérito)	
fui	hube	sido
fuiste	hubiste	sido
fue	hubo	sido
fuimos	hubimos	sido
fuisteis	hubisteis	sido
fueron	hubieron	sido

futuro (Bello: futuro)	futuro perf. (Bello: antefuturo)	
seré	habré	sido
serás	habrás	sido
será	habrá	sido
seremos	habremos	sido
seréis	habréis	sido
serán	habrán	sido

condicional (Bello: pospretérito)	condicional perf. (Bello: antepospretérito)	
sería	habría	sido
serías	habrías	sido
sería	habría	sido
seríamos	habríamos	sido
seríais	habríais	sido
serían	habrían	sido

SUBJUNCTIVE

presente (Bello: presente)	pret. perf. (Bello: antepresente)	
sea	haya	sido
seas	hayas	sido
sea	haya	sido
seamos	hayamos	sido
seáis	hayáis	sido
sean	hayan	sido

pret. imperf. (Bello: pretérito)	pret. pluscuamp. (Bello: antecopretérito)	
fuera	hubiera	
or fuese	or hubiese	sido
fueras	hubieras	
or fueses	or hubieses	sido
fuera	hubiera	
or fuese	or hubiese	sido
fuéramos	hubiéramos	
or fuésemos	or hubiésemos	sido
fuerais	hubierais	
or fueseis	or hubieseis	sido
fueran	hubieran	
or fuesen	or hubiesen	sido

futuro (Bello: futuro)	futuro perf. (Bello: antefuturo)	
fuere	hubiere	sido
fueres	hubieres	sido
fuere	hubiere	sido
fuéremos	hubiéremos	sido
fuereis	hubiereis	sido
fueren	hubieren	sido

IMPERATIVE

presente	
sé	tú
sea	él
seamos	nosotros
sed	vosotros
sean	ellos

IMPERSONAL FORMS

infinitive	compound infinitive
ser	haber sido

gerund	compound gerund
siendo	habiendo sido

participle
sido

3 AMAR

to love, to be fond of

trans. (1st conjugation regular)

- **Ama a los animales.**
  He loves animals.
- **Los campesinos aman a la patria.**
  Peasants love their homeland.

INDICATIVE

presente (Bello: presente)	pret. perf. comp. (Bello: antepresente)	
amo	he	amado
amas	has	amado
ama	ha	amado
amamos	hemos	amado
amáis	habéis	amado
aman	han	amado

pret. imperf. (Bello: copretérito)	pret. pluscuamp. (Bello: antecopretérito)	
amaba	había	amado
amabas	habías	amado
amaba	había	amado
amábamos	habíamos	amado
amabais	habíais	amado
amaban	habían	amado

pret. perf. simple (Bello: pretérito)	pret. anterior (Bello: antepretérito)	
amé	hube	amado
amaste	hubiste	amado
amó	hubo	amado
amamos	hubimos	amado
amasteis	hubisteis	amado
amaron	hubieron	amado

futuro (Bello: futuro)	futuro perf. (Bello: antefuturo)	
amaré	habré	amado
amarás	habrás	amado
amará	habrá	amado
amaremos	habremos	amado
amaréis	habréis	amado
amarán	habrán	amado

condicional (Bello: pospretérito)	condicional perf. (Bello: antepospretérito)	
amaría	habría	amado
amarías	habrías	amado
amaría	habría	amado
amaríamos	habríamos	amado
amaríais	habríais	amado
amarían	habrían	amado

SUBJUNCTIVE

presente (Bello: presente)	pret. perf. (Bello: antepresente)	
ame	haya	amado
ames	hayas	amado
ame	haya	amado
amemos	hayamos	amado
améis	hayáis	amado
amen	hayan	amado

pret. imperf. (Bello: pretérito)	pret. pluscuamp. (Bello: antecopretérito)	
amara	hubiera	
or amase	or hubiese	amado
amaras	hubieras	
or amases	or hubieses	amado
amara	hubiera	
or amase	or hubiese	amado
amáramos	hubiéramos	
or amásemos	or hubiésemos	amado
amarais	hubierais	
or amaseis	or hubieseis	amado
amaran	hubieran	
or amasen	or hubiesen	amado

futuro (Bello: futuro)	futuro perf. (Bello: antefuturo)	
amare	hubiere	amado
amares	hubieres	amado
amare	hubiere	amado
amáremos	hubiéremos	amado
amareis	hubiereis	amado
amaren	hubieren	amado

IMPERATIVE

presente		
ama	tú	
ame	él	
amemos	nosotros	
amad	vosotros	
amen	ellos	

IMPERSONAL FORMS

infinitive	compound infinitive
amar	haber amado

gerund	compound gerund
amando	habiendo amado

participle	
amado	

- **¿Temes a su madre?**
  Are you afraid of his mother?
- **No temas.**
  Don't be afraid.

trans./intrans.
(2nd conjugation regular)

INDICATIVE

presente (Bello: presente)	pret. perf. comp. (Bello: antepresente)	
temo	he	temido
temes	has	temido
teme	ha	temido
tememos	hemos	temido
teméis	habéis	temido
temen	han	temido

pret. imperf. (Bello: copretérito)	pret. pluscuamp. (Bello: antecopretérito)	
temía	había	temido
temías	habías	temido
temía	había	temido
temíamos	habíamos	temido
temíais	habíais	temido
temían	habían	temido

pret. perf. simple (Bello: pretérito)	pret. anterior (Bello: antepretérito)	
temí	hube	temido
temiste	hubiste	temido
temió	hubo	temido
temimos	hubimos	temido
temisteis	hubisteis	temido
temieron	hubieron	temido

futuro (Bello: futuro)	futuro perf. (Bello: antefuturo)	
temeré	habré	temido
temerás	habrás	temido
temerá	habrá	temido
temeremos	habremos	temido
temeréis	habréis	temido
temerán	habrán	temido

condicional (Bello: pospretérito)	condicional perf. (Bello: antepospretérito)	
temería	habría	temido
temerías	habrías	temido
temería	habría	temido
temeríamos	habríamos	temido
temeríais	habríais	temido
temerían	habrían	temido

SUBJUNCTIVE

presente (Bello: presente)	pret. perf. (Bello: antepresente)	
tema	haya	temido
temas	hayas	temido
tema	haya	temido
temamos	hayamos	temido
temáis	hayáis	temido
teman	hayan	temido

pret. imperf. (Bello: pretérito)	pret. pluscuamp. (Bello: antecopretérito)	
temiera	hubiera	
or temiese	or hubiese	temido
temieras	hubieras	
or temieses	or hubieses	temido
temiera	hubiera	
or temiese	or hubiese	temido
temiéramos	hubiéramos	
or temiésemos	or hubiésemos	temido
temierais	hubierais	
or temieseis	or hubieseis	temido
temieran	hubieran	
or temiesen	or hubiesen	temido

futuro (Bello: futuro)	futuro perf. (Bello: antefuturo)	
temiere	hubiere	temido
temieres	hubieres	temido
temiere	hubiere	temido
temiéremos	hubiéremos	temido
temiereis	hubiereis	temido
temieren	hubieren	temido

IMPERATIVE

presente	
teme	tú
tema	él
temamos	nosotros
temed	vosotros
teman	ellos

IMPERSONAL FORMS

infinitive	compound infinitive
temer	haber temido

gerund	compound gerund
temiendo	habiendo temido

participle
temido

to split, to leave

trans./intrans.
(3rd conjugation regular)

● **Voy a partir la pera por la mitad.**
I am going to cut the pear in two.

● **Partieron ayer.**
They left yesterday.

INDICATIVE

presente (Bello: presente)		pret. perf. comp. (Bello: antepresente)	
parto		he	partido
partes		has	partido
parte		ha	partido
partimos		hemos	partido
partís		habéis	partido
parten		han	partido

pret. imperf. (Bello: copretérito)		pret. pluscuamp. (Bello: antecopretérito)	
partía		había	partido
partías		habías	partido
partía		había	partido
partíamos		habíamos	partido
partíais		habíais	partido
partían		habían	partido

pret. perf. simple (Bello: pretérito)		pret. anterior (Bello: antepretérito)	
partí		hube	partido
partiste		hubiste	partido
partió		hubo	partido
partimos		hubimos	partido
partisteis		hubisteis	partido
partieron		hubieron	partido

futuro (Bello: futuro)		futuro perf. (Bello: antefuturo)	
partiré		habré	partido
partirás		habrás	partido
partirá		habrá	partido
partiremos		habremos	partido
partiréis		habréis	partido
partirán		habrán	partido

condicional (Bello: pospretérito)		condicional perf. (Bello: antepospretérito)	
partiría		habría	partido
partirías		habrías	partido
partiría		habría	partido
partiríamos		habríamos	partido
partiríais		habríais	partido
partirían		habrían	partido

SUBJUNCTIVE

presente (Bello: presente)		pret. perf. (Bello: antepresente)	
parta		haya	partido
partas		hayas	partido
parta		haya	partido
partamos		hayamos	partido
partáis		hayáis	partido
partan		hayan	partido

pret. imperf. (Bello: pretérito)		pret. pluscuamp. (Bello: antecopretérito)	
partiera		hubiera	
or partiese		or hubiese	partido
partieras		hubieras	
or partieses		or hubieses	partido
partiera		hubiera	
or partiese		or hubiese	partido
partiéramos		hubiéramos	
or partiésemos		or hubiésemos	partido
partierais		hubierais	
or partieseis		or hubieseis	partido
partieran		hubieran	
or partiesen		or hubiesen	partido

futuro (Bello: futuro)		futuro perf. (Bello: antefuturo)	
partiere		hubiere	partido
partieres		hubieres	partido
partiere		hubiere	partido
partiéremos		hubiéremos	partido
partiereis		hubiereis	partido
partieren		hubieren	partido

IMPERATIVE

presente	
parte	tú
parta	él
partamos	nosotros
partid	vosotros
partan	ellos

IMPERSONAL FORMS

infinitive	compound infinitive
partir	haber partido

gerund	compound gerund
partiendo	habiendo partido

participle	
partido	

to ask, to request

- **¿Te puedo pedir un favor?**
  Can I ask you a favor?

- **Me pidió que le pagase la deuda.**
  He asked me to pay off the debt.

trans. (irregular)

INDICATIVE

presente (Bello: presente)	pret. perf. comp. (Bello: antepresente)	
pido	he	pedido
pides	has	pedido
pide	ha	pedido
pedimos	hemos	pedido
pedís	habéis	pedido
piden	han	pedido

pret. imperf. (Bello: copretérito)	pret. pluscuamp. (Bello: antecopretérito)	
pedía	había	pedido
pedías	habías	pedido
pedía	había	pedido
pedíamos	habíamos	pedido
pedíais	habíais	pedido
pedían	habían	pedido

pret. perf. simple (Bello: pretérito)	pret. anterior (Bello: antepretérito)	
pedí	hube	pedido
pediste	hubiste	pedido
pidió	hubo	pedido
pedimos	hubimos	pedido
pedisteis	hubisteis	pedido
pidieron	hubieron	pedido

futuro (Bello: futuro)	futuro perf. (Bello: antefuturo)	
pediré	habré	pedido
pedirás	habrás	pedido
pedirá	habrá	pedido
pediremos	habremos	pedido
pediréis	habréis	pedido
pedirán	habrán	pedido

condicional (Bello: pospretérito)	condicional perf. (Bello: antepospretérito)	
pediría	habría	pedido
pedirías	habrías	pedido
pediría	habría	pedido
pediríamos	habríamos	pedido
pediríais	habríais	pedido
pedirían	habrían	pedido

SUBJUNCTIVE

presente (Bello: presente)	pret. perf. (Bello: antepresente)	
pida	haya	pedido
pidas	hayas	pedido
pida	haya	pedido
pidamos	hayamos	pedido
pidáis	hayáis	pedido
pidan	hayan	pedido

pret. imperf. (Bello: pretérito)	pret. pluscuamp. (Bello: antecopretérito)	
pidiera	hubiera	
or pidiese	or hubiese	pedido
pidieras	hubieras	
or pidieses	or hubieses	pedido
pidiera	hubiera	
or pidiese	or hubiese	pedido
pidiéramos	hubiéramos	
or pidiésemos	or hubiésemos	pedido
pidierais	hubierais	
or pidieseis	or hubieseis	pedido
pidieran	hubieran	
or pidiesen	or hubiesen	pedido

futuro (Bello: futuro)	futuro perf. (Bello: antefuturo)	
pidiere	hubiere	pedido
pidieres	hubieres	pedido
pidiere	hubiere	pedido
pidiéremos	hubiéremos	pedido
pidiereis	hubiereis	pedido
pidieren	hubieren	pedido

IMPERATIVE

presente	
pide	tú
pida	él
pidamos	nosotros
pedid	vosotros
pidan	ellos

IMPERSONAL FORMS

infinitive	compound infinitive
pedir	haber pedido

gerund	compound gerund
pidiendo	habiendo pedido

participle	
pedido	

trans. (irregular)

● **Tañe un instrumento.**
He plays an instrument.

● **La orquesta tañe sus instrumentos.**
The orchestra play their instruments.

INDICATIVE

presente (Bello: presente)		pret. perf. comp. (Bello: antepresente)	
taño		he	tañido
tañes		has	tañido
tañe		ha	tañido
tañemos		hemos	tañido
tañéis		habéis	tañido
tañen		han	tañido

pret. imperf. (Bello: copretérito)		pret. pluscuamp. (Bello: antecopretérito)	
tañía		había	tañido
tañías		habías	tañido
tañía		había	tañido
tañíamos		habíamos	tañido
tañíais		habíais	tañido
tañían		habían	tañido

pret. perf. simple (Bello: pretérito)		pret. anterior (Bello: antepretérito)	
tañí		hube	tañido
tañiste		hubiste	tañido
tañó		hubo	tañido
tañimos		hubimos	tañido
tañisteis		hubisteis	tañido
tañeron		hubieron	tañido

futuro (Bello: futuro)		futuro perf. (Bello: antefuturo)	
tañeré		habré	tañido
tañerás		habrás	tañido
tañerá		habrá	tañido
tañeremos		habremos	tañido
tañeréis		habréis	tañido
tañerán		habrán	tañido

condicional (Bello: pospretérito)		condicional perf. (Bello: antepospretérito)	
tañería		habría	tañido
tañerías		habrías	tañido
tañería		habría	tañido
tañeríamos		habríamos	tañido
tañeríais		habríais	tañido
tañerían		habrían	tañido

SUBJUNCTIVE

presente (Bello: presente)		pret. perf. (Bello: antepresente)	
taña		haya	tañido
tañas		hayas	tañido
taña		haya	tañido
tañamos		hayamos	tañido
tañáis		hayáis	tañido
tañan		hayan	tañido

pret. imperf. (Bello: pretérito)		pret. pluscuamp. (Bello: antecopretérito)	
tañera		hubiera	
or tañese		or hubiese	tañido
tañeras		hubieras	
or tañeses		or hubieses	tañido
tañera		hubiera	
or tañese		or hubiese	tañido
tañéramos		hubiéramos	
or tañésemos		or hubiésemos	tañido
tañerais		hubierais	
or tañeseis		or hubieseis	tañido
tañeran		hubieran	
or tañesen		or hubiesen	tañido

futuro (Bello: futuro)		futuro perf. (Bello: antefuturo)	
tañere		hubiere	tañido
tañeres		hubieres	tañido
tañere		hubiere	tañido
tañéremos		hubiéremos	tañido
tañereis		hubiereis	tañido
tañeren		hubieren	tañido

IMPERATIVE

presente	
tañe	tú
taña	él
tañamos	nosotros
tañed	vosotros
tañan	ellos

IMPERSONAL FORMS

infinitive	compound infinitive
tañer	haber tañido

gerund	compound gerund
tañendo	habiendo tañido

participle	
tañido	

- **Ha teñido la camisa de azul.**
  She has dyed the shirt blue.
- **Se ha teñido de rubio.**
  She has dyed her hair blond.

trans./intrans. (irregular)

INDICATIVE

presente (Bello: presente)	pret. perf. comp. (Bello: antepresente)	
tiño	he	teñido
tiñes	has	teñido
tiñe	ha	teñido
teñimos	hemos	teñido
teñís	habéis	teñido
tiñen	han	teñido

pret. imperf. (Bello: copretérito)	pret. pluscuamp. (Bello: antecopretérito)	
teñía	había	teñido
teñías	habías	teñido
teñía	había	teñido
teñíamos	habíamos	teñido
teñíais	habíais	teñido
teñían	habían	teñido

pret. perf. simple (Bello: pretérito)	pret. anterior (Bello: antepretérito)	
teñí	hube	teñido
teñiste	hubiste	teñido
tiñó	hubo	teñido
teñimos	hubimos	teñido
teñisteis	hubisteis	teñido
tiñeron	hubieron	teñido

futuro (Bello: futuro)	futuro perf. (Bello: antefuturo)	
teñiré	habré	teñido
teñirás	habrás	teñido
teñirá	habrá	teñido
teñiremos	habremos	teñido
teñiréis	habréis	teñido
teñirán	habrán	teñido

condicional (Bello: pospretérito)	condicional perf. (Bello: antepospretérito)	
teñiría	habría	teñido
teñirías	habrías	teñido
teñiría	habría	teñido
teñiríamos	habríamos	teñido
teñiríais	habríais	teñido
teñirían	habrían	teñido

SUBJUNCTIVE

presente (Bello: presente)	pret. perf. (Bello: antepresente)	
tiña	haya	teñido
tiñas	hayas	teñido
tiña	haya	teñido
tiñamos	hayamos	teñido
tiñáis	hayáis	teñido
tiñan	hayan	teñido

pret. imperf. (Bello: pretérito)	pret. pluscuamp. (Bello: antecopretérito)	
tiñera	hubiera	
or tiñese	or hubiese	teñido
tiñeras	hubieras	
or tiñeses	or hubieses	teñido
tiñera	hubiera	
or tiñese	or hubiese	teñido
tiñéramos	hubiéramos	
or tiñésemos	or hubiésemos	teñido
tiñerais	hubierais	
or tiñeseis	or hubieseis	teñido
tiñeran	hubieran	
or tiñesen	or hubiesen	teñido

futuro (Bello: futuro)	futuro perf. (Bello: antefuturo)	
tiñere	hubiere	teñido
tiñeres	hubieres	teñido
tiñere	hubiere	teñido
tiñéremos	hubiéremos	teñido
tiñereis	hubiereis	teñido
tiñeren	hubieren	teñido

IMPERATIVE

presente	
tiñe	tú
tiña	él
tiñamos	nosotros
teñid	vosotros
tiñan	ellos

IMPERSONAL FORMS

infinitive	compound infinitive
teñir	haber teñido

gerund	compound gerund
tiñendo	habiendo teñido

participle	
teñido	

9 BRUÑIR
to polish, to shine

trans. (irregular)

- **Bruñe la mesa.**
  She polishes the table.
- **Zapatos bruñidos.**
  Polished shoes.

INDICATIVE

presente (Bello: presente)	pret. perf. comp. (Bello: antepresente)	
bruño	he	bruñido
bruñes	has	bruñido
bruñe	ha	bruñido
bruñimos	hemos	bruñido
bruñís	habéis	bruñido
bruñen	han	bruñido

pret. imperf. (Bello: copretérito)	pret. pluscuamp. (Bello: antecopretérito)	
bruñía	había	bruñido
bruñías	habías	bruñido
bruñía	había	bruñido
bruñíamos	habíamos	bruñido
bruñíais	habíais	bruñido
bruñían	habían	bruñido

pret. perf. simple (Bello: pretérito)	pret. anterior (Bello: antepretérito)	
bruñí	hube	bruñido
bruñiste	hubiste	bruñido
bruñó	hubo	bruñido
bruñimos	hubimos	bruñido
bruñisteis	hubisteis	bruñido
bruñeron	hubieron	bruñido

futuro (Bello: futuro)	futuro perf. (Bello: antefuturo)	
bruñiré	habré	bruñido
bruñirás	habrás	bruñido
bruñirá	habrá	bruñido
bruñiremos	habremos	bruñido
bruñiréis	habréis	bruñido
bruñirán	habrán	bruñido

condicional (Bello: pospretérito)	condicional perf. (Bello: antepospretérito)	
bruñiría	habría	bruñido
bruñirías	habrías	bruñido
bruñiría	habría	bruñido
bruñiríamos	habríamos	bruñido
bruñiríais	habríais	bruñido
bruñirían	habrían	bruñido

SUBJUNCTIVE

presente (Bello: presente)	pret. perf. (Bello: antepresente)	
bruña	haya	bruñido
bruñas	hayas	bruñido
bruña	haya	bruñido
bruñamos	hayamos	bruñido
bruñáis	hayáis	bruñido
bruñan	hayan	bruñido

pret. imperf. (Bello: pretérito)	pret. pluscuamp. (Bello: antecopretérito)	
bruñera	hubiera	
or bruñese	or hubiese	bruñido
bruñeras	hubieras	
or bruñeses	or hubieses	bruñido
bruñera	hubiera	
or bruñese	or hubiese	bruñido
bruñéramos	hubiéramos	
or bruñésemos	or hubiésemos	bruñido
bruñerais	hubierais	
or bruñeseis	or hubieseis	bruñido
bruñeran	hubieran	
or bruñesen	or hubiesen	bruñido

futuro (Bello: futuro)	futuro perf. (Bello: antefuturo)	
bruñere	hubiere	bruñido
bruñeres	hubieres	bruñido
bruñere	hubiere	bruñido
bruñéremos	hubiéremos	bruñido
bruñereis	hubiereis	bruñido
bruñeren	hubieren	bruñido

IMPERATIVE

presente	
bruñe	tú
bruña	él
bruñamos	nosotros
bruñid	vosotros
bruñan	ellos

IMPERSONAL FORMS

infinitive	compound infinitive
bruñir	haber bruñido

gerund	compound gerund
bruñendo	habiendo bruñido

participle	
bruñido	

trans./intrans. (irregular)

- **Todos le ríen los chistes.**
  Everybody laughs at his jokes.
- **Se ríe mucho de Eduardo.**
  He laughs a lot at Eduardo.

INDICATIVE

presente (Bello: presente)	pret. perf. comp. (Bello: antepresente)	
río	he	reído
ríes	has	reído
ríe	ha	reído
reímos	hemos	reído
reís	habéis	reído
ríen	han	reído

pret. imperf. (Bello: copretérito)	pret. pluscuamp. (Bello: antecopretérito)	
reía	había	reído
reías	habías	reído
reía	había	reído
reíamos	habíamos	reído
reíais	habíais	reído
reían	habían	reído

pret. perf. simple (Bello: pretérito)	pret. anterior (Bello: antepretérito)	
reí	hube	reído
reíste	hubiste	reído
rió	hubo	reído
reímos	hubimos	reído
reísteis	hubisteis	reído
rieron	hubieron	reído

futuro (Bello: futuro)	futuro perf. (Bello: antefuturo)	
reiré	habré	reído
reirás	habrás	reído
reirá	habrá	reído
reiremos	habremos	reído
reiréis	habréis	reído
reirán	habrán	reído

condicional (Bello: pospretérito)	condicional perf. (Bello: antepospretérito)	
reiría	habría	reído
reirías	habrías	reído
reiría	habría	reído
reiríamos	habríamos	reído
reiríais	habríais	reído
reirían	habrían	reído

SUBJUNCTIVE

presente (Bello: presente)	pret. perf. (Bello: antepresente)	
ría	haya	reído
rías	hayas	reído
ría	haya	reído
riamos	hayamos	reído
riáis	hayáis	reído
rían	hayan	reído

pret. imperf. (Bello: pretérito)	pret. pluscuamp. (Bello: antecopretérito)	
riera	hubiera	
or riese	or hubiese	reído
rieras	hubieras	
or rieses	or hubieses	reído
riera	hubiera	
or riese	or hubiese	reído
riéramos	hubiéramos	
or riésemos	or hubiésemos	reído
rierais	hubierais	
or rieseis	or hubieseis	reído
rieran	hubieran	
or riesen	or hubiesen	reído

futuro (Bello: futuro)	futuro perf. (Bello: antefuturo)	
riere	hubiere	reído
rieres	hubieres	reído
riere	hubiere	reído
riéremos	hubiéremos	reído
riereis	hubiereis	reído
rieren	hubieren	reído

IMPERATIVE

presente	
ríe	tú
ría	él
riamos	nosotros
reíd	vosotros
rían	ellos

IMPERSONAL FORMS

infinitive	compound infinitive
reír	haber reído

gerund	compound gerund
riendo	habiendo reído

participle	
reído	

to guess, to be right

trans./intrans. (irregular)

- **No acierto con la solución.**
  I can't get the answer right.
- **Aciertan por casualidad.**
  They are right by pure chance.

INDICATIVE

presente (Bello: presente)	pret. perf. comp. (Bello: antepresente)	
acierto	he	acertado
aciertas	has	acertado
acierta	ha	acertado
acertamos	hemos	acertado
acertáis	habéis	acertado
aciertan	han	acertado

pret. imperf. (Bello: copretérito)	pret. pluscuamp. (Bello: antecopretérito)	
acertaba	había	acertado
acertabas	habías	acertado
acertaba	había	acertado
acertábamos	habíamos	acertado
acertabais	habíais	acertado
acertaban	habían	acertado

pret. perf. simple (Bello: pretérito)	pret. anterior (Bello: antepretérito)	
acerté	hube	acertado
acertaste	hubiste	acertado
acertó	hubo	acertado
acertamos	hubimos	acertado
acertasteis	hubisteis	acertado
acertaron	hubieron	acertado

futuro (Bello: futuro)	futuro perf. (Bello: antefuturo)	
acertaré	habré	acertado
acertarás	habrás	acertado
acertará	habrá	acertado
acertaremos	habremos	acertado
acertaréis	habréis	acertado
acertarán	habrán	acertado

condicional (Bello: pospretérito)	condicional perf. (Bello: antepospretérito)	
acertaría	habría	acertado
acertarías	habrías	acertado
acertaría	habría	acertado
acertaríamos	habríamos	acertado
acertaríais	habríais	acertado
acertarían	habrían	acertado

SUBJUNCTIVE

presente (Bello: presente)	pret. perf. (Bello: antepresente)	
acierte	haya	acertado
aciertes	hayas	acertado
acierte	haya	acertado
acertemos	hayamos	acertado
acertéis	hayáis	acertado
acierten	hayan	acertado

pret. imperf. (Bello: pretérito)	pret. pluscuamp. (Bello: antecopretérito)	
acertara	hubiera	
or acertase	or hubiese	acertado
acertaras	hubieras	
or acertases	or hubieses	acertado
acertara	hubiera	
or acertase	or hubiese	acertado
acertáramos	hubiéramos	
or acertásemos	or hubiésemos	acertado
acertarais	hubierais	
or acertaseis	or hubieseis	acertado
acertaran	hubieran	
or acertasen	or hubiesen	acertado

futuro (Bello: futuro)	futuro perf. (Bello: antefuturo)	
acertare	hubiere	acertado
acertares	hubieres	acertado
acertare	hubiere	acertado
acertáremos	hubiéremos	acertado
acertareis	hubiereis	acertado
acertaren	hubieren	acertado

IMPERATIVE

presente	
acierta	tú
acierte	él
acertemos	nosotros
acertad	vosotros
acierten	ellos

IMPERSONAL FORMS

infinitive	compound infinitive
acertar	haber acertado

gerund	compound gerund
acertando	habiendo acertado

participle	
acertado	

- **Erró el blanco.**
  He missed the target.

- **Han errado el camino.**
  They have lost their way.

trans./intrans. (irregular)

INDICATIVE

presente (Bello: presente)	pret. perf. comp. (Bello: antepresente)	
yerro	he	errado
yerras	has	errado
yerra	ha	errado
erramos	hemos	errado
erráis	habéis	errado
yerran	han	errado

pret. imperf. (Bello: copretérito)	pret. pluscuamp. (Bello: antecopretérito)	
erraba	había	errado
errabas	habías	errado
erraba	había	errado
errábamos	habíamos	errado
errabais	habíais	errado
erraban	habían	errado

pret. perf. simple (Bello: pretérito)	pret. anterior (Bello: antepretérito)	
erré	hube	errado
erraste	hubiste	errado
erró	hubo	errado
erramos	hubimos	errado
errasteis	hubisteis	errado
erraron	hubieron	errado

futuro (Bello: futuro)	futuro perf. (Bello: antefuturo)	
erraré	habré	errado
errarás	habrás	errado
errará	habrá	errado
erraremos	habremos	errado
erraréis	habréis	errado
errarán	habrán	errado

condicional (Bello: pospretérito)	condicional perf. (Bello: antepospretérito)	
erraría	habría	errado
errarías	habrías	errado
erraría	habría	errado
erraríamos	habríamos	errado
erraríais	habríais	errado
errarían	habrían	errado

SUBJUNCTIVE

presente (Bello: presente)	pret. perf. (Bello: antepresente)	
yerre	haya	errado
yerres	hayas	errado
yerre	haya	errado
erremos	hayamos	errado
erréis	hayáis	errado
yerren	hayan	errado

pret. imperf. (Bello: pretérito)	pret. pluscuamp. (Bello: antecopretérito)	
errara	hubiera	
or errase	or hubiese	errado
erraras	hubieras	
or errases	or hubieses	errado
errara	hubiera	
or errase	or hubiese	errado
erráramos	hubiéramos	
or errásemos	or hubiésemos	errado
errarais	hubierais	
or erraseis	or hubieseis	errado
erraran	hubieran	
or errasen	or hubiesen	errado

futuro (Bello: futuro)	futuro perf. (Bello: antefuturo)	
errare	hubiere	errado
errares	hubieres	errado
errare	hubiere	errado
erráremos	hubiéremos	errado
errareis	hubiereis	errado
erraren	hubieren	errado

IMPERATIVE

presente	
yerra	tú
yerre	él
erremos	nosotros
errad	vosotros
yerren	ellos

IMPERSONAL FORMS

infinitive	compound infinitive
errar	haber errado

gerund	compound gerund
errando	habiendo errado

participle
errado

to spread out

trans./intrans. (irregular)

● **Tendió el mantel sobre la mesa.**
She spread the tablecloth over the table.

● **Tendieron el cadaver sobre el suelo.**
They stretched the body out on the floor.

INDICATIVE

presente (Bello: presente)	pret. perf. comp. (Bello: antepresente)	
tiendo	he	tendido
tiendes	has	tendido
tiende	ha	tendido
tendemos	hemos	tendido
tendéis	habéis	tendido
tienden	han	tendido

pret. imperf. (Bello: copretérito)	pret. pluscuamp. (Bello: antecopretérito)	
tendía	había	tendido
tendías	habías	tendido
tendía	había	tendido
tendíamos	habíamos	tendido
tendíais	habíais	tendido
tendían	habían	tendido

pret. perf. simple (Bello: pretérito)	pret. anterior (Bello: antepretérito)	
tendí	hube	tendido
tendiste	hubiste	tendido
tendió	hubo	tendido
tendimos	hubimos	tendido
tendisteis	hubisteis	tendido
tendieron	hubieron	tendido

futuro (Bello: futuro)	futuro perf. (Bello: antefuturo)	
tenderé	habré	tendido
tenderás	habrás	tendido
tenderá	habrá	tendido
tenderemos	habremos	tendido
tenderéis	habréis	tendido
tenderán	habrán	tendido

condicional (Bello: pospretérito)	condicional perf. (Bello: antepospretérito)	
tendería	habría	tendido
tenderías	habrías	tendido
tendería	habría	tendido
tenderíamos	habríamos	tendido
tenderíais	habríais	tendido
tenderían	habrían	tendido

SUBJUNCTIVE

presente (Bello: presente)	pret. perf. (Bello: antepresente)	
tienda	haya	tendido
tiendas	hayas	tendido
tienda	haya	tendido
tendamos	hayamos	tendido
tendáis	hayáis	tendido
tiendan	hayan	tendido

pret. imperf. (Bello: pretérito)	pret. pluscuamp. (Bello: antecopretérito)	
tendiera	hubiera	
or tendiese	or hubiese	tendido
tendieras	hubieras	
or tendieses	or hubieses	tendido
tendiera	hubiera	
or tendiese	or hubiese	tendido
tendiéramos	hubiéramos	
or tendiésemos	or hubiésemos	tendido
tendierais	hubierais	
or tendieseis	or hubieseis	tendido
tendieran	hubieran	
or tendiesen	or hubiesen	tendido

futuro (Bello: futuro)	futuro perf. (Bello: antefuturo)	
tendiere	hubiere	tendido
tendieres	hubieres	tendido
tendiere	hubiere	tendido
tendiéremos	hubiéremos	tendido
tendiereis	hubiereis	tendido
tendieren	hubieren	tendido

IMPERATIVE

presente	
tiende	tú
tienda	él
tiendamos	nosotros
tended	vosotros
tiendan	ellos

IMPERSONAL FORMS

infinitive	compound infinitive
tender	haber tendido

gerund	compound gerund
tendiendo	habiendo tendido

participle	
tendido	

to want, to like

trans. (irregular)

- **No quiero más.**
  I don't want any more.

- **¿Quieres vino?**
  Do you want some wine?

INDICATIVE

presente (Bello: presente)	pret. perf. comp. (Bello: antepresente)	
quiero	he	querido
quieres	has	querido
quiere	ha	querido
queremos	hemos	querido
queréis	habéis	querido
quieren	han	querido

pret. imperf. (Bello: copretérito)	pret. pluscuamp. (Bello: antecopretérito)	
quería	había	querido
querías	habías	querido
quería	había	querido
queríamos	habíamos	querido
queríais	habíais	querido
querían	habían	querido

pret. perf. simple (Bello: pretérito)	pret. anterior (Bello: antepretérito)	
quise	hube	querido
quisiste	hubiste	querido
quiso	hubo	querido
quisimos	hubimos	querido
quisisteis	hubisteis	querido
quisieron	hubieron	querido

futuro (Bello: futuro)	futuro perf. (Bello: antefuturo)	
querré	habré	querido
querrás	habrás	querido
querrá	habrá	querido
querremos	habremos	querido
querréis	habréis	querido
querrán	habrán	querido

condicional (Bello: pospretérito)	condicional perf. (Bello: antepospretérito)	
querría	habría	querido
querrías	habrías	querido
querría	habría	querido
querríamos	habríamos	querido
querríais	habríais	querido
querrían	habrían	querido

SUBJUNCTIVE

presente (Bello: presente)	pret. perf. (Bello: antepresente)	
quiera	haya	querido
quieras	hayas	querido
quiera	haya	querido
queramos	hayamos	querido
queráis	hayáis	querido
quieran	hayan	querido

pret. imperf. (Bello: pretérito)	pret. pluscuamp. (Bello: antecopretérito)	
quisiera	hubiera	
or quisiese	or hubiese	querido
quisieras	hubieras	
or quisieses	or hubieses	querido
quisiera	hubiera	
or quisiese	or hubiese	querido
quisiéramos	hubiéramos	
or quisiésemos	or hubiésemos	querido
quisierais	hubierais	
or quisieseis	or hubieseis	querido
quisieran	hubieran	
or quisiesen	or hubiesen	querido

futuro (Bello: futuro)	futuro perf. (Bello: antefuturo)	
quisiere	hubiere	querido
quisieres	hubieres	querido
quisiere	hubiere	querido
quisiéremos	hubiéremos	querido
quisiereis	hubiereis	querido
quisieren	hubieren	querido

IMPERATIVE

presente	
quiere	tú
quiera	él
queramos	nosotros
quered	vosotros
quieran	ellos

IMPERSONAL FORMS

infinitive	compound infinitive
querer	haber querido

gerund	compound gerund
queriendo	habiendo querido

participle	
querido	

to have, to possess

trans. (irregular)

● **Hemos tenido muchas dificultades.**
We have had a lot of difficulties.

● **¿Tienes una pluma?**
Have you got a pen?

INDICATIVE

presente (Bello: presente)	pret. perf. comp. (Bello: antepresente)	
tengo	he	tenido
tienes	has	tenido
tiene	ha	tenido
tenemos	hemos	tenido
tenéis	habéis	tenido
tienen	han	tenido

pret. imperf. (Bello: copretérito)	pret. pluscuamp. (Bello: antecopretérito)	
tenía	había	tenido
tenías	habías	tenido
tenía	había	tenido
teníamos	habíamos	tenido
teníais	habíais	tenido
tenían	habían	tenido

pret. perf. simple (Bello: pretérito)	pret. anterior (Bello: antepretérito)	
tuve	hube	tenido
tuviste	hubiste	tenido
tuvo	hubo	tenido
tuvimos	hubimos	tenido
tuvisteis	hubisteis	tenido
tuvieron	hubieron	tenido

futuro (Bello: futuro)	futuro perf. (Bello: antefuturo)	
tendré	habré	tenido
tendrás	habrás	tenido
tendrá	habrá	tenido
tendremos	habremos	tenido
tendréis	habréis	tenido
tendrán	habrán	tenido

condicional (Bello: pospretérito)	condicional perf. (Bello: antepospretérito)	
tendría	habría	tenido
tendrías	habrías	tenido
tendría	habría	tenido
tendríamos	habríamos	tenido
tendríais	habríais	tenido
tendrían	habrían	tenido

SUBJUNCTIVE

presente (Bello: presente)	pret. perf. (Bello: antepresente)	
tenga	haya	tenido
tengas	hayas	tenido
tenga	haya	tenido
tengamos	hayamos	tenido
tengáis	hayáis	tenido
tengan	hayan	tenido

pret. imperf. (Bello: pretérito)	pret. pluscuamp. (Bello: antecopretérito)	
tuviera	hubiera	
or tuviese	or hubiese	tenido
tuvieras	hubieras	
or tuvieses	or hubieses	tenido
tuviera	hubiera	
or tuviese	or hubiese	tenido
tuviéramos	hubiéramos	
or tuviésemos	or hubiésemos	tenido
tuvierais	hubierais	
or tuvieseis	or hubieseis	tenido
tuvieran	hubieran	
or tuviesen	or hubiesen	tenido

futuro (Bello: futuro)	futuro perf. (Bello: antefuturo)	
tuviere	hubiere	tenido
tuvieres	hubieres	tenido
tuviere	hubiere	tenido
tuviéremos	hubiéremos	tenido
tuviereis	hubiereis	tenido
tuvieren	hubieren	tenido

IMPERATIVE

presente	
ten	tú
tenga	él
tengamos	nosotros
tened	vosotros
tengan	ellos

IMPERSONAL FORMS

infinitive	compound infinitive
tener	haber tenido

gerund	compound gerund
teniendo	habiendo tenido

participle	
tenido	

trans. (irregular)

- **Pone dinero en la caja de ahorros.**
  She puts money in the savings bank.
- **Puso la mesa.**
  She laid the table.

INDICATIVE

presente (Bello: presente)		pret. perf. comp. (Bello: antepresente)	
pongo		he	puesto
pones		has	puesto
pone		ha	puesto
ponemos		hemos	puesto
ponéis		habéis	puesto
ponen		han	puesto

pret. imperf. (Bello: copretérito)		pret. pluscuamp. (Bello: antecopretérito)	
ponía		había	puesto
ponías		habías	puesto
ponía		había	puesto
poníamos		habíamos	puesto
poníais		habíais	puesto
ponían		habían	puesto

pret. perf. simple (Bello: pretérito)		pret. anterior (Bello: antepretérito)	
puse		hube	puesto
pusiste		hubiste	puesto
puso		hubo	puesto
pusimos		hubimos	puesto
pusisteis		hubisteis	puesto
pusieron		hubieron	puesto

futuro (Bello: futuro)		futuro perf. (Bello: antefuturo)	
pondré		habré	puesto
pondrás		habrás	puesto
pondrá		habrá	puesto
pondremos		habremos	puesto
pondréis		habréis	puesto
pondrán		habrán	puesto

condicional (Bello: pospretérito)		condicional perf. (Bello: antepospretérito)	
pondría		habría	puesto
pondrías		habrías	puesto
pondría		habría	puesto
pondríamos		habríamos	puesto
pondríais		habríais	puesto
pondrían		habrían	puesto

SUBJUNCTIVE

presente (Bello: presente)		pret. perf. (Bello: antepresente)	
ponga		haya	puesto
pongas		hayas	puesto
ponga		haya	puesto
pongamos		hayamos	puesto
pongáis		hayáis	puesto
pongan		hayan	puesto

pret. imperf. (Bello: pretérito)		pret. pluscuamp. (Bello: antecopretérito)	
pusiera		hubiera	
or pusiese		or hubiese	puesto
pusieras		hubieras	
or pusieses		or hubieses	puesto
pusiera		hubiera	
or pusiese		or hubiese	puesto
pusiéramos		hubiéramos	
or pusiésemos		or hubiésemos	puesto
pusierais		hubierais	
or pusieseis		or hubieseis	puesto
pusieran		hubieran	
or pusiesen		or hubiesen	puesto

futuro (Bello: futuro)		futuro perf. (Bello: antefuturo)	
pusiere		hubiere	puesto
pusieres		hubieres	puesto
pusiere		hubiere	puesto
pusiéremos		hubiéremos	puesto
pusiereis		hubiereis	puesto
pusieren		hubieren	puesto

IMPERATIVE

presente	
pon	tú
ponga	él
pongamos	nosotros
poned	vosotros
pongan	ellos

IMPERSONAL FORMS

infinitive	compound infinitive
poner	haber puesto

gerund	compound gerund
poniendo	habiendo puesto

participle	
puesto	

to discern, to distinguish

trans. (irregular)

● **Discernir el bien del mal.**
To distinguish good from evil.

INDICATIVE

presente (Bello: presente)	pret. perf. comp. (Bello: antepresente)	
discierno	he	discernido
disciernes	has	discernido
discierne	ha	discernido
discernimos	hemos	discernido
discernís	habéis	discernido
disciernen	han	discernido

pret. imperf. (Bello: copretérito)	pret. pluscuamp. (Bello: antecopretérito)	
discernía	había	discernido
discernías	habías	discernido
discernía	había	discernido
discerníamos	habíamos	discernido
discerníais	habíais	discernido
discernían	habían	discernido

pret. perf. simple (Bello: pretérito)	pret. anterior (Bello: antepretérito)	
discerní	hube	discernido
discerniste	hubiste	discernido
discernió	hubo	discernido
discernimos	hubimos	discernido
discernisteis	hubisteis	discernido
discernieron	hubieron	discernido

futuro (Bello: futuro)	futuro perf. (Bello: antefuturo)	
discerniré	habré	discernido
discernirás	habrás	discernido
discernirá	habrá	discernido
discerniremos	habremos	discernido
discerniréis	habréis	discernido
discernirán	habrán	discernido

condicional (Bello: pospretérito)	condicional perf. (Bello: antepospretérito)	
discerniría	habría	discernido
discernirías	habrías	discernido
discerniría	habría	discernido
discerniríamos	habríamos	discernido
discerniríais	habríais	discernido
discernirían	habrían	discernido

SUBJUNCTIVE

presente (Bello: presente)	pret. perf. (Bello: antepresente)	
discierna	haya	discernido
disciernas	hayas	discernido
discierna	haya	discernido
discernamos	hayamos	discernido
discernáis	hayáis	discernido
disciernan	hayan	discernido

pret. imperf. (Bello: pretérito)	pret. pluscuamp. (Bello: antecopretérito)	
discerniera	hubiera	
or discerniese	or hubiese	discernido
discernieras	hubieras	
or discernieses	or hubieses	discernido
discerniera	hubiera	
or discerniese	or hubiese	discernido
discerniéramos	hubiéramos	
or discerniésemos	or hubiésemos	discernido
discernierais	hubierais	
or discernieseis	or hubieseis	discernido
discernieran	hubieran	
or discerniesen	or hubiesen	discernido

futuro (Bello: futuro)	futuro perf. (Bello: antefuturo)	
discerniere	hubiere	discernido
discernieres	hubieres	discernido
discerniere	hubiere	discernido
discerniéremos	hubiéremos	discernido
discerniereis	hubiereis	discernido
discernieren	hubieren	discernido

IMPERATIVE

presente		
discierne	tú	
discierna	él	
discernamos	nosotros	
discernid	vosotros	
disciernan	ellos	

IMPERSONAL FORMS

infinitive	compound infinitive
discernir	haber discernido

gerund	compound gerund
discerniendo	habiendo discernido

participle	
discernido	

to come, to arrive

- **Vino a vernos.**
  She came to see us.
- **Venga lo que venga.**
  Come what may.

intrans. (irregular)

INDICATIVE

presente (Bello: presente)	pret. perf. comp. (Bello: antepresente)	
vengo	he	venido
vienes	has	venido
viene	ha	venido
venimos	hemos	venido
venís	habéis	venido
vienen	han	venido

pret. imperf. (Bello: copretérito)	pret. pluscuamp. (Bello: antepretérito)	
venía	había	venido
venías	habías	venido
venía	había	venido
veníamos	habíamos	venido
veníais	habíais	venido
venían	habían	venido

pret. perf. simple (Bello: pretérito)	pret. anterior (Bello: antepretérito)	
vine	hube	venido
viniste	hubiste	venido
vino	hubo	venido
vinimos	hubimos	venido
vinisteis	hubisteis	venido
vinieron	hubieron	venido

futuro (Bello: futuro)	futuro perf. (Bello: antefuturo)	
vendré	habré	venido
vendrás	habrás	venido
vendrá	habrá	venido
vendremos	habremos	venido
vendréis	habréis	venido
vendrán	habrán	venido

condicional (Bello: pospretérito)	condicional perf. (Bello: antepospretérito)	
vendría	habría	venido
vendrías	habrías	venido
vendría	habría	venido
vendríamos	habríamos	venido
vendríais	habríais	venido
vendrían	habrían	venido

SUBJUNCTIVE

presente (Bello: presente)	pret. perf. (Bello: antepresente)	
venga	haya	venido
vengas	hayas	venido
venga	haya	venido
vengamos	hayamos	venido
vengáis	hayáis	venido
vengan	hayan	venido

pret. imperf. (Bello: pretérito)	pret. pluscuamp. (Bello: antecopretérito)	
viniera	hubiera	
or viniese	or hubiese	venido
vinieras	hubieras	
or vinieses	or hubieses	venido
viniera	hubiera	
or viniese	or hubiese	venido
viniéramos	hubiéramos	
or viniésemos	or hubiésemos	venido
vinierais	hubierais	
or vinieseis	or hubieseis	venido
vinieran	hubieran	
or viniesen	or hubiesen	venido

futuro (Bello: futuro)	futuro perf. (Bello: antefuturo)	
viniere	hubiere	venido
vinieres	hubieres	venido
viniere	hubiere	venido
viniéremos	hubiéremos	venido
viniereis	hubiereis	venido
vinieren	hubieren	venido

IMPERATIVE

presente		
ven	tú	
venga	él	
vengamos	nosotros	
venid	vosotros	
vengan	ellos	

IMPERSONAL FORMS

infinitive	compound infinitive
venir	haber venido

gerund	compound gerund
viniendo	habiendo venido

participle	
venido	

19 SONAR

to ring, to sound

trans./intrans. (irregular)

- **Han sonado las nueve.**
  It has struck nine.
- **En la palabra "que" la "u" no suena.**
  In the word "que" the "u" is not
  pronounced.

INDICATIVE

presente (Bello: presente)	pret. perf. comp. (Bello: antepresente)	
sueno	he	sonado
suenas	has	sonado
suena	ha	sonado
sonamos	hemos	sonado
sonáis	habéis	sonado
suenan	han	sonado

pret. imperf. (Bello: copretérito)	pret. pluscuamp. (Bello: antecopretérito)	
sonaba	había	sonado
sonabas	habías	sonado
sonaba	había	sonado
sonábamos	habíamos	sonado
sonabais	habíais	sonado
sonaban	habían	sonado

pret. perf. simple (Bello: pretérito)	pret. anterior (Bello: antepretérito)	
soné	hube	sonado
sonaste	hubiste	sonado
sonó	hubo	sonado
sonamos	hubimos	sonado
sonasteis	hubisteis	sonado
sonaron	hubieron	sonado

futuro (Bello: futuro)	futuro perf. (Bello: antefuturo)	
sonaré	habré	sonado
sonarás	habrás	sonado
sonará	habrá	sonado
sonaremos	habremos	sonado
sonaréis	habréis	sonado
sonarán	habrán	sonado

condicional (Bello: pospretérito)	condicional perf. (Bello: antepospretérito)	
sonaría	habría	sonado
sonarías	habrías	sonado
sonaría	habría	sonado
sonaríamos	habríamos	sonado
sonaríais	habríais	sonado
sonarían	habrían	sonado

SUBJUNCTIVE

presente (Bello: presente)	pret. perf. (Bello: antepresente)	
suene	haya	sonado
suenes	hayas	sonado
suene	haya	sonado
sonemos	hayamos	sonado
sonéis	hayáis	sonado
suenen	hayan	sonado

pret. imperf. (Bello: pretérito)	pret. pluscuamp. (Bello: antecopretérito)	
sonara	hubiera	
or sonase	or hubiese	sonado
sonaras	hubieras	
or sonases	or hubieses	sonado
sonara	hubiera	
or sonase	or hubiese	sonado
sonáramos	hubiéramos	
or sonásemos	or hubiésemos	sonado
sonarais	hubierais	
or sonaseis	or hubieseis	sonado
sonaran	hubieran	
or sonasen	or hubiesen	sonado

futuro (Bello: futuro)	futuro perf. (Bello: antefuturo)	
sonare	hubiere	sonado
sonares	hubieres	sonado
sonare	hubiere	sonado
sonáremos	hubiéremos	sonado
sonareis	hubiereis	sonado
sonaren	hubieren	sonado

IMPERATIVE

presente	
suena	tú
suene	él
sonemos	nosotros
sonad	vosotros
suenen	ellos

IMPERSONAL FORMS

infinitive	compound infinitive
sonar	haber sonado

gerund	compound gerund
sonando	habiendo sonado

participle	
sonado	

trans. (irregular)

- **Desosó la carne.**
  He boned the meat.

- **Antes de hacer la mermelada hay que desosar la fruta.**
  Before making jam you must stone the fruit.

INDICATIVE

presente (Bello: presente)	pret. perf. comp. (Bello: antepresente)	
deshueso	he	desosado
deshuesas	has	desosado
deshuesa	ha	desosado
desosamos	hemos	desosado
desosáis	habéis	desosado
deshuesan	han	desosado

pret. imperf. (Bello: copretérito)	pret. pluscuamp. (Bello: antecopretérito)	
desosaba	había	desosado
desosabas	habías	desosado
desosaba	había	desosado
desosábamos	habíamos	desosado
desosabais	habíais	desosado
desosaban	habían	desosado

pret. perf. simple (Bello: pretérito)	pret. anterior (Bello: antepretérito)	
desosé	hube	desosado
desosaste	hubiste	desosado
desosó	hubo	desosado
desosamos	hubimos	desosado
desosasteis	hubisteis	desosado
desosaron	hubieron	desosado

futuro (Bello: futuro)	futuro perf. (Bello: antefuturo)	
desosaré	habré	desosado
desosarás	habrás	desosado
desosará	habrá	desosado
desosaremos	habremos	desosado
desosaréis	habréis	desosado
desosarán	habrán	desosado

condicional (Bello: pospretérito)	condicional perf. (Bello: antepospretérito)	
desosaría	habría	desosado
desosarías	habrías	desosado
desosaría	habría	desosado
desosaríamos	habríamos	desosado
desosaríais	habríais	desosado
desosarían	habrían	desosado

SUBJUNCTIVE

presente (Bello: presente)	pret. perf. (Bello: antepresente)	
deshuese	haya	desosado
deshueses	hayas	desosado
deshuese	haya	desosado
desosemos	hayamos	desosado
desoséis	hayáis	desosado
deshuesen	hayan	desosado

pret. imperf. (Bello: pretérito)	pret. pluscuamp. (Bello: antecopretérito)	
desosara	hubiera	
or desosase	or hubiese	desosado
desosaras	hubieras	
or desosases	or hubieses	desosado
desosara	hubiera	
or desosase	or hubiese	desosado
desosáramos	hubiéramos	
or desosásemos	or hubiésemos	desosado
desosarais	hubierais	
or desosaseis	or hubieseis	desosado
desosaran	hubieran	
or desosasen	or hubiesen	desosado

futuro (Bello: futuro)	futuro perf. (Bello: antefuturo)	
desosare	hubiere	desosado
desosares	hubieres	desosado
desosare	hubiere	desosado
desosáremos	hubiéremos	desosado
desosareis	hubiereis	desosado
desosaren	hubieren	desosado

IMPERATIVE

presente	
deshuesa	tú
deshuese	él
desosemos	nosotros
desosad	vosotros
deshuesen	ellos

IMPERSONAL FORMS

infinitive	compound infinitive
desosar	haber desosado

gerund	compound gerund
desosando	habiendo desosado

participle	
desosado	

21 | VOLVER

trans./intrans. (irregular)

- **Volvieron tarde a casa.**
  They came home late.
- **Volvió la vista atrás.**
  She looked backwards.

INDICATIVE

presente (Bello: presente)	pret. perf. comp. (Bello: antepresente)	
vuelvo	he	vuelto
vuelves	has	vuelto
vuelve	ha	vuelto
volvemos	hemos	vuelto
volvéis	habéis	vuelto
vuelven	han	vuelto

pret. imperf. (Bello: copretérito)	pret. pluscuamp. (Bello: antecopretérito)	
volvía	había	vuelto
volvías	habías	vuelto
volvía	había	vuelto
volvíamos	habíamos	vuelto
volvíais	habíais	vuelto
volvían	habían	vuelto

pret. perf. simple (Bello: pretérito)	pret. anterior (Bello: antepretérito)	
volví	hube	vuelto
volviste	hubiste	vuelto
volvió	hubo	vuelto
volvimos	hubimos	vuelto
volvisteis	hubisteis	vuelto
volvieron	hubieron	vuelto

futuro (Bello: futuro)	futuro perf. (Bello: antefuturo)	
volveré	habré	vuelto
volverás	habrás	vuelto
volverá	habrá	vuelto
volveremos	habremos	vuelto
volveréis	habréis	vuelto
volverán	habrán	vuelto

condicional (Bello: pospretérito)	condicional perf. (Bello: antepospretérito)	
volvería	habría	vuelto
volverías	habrías	vuelto
volvería	habría	vuelto
volveríamos	habríamos	vuelto
volveríais	habríais	vuelto
volverían	habrían	vuelto

SUBJUNCTIVE

presente (Bello: presente)	pret. perf. (Bello: antepresente)	
vuelva	haya	vuelto
vuelvas	hayas	vuelto
vuelva	haya	vuelto
volvamos	hayamos	vuelto
volváis	hayáis	vuelto
vuelvan	hayan	vuelto

pret. imperf. (Bello: pretérito)	pret. pluscuamp. (Bello: antecopretérito)	
volviera	hubiera	
or volviese	or hubiese	vuelto
volvieras	hubieras	
or volvieses	or hubieses	vuelto
volviera	hubiera	
or volviese	or hubiese	vuelto
volviéramos	hubiéramos	
or volviésemos	or hubiésemos	vuelto
volvierais	hubierais	
or volvieseis	or hubieseis	vuelto
volvieran	hubieran	
or volviesen	or hubiesen	vuelto

futuro (Bello: futuro)	futuro perf. (Bello: antefuturo)	
volviere	hubiere	vuelto
volvieres	hubieres	vuelto
volviere	hubiere	vuelto
volviéremos	hubiéremos	vuelto
volviereis	hubiereis	vuelto
volvieren	hubieren	vuelto

IMPERATIVE

presente	
vuelve	tú
vuelva	él
volvamos	nosotros
volved	vosotros
vuelvan	ellos

IMPERSONAL FORMS

infinitive	compound infinitive
volver	haber vuelto

gerund	compound gerund
volviendo	habiendo vuelto

participle	
vuelto	

- **Muelen el trigo.**
  They are milling the wheat.

- **¿Quieres moler el café?**
  Will you grind the coffee?

trans. (irregular)

INDICATIVE

presente (Bello: presente)	pret. perf. comp. (Bello: antepresente)	
muelo	he	molido
mueles	has	molido
muele	ha	molido
molemos	hemos	molido
moléis	habéis	molido
muelen	han	molido

pret. imperf. (Bello: copretérito)	pret. pluscuamp. (Bello: antepretérito)	
molía	había	molido
molías	habías	molido
molía	había	molido
molíamos	habíamos	molido
molíais	habíais	molido
molían	habían	molido

pret. perf. simple (Bello: pretérito)	pret. anterior (Bello: antepretérito)	
molí	hube	molido
moliste	hubiste	molido
molió	hubo	molido
molimos	hubimos	molido
molisteis	hubisteis	molido
molieron	hubieron	molido

futuro (Bello: futuro)	futuro perf. (Bello: antefuturo)	
moleré	habré	molido
molerás	habrás	molido
molerá	habrá	molido
moleremos	habremos	molido
moleréis	habréis	molido
molerán	habrán	molido

condicional (Bello: pospretérito)	condicional perf. (Bello: antepospretérito)	
molería	habría	molido
molerías	habrías	molido
molería	habría	molido
moleríamos	habríamos	molido
moleríais	habríais	molido
molerían	habrían	molido

SUBJUNCTIVE

presente (Bello: presente)	pret. perf. (Bello: antepresente)	
muela	haya	molido
muelas	hayas	molido
muela	haya	molido
molamos	hayamos	molido
moláis	hayáis	molido
muelan	hayan	molido

pret. imperf. (Bello: pretérito)	pret. pluscuamp. (Bello: antecopretérito)	
moliera	hubiera	
or moliese	or hubiese	molido
molieras	hubieras	
or molieses	or hubieses	molido
moliera	hubiera	
or moliese	or hubiese	molido
moliéramos	hubiéramos	
or moliésemos	or hubiésemos	molido
molierais	hubierais	
or molieseis	or hubieseis	molido
molieran	hubieran	
or moliesen	or hubiesen	molido

futuro (Bello: futuro)	futuro perf. (Bello: antefuturo)	
moliere	hubiere	molido
molieres	hubieres	molido
moliere	hubiere	molido
moliéremos	hubiéremos	molido
moliereis	hubiereis	molido
molieren	hubieren	molido

IMPERATIVE

presente	
muele	tú
muela	él
molamos	nosotros
moled	vosotros
muelan	ellos

IMPERSONAL FORMS

infinitive	compound infinitive
moler	haber molido

gerund	compound gerund
moliendo	habiendo molido

participle	
molido	

23 | COCER

to boil, to cook

trans./intrans. (irregular)

- **Coció el pan al horno.**
  She baked the bread in the oven.
- **Legumbres que se cuecen bien.**
  Vegetables which cook well.

INDICATIVE

presente (Bello: presente)	pret. perf. comp. (Bello: antepresente)	
cuezo	he	cocido
cueces	has	cocido
cuece	ha	cocido
cocemos	hemos	cocido
cocéis	habéis	cocido
cuecen	han	cocido

pret. imperf. (Bello: copretérito)	pret. pluscuamp. (Bello: antecopretérito)	
cocía	había	cocido
cocías	habías	cocido
cocía	había	cocido
cocíamos	habíamos	cocido
cocíais	habíais	cocido
cocían	habían	cocido

pret. perf. simple (Bello: pretérito)	pret. anterior (Bello: antepretérito)	
cocí	hube	cocido
cociste	hubiste	cocido
coció	hubo	cocido
cocimos	hubimos	cocido
cocisteis	hubisteis	cocido
cocieron	hubieron	cocido

futuro (Bello: futuro)	futuro perf. (Bello: antefuturo)	
coceré	habré	cocido
cocerás	habrás	cocido
cocerá	habrá	cocido
coceremos	habremos	cocido
coceréis	habréis	cocido
cocerán	habrán	cocido

condicional (Bello: pospretérito)	condicional perf. (Bello: antepospretérito)	
cocería	habría	cocido
cocerías	habrías	cocido
cocería	habría	cocido
coceríamos	habríamos	cocido
coceríais	habríais	cocido
cocerían	habrían	cocido

SUBJUNCTIVE

presente (Bello: presente)	pret. perf. (Bello: antepresente)	
cueza	haya	cocido
cuezas	hayas	cocido
cueza	haya	cocido
cozamos	hayamos	cocido
cozáis	hayáis	cocido
cuezan	hayan	cocido

pret. imperf. (Bello: pretérito)	pret. pluscuamp. (Bello: antecopretérito)	
cociera	hubiera	
or cociese	or hubiese	cocido
cocieras	hubieras	
or cocieses	or hubieses	cocido
cociera	hubiera	
or cociese	or hubiese	cocido
cociéramos	hubiéramos	
or cociésemos	or hubiésemos	cocido
cocierais	hubierais	
or cocieseis	or hubieseis	cocido
cocieran	hubieran	
or cociesen	or hubiesen	cocido

futuro (Bello: futuro)	futuro perf. (Bello: antefuturo)	
cociere	hubiere	cocido
cocieres	hubieres	cocido
cociere	hubiere	cocido
cociéremos	hubiéremos	cocido
cociereis	hubiereis	cocido
cocieren	hubieren	cocido

IMPERATIVE

presente	
cuece	tú
cueza	él
cozamos	nosotros
coced	vosotros
cuezan	ellos

IMPERSONAL FORMS

infinitive	compound infinitive
cocer	haber cocido

gerund	compound gerund
cociendo	habiendo cocido

participle	
cocido	

- **¿Queries oler este vino?**
  Do you want to smell this wine?

- **Huele a tabaco aqui.**
  It smells of tobacco here.

trans./intrans. (irregular)

INDICATIVE

presente (Bello: presente)		pret. perf. comp. (Bello: antepresente)	
huelo		he	olido
hueles		has	olido
huele		ha	olido
olemos		hemos	olido
oléis		habéis	olido
huelen		han	olido

pret. imperf. (Bello: copretérito)		pret. pluscuamp. (Bello: antecopretérito)	
olía		había	olido
olías		habías	olido
olía		había	olido
olíamos		habíamos	olido
olíais		habíais	olido
olían		habían	olido

pret. perf. simple (Bello: pretérito)		pret. anterior (Bello: antepretérito)	
olí		hube	olido
oliste		hubiste	olido
olió		hubo	olido
olimos		hubimos	olido
olisteis		hubisteis	olido
olieron		hubieron	olido

futuro (Bello: futuro)		futuro perf. (Bello: antefuturo)	
oleré		habré	olido
olerás		habrás	olido
olerá		habrá	olido
oleremos		habremos	olido
oleréis		habréis	olido
olerán		habrán	olido

condicional (Bello: pospretérito)		condicional perf. (Bello: antepospretérito)	
olería		habría	olido
olerías		habrías	olido
olería		habría	olido
oleríamos		habríamos	olido
oleríais		habríais	olido
olerían		habrían	olido

SUBJUNCTIVE

presente (Bello: presente)		pret. perf. (Bello: antepresente)	
huela		haya	olido
huelas		hayas	olido
huela		haya	olido
olamos		hayamos	olido
oláis		hayáis	olido
huelan		hayan	olido

pret. imperf. (Bello: pretérito)		pret. pluscuamp. (Bello: antecopretérito)	
oliera		hubiera	
or oliese		or hubiese	olido
olieras		hubieras	
or olieses		or hubieses	olido
oliera		hubiera	
or oliese		or hubiese	olido
oliéramos		hubiéramos	
or oliésemos		or hubiésemos	olido
olierais		hubierais	
or olieseis		or hubieseis	olido
olieran		hubieran	
or oliesen		or hubiesen	olido

futuro (Bello: futuro)		futuro perf. (Bello: antefuturo)	
oliere		hubiere	olido
olieres		hubieres	olido
oliere		hubiere	olido
oliéremos		hubiéremos	olido
oliereis		hubiereis	olido
olieren		hubieren	olido

IMPERATIVE

presente	
huele	tú
huela	él
olamos	nosotros
oled	vosotros
huelan	ellos

IMPERSONAL FORMS

infinitive	compound infinitive
oler	haber olido

gerund	compound gerund
oliendo	habiendo olido

participle	
olido	

to move

trans./intrans. (irregular)

● **¿Podemos mover las sillas?**
Can we move the chairs?

● **No me he movido del sitio.**
I've not moved from my place.

INDICATIVE

presente (Bello: presente)	pret. perf. comp. (Bello: antepresente)	
muevo	he	movido
mueves	has	movido
mueve	ha	movido
movemos	hemos	movido
movéis	habéis	movido
mueven	han	movido

pret. imperf. (Bello: copretérito)	pret. pluscuamp. (Bello: antecopretérito)	
movía	había	movido
movías	habías	movido
movía	había	movido
movíamos	habíamos	movido
movíais	habíais	movido
movían	habían	movido

pret. perf. simple (Bello: pretérito)	pret. anterior (Bello: antepretérito)	
moví	hube	movido
moviste	hubiste	movido
movió	hubo	movido
movimos	hubimos	movido
movisteis	hubisteis	movido
movieron	hubieron	movido

futuro (Bello: futuro)	futuro perf. (Bello: antefuturo)	
moveré	habré	movido
moverás	habrás	movido
moverá	habrá	movido
moveremos	habremos	movido
moveréis	habréis	movido
moverán	habrán	movido

condicional (Bello: pospretérito)	condicional perf. (Bello: antepospretérito)	
movería	habría	movido
moverías	habrías	movido
movería	habría	movido
moveríamos	habríamos	movido
moveríais	habríais	movido
moverían	habrían	movido

SUBJUNCTIVE

presente (Bello: presente)	pret. perf. (Bello: antepresente)	
mueva	haya	movido
muevas	hayas	movido
mueva	haya	movido
movamos	hayamos	movido
mováis	hayáis	movido
muevan	hayan	movido

pret. imperf. (Bello: pretérito)	pret. pluscuamp. (Bello: antecopretérito)	
moviera	hubiera	
or moviese	or hubiese	movido
movieras	hubieras	
or movieses	or hubieses	movido
moviera	hubiera	
or moviese	or hubiese	movido
moviéramos	hubiéramos	
or moviésemos	or hubiésemos	movido
movierais	hubierais	
or movieseis	or hubieseis	movido
movieran	hubieran	
or moviesen	or hubiesen	movido

futuro (Bello: futuro)	futuro perf. (Bello: antefuturo)	
moviere	hubiere	movido
movieres	hubieres	movido
moviere	hubiere	movido
moviéremos	hubiéremos	movido
moviereis	hubiereis	movido
movieren	hubieren	movido

IMPERATIVE

presente	
mueve	tú
mueva	él
movamos	nosotros
moved	vosotros
muevan	ellos

IMPERSONAL FORMS

infinitive	compound infinitive
mover	haber movido

gerund	compound gerund
moviendo	habiendo movido

participle	
movido	

trans./intrans. (irregular)

- **No podemos ir a Montevideo.**
  We can't go to Montevideo.

- **Estos caracoles se pueden comer.**
  These snails are eatable.

INDICATIVE

presente (Bello: presente)	pret. perf. comp. (Bello: antepresente)	
puedo	he	podido
puedes	has	podido
puede	ha	podido
podemos	hemos	podido
podéis	habéis	podido
pueden	han	podido

pret. imperf. (Bello: copretérito)	pret. pluscuamp. (Bello: antepretérito)	
podía	había	podido
podías	habías	podido
podía	había	podido
podíamos	habíamos	podido
podíais	habíais	podido
podían	habían	podido

pret. perf. simple (Bello: pretérito)	pret. anterior (Bello: antepretérito)	
pude	hube	podido
pudiste	hubiste	podido
pudo	hubo	podido
pudimos	hubimos	podido
pudisteis	hubisteis	podido
pudieron	hubieron	podido

futuro (Bello: futuro)	futuro perf. (Bello: antefuturo)	
podré	habré	podido
podrás	habrás	podido
podrá	habrá	podido
podremos	habremos	podido
podréis	habréis	podido
podrán	habrán	podido

condicional (Bello: pospretérito)	condicional perf. (Bello: antepospretérito)	
podría	habría	podido
podrías	habrías	podido
podría	habría	podido
podríamos	habríamos	podido
podríais	habríais	podido
podrían	habrían	podido

SUBJUNCTIVE

presente (Bello: presente)	pret. perf. (Bello: antepresente)	
pueda	haya	podido
puedas	hayas	podido
pueda	haya	podido
podamos	hayamos	podido
podáis	hayáis	podido
puedan	hayan	podido

pret. imperf. (Bello: pretérito)	pret. pluscuamp. (Bello: antecopretérito)	
pudiera	hubiera	
or pudiese	or hubiese	podido
pudieras	hubieras	
or pudieses	or hubieses	podido
pudiera	hubiera	
or pudiese	or hubiese	podido
pudiéramos	hubiéramos	
or pudiésemos	or hubiésemos	podido
pudierais	hubierais	
or pudieseis	or hubieseis	podido
pudieran	hubieran	
or pudiesen	or hubiesen	podido

futuro (Bello: futuro)	futuro perf. (Bello: antefuturo)	
pudiere	hubiere	podido
pudieres	hubieres	podido
pudiere	hubiere	podido
pudiéremos	hubiéremos	podido
pudiereis	hubiereis	podido
pudieren	hubieren	podido

IMPERATIVE

presente		
puede	tú	
pueda	él	
podamos	nosotros	
poded	vosotros	
puedan	ellos	

IMPERSONAL FORMS

infinitive	compound infinitive
poder	haber podido

gerund	compound gerund
pudiendo	habiendo podido

participle	
podido	

to feel, to regret

trans./intrans. (irregular)

● **Siente un dolor en la espalda.**
He feels a pain in his back.

● **Me siento como en mi casa.**
I feel at home here.

INDICATIVE

presente (Bello: presente)		pret. perf. comp. (Bello: antepresente)	
siento		he	sentido
sientes		has	sentido
siente		ha	sentido
sentimos		hemos	sentido
sentís		habéis	sentido
sienten		han	sentido

pret. imperf. (Bello: copretérito)		pret. pluscuamp. (Bello: antecopretérito)	
sentía		había	sentido
sentías		habías	sentido
sentía		había	sentido
sentíamos		habíamos	sentido
sentíais		habíais	sentido
sentían		habían	sentido

pret. perf. simple (Bello: pretérito)		pret. anterior (Bello: antepretérito)	
sentí		hube	sentido
sentiste		hubiste	sentido
sintió		hubo	sentido
sentimos		hubimos	sentido
sentisteis		hubisteis	sentido
sintieron		hubieron	sentido

futuro (Bello: futuro)		futuro perf. (Bello: antefuturo)	
sentiré		habré	sentido
sentirás		habrás	sentido
sentirá		habrá	sentido
sentiremos		habremos	sentido
sentiréis		habréis	sentido
sentirán		habrán	sentido

condicional (Bello: pospretérito)		condicional perf. (Bello: antepospretérito)	
sentiría		habría	sentido
sentirías		habrías	sentido
sentiría		habría	sentido
sentiríamos		habríamos	sentido
sentiríais		habríais	sentido
sentirían		habrían	sentido

SUBJUNCTIVE

presente (Bello: presente)		pret. perf. (Bello: antepresente)	
sienta		haya	sentido
sientas		hayas	sentido
sienta		haya	sentido
sintamos		hayamos	sentido
sintáis		hayáis	sentido
sientan		hayan	sentido

pret. imperf. (Bello: pretérito)		pret. pluscuamp. (Bello: antecopretérito)	
sintiera		hubiera	
or sintiese		or hubiese	sentido
sintieras		hubieras	
or sintieses		or hubieses	sentido
sintiera		hubiera	
or sintiese		or hubiese	sentido
sintiéramos		hubiéramos	
or sintiésemos		or hubiésemos	sentido
sintierais		hubierais	
or sintieseis		or hubieseis	sentido
sintieran		hubieran	
or sintiesen		or hubiesen	sentido

futuro (Bello: futuro)		futuro perf. (Bello: antefuturo)	
sintiere		hubiere	sentido
sintieres		hubieres	sentido
sintiere		hubiere	sentido
sintiéremos		hubiéremos	sentido
sintiereis		hubiereis	sentido
sintieren		hubieren	sentido

IMPERATIVE

presente	
siente	tú
sienta	él
sintamos	nosotros
sentid	vosotros
sientan	ellos

IMPERSONAL FORMS

infinitive	compound infinitive
sentir	haber sentido

gerund	compound gerund
sintiendo	habiendo sentido

participle	
sentido	

to raise, to stand up straight

- **Se irguió de repente.**
  He suddenly stood up.

- **¡Irgue la cabeza!**
  Raise your head!

trans. (irregular)

INDICATIVE

presente (Bello: presente)		pret. perf. comp. (Bello: antepresente)	
irge	or yergo	he	erguido
irgues	or yergues	has	erguido
irgue	or yergue	ha	erguido
erguimos		hemos	erguido
erguís		habéis	erguido
irguen	or yerguen	han	erguido

pret. imperf. (Bello: copretérito)	pret. pluscuamp. (Bello: antepretérito)	
erguía	había	erguido
erguías	habías	erguido
erguía	había	erguido
erguíamos	habíamos	erguido
erguíais	habíais	erguido
erguían	habían	erguido

pret. perf. simple (Bello: pretérito)	pret. anterior (Bello: antepretérito)	
erguí	hube	erguido
erguiste	hubiste	erguido
erguió	hubo	erguido
erguimos	hubimos	erguido
erguisteis	hubisteis	erguido
irguieron	hubieron	erguido

futuro (Bello: futuro)	futuro perf. (Bello: antefuturo)	
erguiré	habré	erguido
erguirás	habrás	erguido
erguirá	habrá	erguido
erguiremos	habremos	erguido
erguiréis	habréis	erguido
erguirán	habrán	erguido

condicional (Bello: pospretérito)	condicional perf. (Bello: antepospretérito)	
erguiría	habría	erguido
erguirías	habrías	erguido
erguiría	habría	erguido
erguiríamos	habríamos	erguido
erguiríais	habríais	erguido
erguirían	habrían	erguido

SUBJUNCTIVE

presente (Bello: presente)		pret. perf. (Bello: antepresente)	
irga	or yerga	haya	erguido
irgas	or yergas	hayas	erguido
irga	or yerga	haya	erguido
irgamos	or yergamos	hayamos	erguido
irgáis	or yergáis	hayáis	erguido
irgan	or yergan	hayan	erguido

pret. imperf. (Bello: pretérito)	pret. pluscuamp. (Bello: antecopretérito)	
irguiera	hubiera	
or irguiese	or hubiese	erguido
irguieras	hubieras	
or irguieses	or hubieses	erguido
irguiera	hubiera	
or irguiese	or hubiese	erguido
irguiéramos	hubiéramos	
or irguiésemos	or hubiésemos	erguido
irguierais	hubierais	
or irguieseis	or hubieseis	erguido
irguieran	hubieran	
or irguiesen	or hubiesen	erguido

futuro (Bello: futuro)	futuro perf. (Bello: antefuturo)	
irguiere	hubiere	erguido
irguieres	hubieres	erguido
irguiere	hubiere	erguido
irguiéremos	hubiéremos	erguido
irguiereis	hubiereis	erguido
irguieren	hubieren	erguido

IMPERATIVE

presente		
irgue	or yergue	tú
irga	or yerga	él
irgamos	or yergamos	nosotros
erguid		vosotros
irgan	or yergan	ellos

IMPERSONAL FORMS

infinitive	compound infinitive
erguir	haber erguido

gerund	compound gerund
irguiendo	habiendo erguido

participle	
erguido	

29 DORMIR
to sleep

trans./intrans. (irregular)

- **No puedo dormir.**
  I can't sleep.
- **Dormiremos en el apartemente de Jaime.**
  We'll sleep in Jaime's apartment.

INDICATIVE

presente (Bello: presente)	pret. perf. comp. (Bello: antepresente)	
duermo	he	dormido
duermes	has	dormido
duerme	ha	dormido
dormimos	hemos	dormido
dormis	habéis	dormido
duermen	han	dormido

pret. imperf. (Bello: copretérito)	pret. pluscuamp. (Bello: antecopretérito)	
dormía	había	dormido
dormías	habías	dormido
dormía	había	dormido
dormíamos	habíamos	dormido
dormíais	habíais	dormido
dormían	habían	dormido

pret. perf. simple (Bello: pretérito)	pret. anterior (Bello: antepretérito)	
dormí	hube	dormido
dormíste	hubiste	dormido
durmió	hubo	dormido
dormimos	hubimos	dormido
dormisteis	hubisteis	dormido
durmieron	hubieron	dormido

futuro (Bello: futuro)	futuro perf. (Bello: antefuturo)	
dormiré	habré	dormido
dormirás	habrás	dormido
dormirá	habrá	dormido
dormiremos	habremos	dormido
dormiréis	habréis	dormido
dormirán	habrán	dormido

condicional (Bello: pospretérito)	condicional perf. (Bello: antepospretérito)	
dormiría	habría	dormido
dormirías	habrías	dormido
dormiría	habría	dormido
dormiríamos	habríamos	dormido
dormiríais	habríais	dormido
dormirían	habrían	dormido

SUBJUNCTIVE

presente (Bello: presente)	pret. perf. (Bello: antepresente)	
duerma	haya	dormido
duermas	hayas	dormido
duerma	haya	dormido
durmamos	hayamos	dormido
durmáis	hayáis	dormido
duerman	hayan	dormido

pret. imperf. (Bello: pretérito)	pret. pluscuamp. (Bello: antecopretérito)	
durmiera	hubiera	
or durmiese	or hubiese	dormido
durmieras	hubieras	
or durmieses	or hubieses	dormido
durmiera	hubiera	
or durmiese	or hubiese	dormido
durmiéramos	hubiéramos	
or durmiésemos	or hubiésemos	dormido
durmierais	hubierais	
or durmieseis	or hubieseis	dormido
durmieran	hubieran	
or durmiesen	or hubiesen	dormido

futuro (Bello: futuro)	futuro perf. (Bello: antefuturo)	
durmiere	hubiere	dormido
durmieres	hubieres	dormido
durmiere	hubiere	dormido
durmiéremos	hubiéremos	dormido
durmiereis	hubiereis	dormido
durmieren	hubieren	dormido

IMPERATIVE

presente	
duerme	tú
duerma	él
durmamos	nosotros
dormid	vosotros
duerman	ellos

IMPERSONAL FORMS

infinitive	compound infinitive
dormir	haber dormido

gerund	compound gerund
durmiendo	habiendo dormido

participle	
dormido	

trans. (irregular)

- **Lo adquirí en París.**
  I acquired it in Paris.
- **Se adquiere en correos.**
  You can acquire it at the Post Office.

INDICATIVE

presente (Bello: presente)	pret. perf. comp. (Bello: antepresente)	
adquiero	he	adquirido
adquieres	has	adquirido
adquiere	ha	adquirido
adquirimos	hemos	adquirido
adquirís	habéis	adquirido
adquieren	han	adquirido

pret. imperf. (Bello: copretérito)	pret. pluscuamp. (Bello: antecopretérito)	
adquiría	había	adquirido
adquirías	habías	adquirido
adquiría	había	adquirido
adquiríamos	habíamos	adquirido
adquiríais	habíais	adquirido
adquirían	habían	adquirido

pret. perf. simple (Bello: pretérito)	pret. anterior (Bello: antepretérito)	
adquirí	hube	adquirido
adquiriste	hubiste	adquirido
adquirió	hubo	adquirido
adquirimos	hubimos	adquirido
adquiristeis	hubisteis	adquirido
adquirieron	hubieron	adquirido

futuro (Bello: futuro)	futuro perf. (Bello: antefuturo)	
adquiriré	habré	adquirido
adquirirás	habrás	adquirido
adquirirá	habrá	adquirido
adquiriremos	habremos	adquirido
adquiriréis	habréis	adquirido
adquirirán	habrán	adquirido

condicional (Bello: pospretérito)	condicional perf. (Bello: antepospretérito)	
adquiriría	habría	adquirido
adquirirías	habrías	adquirido
adquiriría	habría	adquirido
adquiriríamos	habríamos	adquirido
adquiriríais	habríais	adquirido
adquirirían	habrían	adquirido

SUBJUNCTIVE

presente (Bello: presente)	pret. perf. (Bello: antepresente)	
adquiera	haya	adquirido
adquieras	hayas	adquirido
adquiera	haya	adquirido
adquiramos	hayamos	adquirido
adquiráis	hayáis	adquirido
adquieran	hayan	adquirido

pret. imperf. (Bello: pretérito)	pret. pluscuamp. (Bello: antecopretérito)	
adquiriera or adquiriese	hubiera or hubiese	adquirido
adquirieras or adquirieses	hubieras or hubieses	adquirido
adquiriera or adquiriese	hubiera or hubiese	adquirido
adquiriéramos or adquiriésemos	hubiéramos or hubiésemos	adquirido
adquirierais or adquirieseis	hubierais or hubieseis	adquirido
adquirieran or adquiriesen	hubieran or hubiesen	adquirido

futuro (Bello: futuro)	futuro perf. (Bello: antefuturo)	
adquiriere	hubiere	adquirido
adquirieres	hubieres	adquirido
adquiriere	hubiere	adquirido
adquiriéremos	hubiéremos	adquirido
adquiriereis	hubiereis	adquirido
adquirieren	hubieren	adquirido

IMPERATIVE

presente	
adquiere	tú
adquiera	él
adquiramos	nosotros
adquirid	vosotros
adquieran	ellos

IMPERSONAL FORMS

infinitive	compound infinitive
adquirir	haber adquirido

gerund	compound gerund
adquiriendo	habiendo adquirido

participle	
adquirido	

to rot

trans. (irregular)

- **Se han podrido las peras.**
  The pears have gone rotten.

- **Está podrido por dentro.**
  It's rotten inside.

INDICATIVE

presente (Bello: presente)	pret. perf. comp. (Bello: antepresente)	
pudro	he	podrido
pudres	has	podrido
pudre	ha	podrido
pudrimos	hemos	podrido
pudrís	habéis	podrido
pudren	han	podrido

pret. imperf. (Bello: copretérito)	pret. pluscuamp. (Bello: antecopretérito)	
pudría	había	podrido
pudrías	habías	podrido
pudría	había	podrido
pudríamos	habíamos	podrido
pudríais	habíais	podrido
pudrían	habían	podrido

pret. perf. simple (Bello: pretérito)	pret. anterior (Bello: antepretérito)	
pudrí*	hube	podrido
pudriste	hubiste	podrido
pudrió	hubo	podrido
pudrimos	hubimos	podrido
pudristeis	hubisteis	podrido
pudrieron	hubieron	podrido

* *or* podri, podriste, etc.

futuro (Bello: futuro)	futuro perf. (Bello: antefuturo)	
pudriré**	habré	podrido
pudrirás	habrás	podrido
pudrirá	habrá	podrido
pudriremos	habremos	podrido
pudriréis	habréis	podrido
pudrirán	habrán	podrido

** *or* podriré, podrirás, etc.

condicional (Bello: pospretérito)	condicional perf. (Bello: antepospretérito)	
pudriría***	habría	podrido
pudrirías	habrías	podrido
pudriría	habría	podrido
pudriríamos	habríamos	podrido
pudriríais	habríais	podrido
pudrirían	habrían	podrido

*** *or* podriría, podrirías, etc.

SUBJUNCTIVE

presente (Bello: presente)	pret. perf. (Bello: antepresente)	
pudra	haya	podrido
pudras	hayas	podrido
pudra	haya	podrido
pudramos	hayamos	podrido
pudráis	hayáis	podrido
pudran	hayan	podrido

pret. imperf. (Bello: pretérito)	pret. pluscuamp. (Bello: antecopretérito)	
pudriera	hubiera	
or pudriese	*or* hubiese	podrido
pudrieras	hubieras	
or pudrieses	*or* hubieses	podrido
pudriera	hubiera	
or pudriese	*or* hubiese	podrido
pudriéramos	hubiéramos	
or pudriésemos	*or* hubiésemos	podrido
pudrierais	hubierais	
or pudrieseis	*or* hubieseis	podrido
pudrieran	hubieran	
or pudriesen	*or* hubiesen	podrido

futuro (Bello: futuro)	futuro perf. (Bello: antefuturo)	
pudriere	hubiere	podrido
pudrieres	hubieres	podrido
pudriere	hubiere	podrido
pudriéremos	hubiéremos	podrido
pudriereis	hubiereis	podrido
pudrieren	hubieren	podrido

IMPERATIVE

presente	
pudre	tú
pudra	él
pudramos	nosotros
pudrid o podrid	vosotros
pudran	ellos

IMPERSONAL FORMS

infinitive	compound infinitive
podrir *or* pudrir	haber podrido

gerund	compound gerund
pudriendo	habiendo podrido

participle	
podrido	

- **Juega al ajedrez.**
  He plays chess.
- **Jugamos al tenis.**
  We play tennis.

trans./intrans. (irregular)

INDICATIVE

presente (Bello: presente)		pret. perf. comp. (Bello: antepresente)	
juego		he	jugado
juegas		has	jugado
juega		ha	jugado
jugamos		hemos	jugado
jugáis		habéis	jugado
juegan		han	jugado

pret. imperf. (Bello: copretérito)		pret. pluscuamp. (Bello: antecopretérito)	
jugaba		había	jugado
jugabas		habías	jugado
jugaba		había	jugado
jugábamos		habíamos	jugado
jugabais		habíais	jugado
jugaban		habían	jugado

pret. perf. simple (Bello: pretérito)		pret. anterior (Bello: antepretérito)	
jugué		hube	jugado
jugaste		hubiste	jugado
jugó		hubo	jugado
jugamos		hubimos	jugado
jugasteis		hubisteis	jugado
jugaron		hubieron	jugado

futuro (Bello: futuro)		futuro perf. (Bello: antefuturo)	
jugaré		habré	jugado
jugarás		habrás	jugado
jugará		habrá	jugado
jugaremos		habremos	jugado
jugaréis		habréis	jugado
jugarán		habrán	jugado

condicional (Bello: pospretérito)		condicional perf. (Bello: antepospretérito)	
jugaría		habría	jugado
jugarías		habrías	jugado
jugaría		habría	jugado
jugaríamos		habríamos	jugado
jugaríais		habríais	jugado
jugarían		habrían	jugado

SUBJUNCTIVE

presente (Bello: presente)		pret. perf. (Bello: antepresente)	
juegue		haya	jugado
juegues		hayas	jugado
juegue		haya	jugado
juguemos		hayamos	jugado
juguéis		hayáis	jugado
jueguen		hayan	jugado

pret. imperf. (Bello: pretérito)		pret. pluscuamp. (Bello: antecopretérito)	
jugara		hubiera	
or jugase		or hubiese	jugado
jugaras		hubieras	
or jugases		or hubieses	jugado
jugara		hubiera	
or jugase		or hubiese	jugado
jugáramos		hubiéramos	
or jugásemos		or hubiésemos	jugado
jugarais		hubierais	
or jugaseis		or hubieseis	jugado
jugaran		hubieran	
or jugasen		or hubiesen	jugado

futuro (Bello: futuro)		futuro perf. (Bello: antefuturo)	
jugare		hubiere	jugado
jugares		hubieres	jugado
jugare		hubiere	jugado
jugáremos		hubiéremos	jugado
jugareis		hubiereis	jugado
jugaren		hubieren	jugado

IMPERATIVE

presente	
juega	tú
juegue	él
juguemos	nosotros
jugad	vosotros
jueguen	ellos

IMPERSONAL FORMS

infinitive	compound infinitive
jugar	haber jugado

gerund	compound gerund
jugando	habiendo jugado

participle	
jugado	

33 HACER

to do, to make

trans./intrans. (irregular)

- **¿Qué haces el próximo domingo?**
  What are you doing next Sunday?
- **Estoy haciendo una tortilla.**
  I'm making an omelette.

INDICATIVE

presente (Bello: presente)	pret. perf. comp. (Bello: antepresente)	
hago	he	hecho
haces	has	hecho
hace	ha	hecho
hacemos	hemos	hecho
hacéis	habéis	hecho
hacen	han	hecho

pret. imperf. (Bello: copretérito)	pret. pluscuamp. (Bello: antecopretérito)	
hacía	había	hecho
hacías	habías	hecho
hacía	había	hecho
hacíamos	habíamos	hecho
hacíais	habíais	hecho
hacían	habían	hecho

pret. perf. simple (Bello: pretérito)	pret. anterior (Bello: antepretérito)	
hice	hube	hecho
hiciste	hubiste	hecho
hizo	hubo	hecho
hicimos	hubimos	hecho
hicisteis	hubisteis	hecho
hicieron	hubieron	hecho

futuro (Bello: futuro)	futuro perf. (Bello: antefuturo)	
haré	habré	hecho
harás	habrás	hecho
hará	habrá	hecho
haremos	habremos	hecho
haréis	habréis	hecho
harán	habrán	hecho

condicional (Bello: pospretérito)	condicional perf. (Bello: antepospretérito)	
haría	habría	hecho
harías	habrías	hecho
haría	habría	hecho
haríamos	habríamos	hecho
haríais	habríais	hecho
harían	habrían	hecho

SUBJUNCTIVE

presente (Bello: presente)	pret. perf. (Bello: antepresente)	
haga	haya	hecho
hagas	hayas	hecho
haga	haya	hecho
hagamos	hayamos	hecho
hagáis	hayáis	hecho
hagan	hayan	hecho

pret. imperf. (Bello: pretérito)	pret. pluscuamp. (Bello: antecopretérito)	
hiciera	hubiera	
or hiciese	*or* hubiese	hecho
hicieras	hubieras	
or hicieses	*or* hubieses	hecho
hiciera	hubiera	
or hiciese	*or* hubiese	hecho
hiciéramos	hubiéramos	
or hiciésemos	*or* hubiésemos	hecho
hicierais	hubierais	
or hicieseis	*or* hubieseis	hecho
hicieran	hubieran	
or hiciesen	*or* hubiesen	hecho

futuro (Bello: futuro)	futuro perf. (Bello: antefuturo)	
hiciere	hubiere	hecho
hicieres	hubieres	hecho
hiciere	hubiere	hecho
hiciéremos	hubiéremos	hecho
hiciereis	hubiereis	hecho
hicieren	hubieren	hecho

IMPERATIVE

presente	
haz	tú
haga	él
hagamos	nosotros
haced	vosotros
hagan	ellos

IMPERSONAL FORMS

infinitive	compound infinitive
hacer	haber hecho

gerund	compound gerund
haciendo	habiendo hecho

participle	
hecho	

to lie

intrans. (irregular)

- **Aqui yace X.**
  Here lies X.
- **Los soldados muertos yacen en el campo de batalla.**
  The dead soldiers lie on the battlefield.

INDICATIVE

presente (Bello: presente)		pret. perf. comp. (Bello: antepresente)	
yazco*		he	yacido
yaces		has	yacido
yace		ha	yacido
yacemos		hemos	yacido
yacéis		habéis	yacido
yacen		han	yacido
* or yazgo or yago			

pret. imperf. (Bello: copretérito)		pret. pluscuamp. (Bello: antecopretérito)	
yacía		había	yacido
yacías		habías	yacido
yacía		había	yacido
yacíamos		habíamos	yacido
yacíais		habíais	yacido
yacían		habían	yacido

pret. perf. simple (Bello: pretérito)		pret. anterior (Bello: antepretérito)	
yací		hube	yacido
yaciste		hubiste	yacido
yació		hubo	yacido
yacimos		hubimos	yacido
yacisteis		hubisteis	yacido
yacieron		hubieron	yacido

futuro (Bello: futuro)		futuro perf. (Bello: antefuturo)	
yaceré		habré	yacido
yacerás		habrás	yacido
yacerá		habrá	yacido
yaceremos		habremos	yacido
yaceréis		habréis	yacido
yacerán		habrán	yacido

condicional (Bello: pospretérito)		condicional perf. (Bello: antepospretérito)	
yacería		habría	yacido
yacerías		habrías	yacido
yacería		habría	yacido
yaceríamos		habríamos	yacido
yaceríais		habríais	yacido
yacerían		habrían	yacido

SUBJUNCTIVE

presente (Bello: presente)		pret. perf. (Bello: antepresente)	
yazca**		haya	yacido
yazcas		hayas	yacido
yazca		haya	yacido
yazcamos		hayamos	yacido
yazcáis		hayáis	yacido
yazcan		hayan	yacido
** or yazga or yaga, yazgas or yagas, etc.			

pret. imperf. (Bello: pretérito)		pret. pluscuamp. (Bello: antecopretérito)	
yaciera		hubiera	
or yaciese		or hubiese	yacido
yacieras		hubieras	
or yacieses		or hubieses	yacido
yaciera		hubiera	
or yaciese		or hubiese	yacido
yaciéramos		hubiéramos	
or yaciésemos		or hubiésemos	yacido
yacierais		hubierais	
or yacieseis		or hubieseis	yacido
yacieran		hubieran	
or yaciesen		or hubiesen	yacido

futuro (Bello: futuro)		futuro perf. (Bello: antefuturo)	
yaciere		hubiere	yacido
yacieres		hubieres	yacido
yaciere		hubiere	yacido
yaciéremos		hubiéremos	yacido
yaciereis		hubiereis	yacido
yacieren		hubieren	yacido

IMPERATIVE

presente	
yace or yaz	tú
yazca, yazga or yaga	él
yazcamos, yazgamos or yagamos	nosotros
yaced	vosotros
yazcan, yazgan or yagan	ellos

IMPERSONAL FORMS

infinitive	compound infinitive
yacer	haber yacido

gerund	compound gerund
yaciendo	habiendo yacido

participle	
yacido	

35 PARECER

to seem, to look

intrans. (irregular)

- **Parece que va a llover.**
  It looks as if it's going to rain.

- **Una casa que parece un palacio.**
  A house that seems like a palace.

INDICATIVE

presente (Bello: presente)		pret. perf. comp. (Bello: antepresente)	
parezco		he	parecido
pareces		has	parecido
parece		ha	parecido
parecemos		hemos	parecido
parecéis		habéis	parecido
parecen		han	parecido

pret. imperf. (Bello: copretérito)		pret. pluscuamp. (Bello: antecopretérito)	
parecía		había	parecido
parecías		habías	parecido
parecía		había	parecido
parecíamos		habíamos	parecido
parecíais		habíais	parecido
parecían		habían	parecido

pret. perf. simple (Bello: pretérito)		pret. anterior (Bello: antepretérito)	
parecí		hube	parecido
pareciste		hubiste	parecido
pareció		hubo	parecido
parecimos		hubimos	parecido
parecisteis		hubisteis	parecido
parecieron		hubieron	parecido

futuro (Bello: futuro)		futuro perf. (Bello: antefuturo)	
pareceré		habré	parecido
parecerás		habrás	parecido
parecerá		habrá	parecido
pareceremos		habremos	parecido
pareceréis		habréis	parecido
parecerán		habrán	parecido

condicional (Bello: pospretérito)		condicional perf. (Bello: antepospretérito)	
parecería		habría	parecido
parecerías		habrías	parecido
parecería		habría	parecido
pareceríamos		habríamos	parecido
pareceríais		habríais	parecido
parecerían		habrían	parecido

SUBJUNCTIVE

presente (Bello: presente)		pret. perf. (Bello: antepresente)	
parezca		haya	parecido
parezcas		hayas	parecido
parezca		haya	parecido
parezcamos		hayamos	parecido
parezcáis		hayáis	parecido
parezcan		hayan	parecido

pret. imperf. (Bello: pretérito)		pret. pluscuamp. (Bello: antecopretérito)	
pareciera		hubiera	
or pareciese		or hubiese	parecido
parecieras		hubieras	
or parecieses		or hubieses	parecido
pareciera		hubiera	
or pareciese		or hubiese	parecido
pareciéramos		hubiéramos	
or pareciésemos		or hubiésemos	parecido
parecierais		hubierais	
or parecieseis		or hubieseis	parecido
parecieran		hubieran	
or pareciesen		or hubiesen	parecido

futuro (Bello: futuro)		futuro perf. (Bello: antefuturo)	
pareciere		hubiere	parecido
parecieres		hubieres	parecido
pareciere		hubiere	parecido
pareciéremos		hubiéremos	parecido
pareciereis		hubiereis	parecido
parecieren		hubieren	parecido

IMPERATIVE

presente	
parece	tú
parezca	él
parezcamos	nostros
pareced	vosotros
parezcan	ellos

IMPERSONAL FORMS

infinitive	compound infinitive
parecer	haber parecido

gerund	compound gerund
pareciendo	habiendo parecido

participle	
parecido	

intrans. (irregular)

- **Nació para poeta.**
  He was born to be a poet.
- **Nací en Colombia.**
  I was born in Colombia.

INDICATIVE

presente (Bello: presente)		pret. perf. comp. (Bello: antepresente)	
nazco		he	nacido
naces		has	nacido
nace		ha	nacido
nacemos		hemos	nacido
nacéis		habéis	nacido
nacen		han	nacido

pret. imperf. (Bello: copretérito)		pret. pluscuamp. (Bello: antecopretérito)	
nacía		había	nacido
nacías		habías	nacido
nacía		había	nacido
nacíamos		habíamos	nacido
nacíais		habíais	nacido
nacían		habían	nacido

pret. perf. simple (Bello: pretérito)		pret. anterior (Bello: antepretérito)	
nací		hube	nacido
naciste		hubiste	nacido
nació		hubo	nacido
nacimos		hubimos	nacido
nacisteis		hubisteis	nacido
nacieron		hubieron	nacido

futuro (Bello: futuro)		futuro perf. (Bello: antefuturo)	
naceré		habré	nacido
nacerás		habrás	nacido
nacerá		habrá	nacido
naceremos		habremos	nacido
naceréis		habréis	nacido
nacerán		habrán	nacido

condicional (Bello: pospretérito)		condicional perf. (Bello: antepospretérito)	
nacería		habría	nacido
nacerías		habrías	nacido
nacería		habría	nacido
naceríamos		habríamos	nacido
naceríais		habríais	nacido
nacerían		habrían	nacido

SUBJUNCTIVE

presente (Bello: presente)		pret. perf. (Bello: antepresente)	
nazca		haya	nacido
nazcas		hayas	nacido
nazca		haya	nacido
nazcamos		hayamos	nacido
nazcáis		hayáis	nacido
nazcan		hayan	nacido

pret. imperf. (Bello: pretérito)		pret. pluscuamp. (Bello: antecopretérito)	
naciera *or* naciese		hubiera *or* hubiese	nacido
nacieras *or* nacieses		hubieras *or* hubieses	nacido
naciera *or* naciese		hubiera *or* hubiese	nacido
naciéramos *or* naciésemos		hubiéramos *or* hubiésemos	nacido
nacierais *or* nacieseis		hubierais *or* hubieseis	nacido
nacieran *or* naciesen		hubieran *or* hubiesen	nacido

futuro (Bello: futuro)		futuro perf. (Bello: antefuturo)	
naciere		hubiere	nacido
nacieres		hubieres	nacido
naciere		hubiere	nacido
naciéremos		hubiéremos	nacido
naciereis		hubiereis	nacido
nacieren		hubieren	nacido

IMPERATIVE

presente	
nace	tú
nazca	él
nazcamos	nosotros
naced	vosotros
nazcan	ellos

IMPERSONAL FORMS

infinitive	compound infinitive
nacer	haber nacido

gerund	compound gerund
naciendo	habiendo nacido

participle	
nacido	

trans./intrans. (irregular)

- **Conozco las dificultades.**
  I know the difficulties.

- **No conoce nada de fútbol.**
  He doesn't know anything about football.

INDICATIVE

presente (Bello: presente)		pret. perf. comp. (Bello: antepresente)	
conozco		he	conocido
conoces		has	conocido
conoce		ha	conocido
conocemos		hemos	conocido
conocéis		habéis	conocido
conocen		han	conocido

pret. imperf. (Bello: copretérito)		pret. pluscuamp. (Bello: antecopretérito)	
conocía		había	conocido
conocías		habías	conocido
conocía		había	conocido
conocíamos		habíamos	conocido
conocíais		habíais	conocido
conocían		habían	conocido

pret. perf. simple (Bello: pretérito)		pret. anterior (Bello: antepretérito)	
conocí		hube	conocido
conociste		hubiste	conocido
conoció		hubo	conocido
conocimos		hubimos	conocido
conocisteis		hubisteis	conocido
conocieron		hubieron	conocido

futuro (Bello: futuro)		futuro perf. (Bello: antefuturo)	
conoceré		habré	conocido
conocerás		habrás	conocido
conocerá		habrá	conocido
conoceremos		habremos	conocido
conoceréis		habréis	conocido
conocerán		habrán	conocido

condicional (Bello: pospretérito)		condicional perf. (Bello: antepospretérito)	
conocería		habría	conocido
conocerías		habrías	conocido
conocería		habría	conocido
conoceríamos		habríamos	conocido
conoceríais		habríais	conocido
conocerían		habrían	conocido

SUBJUNCTIVE

presente (Bello: presente)		pret. perf. (Bello: antepresente)	
conozca		haya	conocido
conozcas		hayas	conocido
conozca		haya	conocido
conozcamos		hayamos	conocido
conozcáis		hayáis	conocido
conozcan		hayan	conocido

pret. imperf. (Bello: pretérito)		pret. pluscuamp. (Bello: antecopretérito)	
conociera		hubiera	
or conociese		*or* hubiese	conocido
conocieras		hubieras	
or conocieses		*or* hubieses	conocido
conociera		hubiera	
or conociese		*or* hubiese	conocido
conociéramos		hubiéramos	
or conociésemos		*or* hubiésemos	conocido
conocierais		hubierais	
or conocieseis		*or* hubieseis	conocido
conocieran		hubieran	
or conociesen		*or* hubiesen	conocido

futuro (Bello: futuro)		futuro perf. (Bello: antefuturo)	
conociere		hubiere	conocido
conocieres		hubieres	conocido
conociere		hubiere	conocido
conociéremos		hubiéremos	conocido
conociereis		hubiereis	conocido
conocieren		hubieren	conocido

IMPERATIVE

presente	
conoce	tú
conozca	él
conozcamos	nosotros
conoced	vosotros
conozcan	ellos

IMPERSONAL FORMS

infinitive	compound infinitive
conocer	haber conocido

gerund	compound gerund
conociendo	habiendo conocido

participle	
conocido	

to light, to shine

- **No lucía en los estudios.**
  He did not shine at his studies.
- **Las estrellas lucían en el firmamento.**
  The stars are shining in the sky.

trans./intrans. (irregular)

INDICATIVE

presente (Bello: presente)	pret. perf. comp. (Bello: antepresente)	
luzco	he	lucido
luces	has	lucido
luce	ha	lucido
lucimos	hemos	lucido
lucís	habéis	lucido
lucen	han	lucido

pret. imperf. (Bello: copretérito)	pret. pluscuamp. (Bello: antecopretérito)	
lucía	había	lucido
lucías	habías	lucido
lucía	había	lucido
lucíamos	habíamos	lucido
lucíais	habíais	lucido
lucían	habían	lucido

pret. perf. simple (Bello: pretérito)	pret. anterior (Bello: antepretérito)	
lucí	hube	lucido
luciste	hubiste	lucido
lució	hubo	lucido
lucimos	hubimos	lucido
lucisteis	hubisteis	lucido
lucieron	hubieron	lucido

futuro (Bello: futuro)	futuro perf. (Bello: antefuturo)	
luciré	habré	lucido
lucirás	habrás	lucido
lucirá	habrá	lucido
luciremos	habremos	lucido
luciréis	habréis	lucido
lucirán	habrán	lucido

condicional (Bello: pospretérito)	condicional perf. (Bello: antepospretérito)	
luciría	habría	lucido
lucirías	habrías	lucido
luciría	habría	lucido
luciríamos	habríamos	lucido
luciríais	habríais	lucido
lucirían	habrían	lucido

SUBJUNCTIVE

presente (Bello: presente)	pret. perf. (Bello: antepresente)	
luzca	haya	lucido
luzcas	hayas	lucido
luzca	haya	lucido
luzcamos	hayamos	lucido
luzcáis	hayáis	lucido
luzcan	hayan	lucido

pret. imperf. (Bello: pretérito)	pret. pluscuamp. (Bello: antecopretérito)	
luciera	hubiera	
or luciese	*or* hubiese	lucido
lucieras	hubieras	
or lucieses	*or* hubieses	lucido
luciera	hubiera	
or luciese	*or* hubiese	lucido
luciéramos	hubiéramos	
or luciésemos	*or* hubiésemos	lucido
lucierais	hubierais	
or lucieseis	*or* hubieseis	lucido
lucieran	hubieran	
or luciesen	*or* hubiesen	lucido

futuro (Bello: futuro)	futuro perf. (Bello: antefuturo)	
luciere	hubiere	lucido
lucieres	hubieres	lucido
luciere	hubiere	lucido
luciéremos	hubiéremos	lucido
luciereis	hubiereis	lucido
lucieren	hubieren	lucido

IMPERATIVE

presente	
luce	tú
luzca	él
luzcamos	nosotros
lucid	vosotros
luzcan	ellos

IMPERSONAL FORMS

infinitive	compound infinitive
lucir	haber lucido

gerund	compound gerund
luciendo	habiendo lucido

participle	
lucido	

39 CONDUCIR
to drive, to conduct, to lead

trans./intrans. (irregular)

● **Los cables conducen la electricidad.**
The cables carry the electricity.

● **Me condujeron por un pasillo.**
They led me along a passage.

INDICATIVE

presente (Bello: presente)	pret. perf. comp. (Bello: antepresente)	
conduzco	he	conducido
conduces	has	conducido
conduce	ha	conducido
conducimos	hemos	conducido
conducís	habéis	conducido
conducen	han	conducido

pret. imperf. (Bello: copretérito)	pret. pluscuamp. (Bello: antecopretérito)	
conducía	había	conducido
conducías	habías	conducido
conducía	había	conducido
conducíamos	habíamos	conducido
conducíais	habíais	conducido
conducían	habían	conducido

pret. perf. simple (Bello: pretérito)	pret. anterior (Bello: antepretérito)	
conduje	hube	conducido
condujiste	hubiste	conducido
condujo	hubo	conducido
condujimos	hubimos	conducido
condujisteis	hubisteis	conducido
condujeron	hubieron	conducido

futuro (Bello: futuro)	futuro perf. (Bello: antefuturo)	
conduciré	habré	conducido
conducirás	habrás	conducido
conducirá	habrá	conducido
conduciremos	habremos	conducido
conduciréis	habréis	conducido
conducirán	habrán	conducido

condicional (Bello: pospretérito)	condicional perf. (Bello: antepospretérito)	
conduciría	habría	conducido
conducirías	habrías	conducido
conduciría	habría	conducido
conduciríamos	habríamos	conducido
conduciríais	habríais	conducido
conducirían	habrían	conducido

SUBJUNCTIVE

presente (Bello: presente)	pret. perf. (Bello: antepresente)	
conduzca	haya	conducido
conduzcas	hayas	conducido
conduzca	haya	conducido
conduzcamos	hayamos	conducido
conduzcáis	hayáis	conducido
conduzcan	hayan	conducido

pret. imperf. (Bello: pretérito)	pret. pluscuamp. (Bello: antecopretérito)	
condujera or condujese	hubiera or hubiese	conducido
condujeras or condujeses	hubieras or hubieses	conducido
condujera or condujese	hubiera or hubiese	conducido
condujéramos or condujésemos	hubiéramos or hubiésemos	conducido
condujerais or condujeseis	hubierais or hubieseis	conducido
condujeran or condujesen	hubieran or hubiesen	conducido

futuro (Bello: futuro)	futuro perf. (Bello: antefuturo)	
condujere	hubiere	conducido
condujeres	hubieres	conducido
condujere	hubiere	conducido
condujéremos	hubiéremos	conducido
condujereis	hubiereis	conducido
condujeren	hubieren	conducido

IMPERATIVE

presente	
conduce	tú
conduzca	él
conduzcamos	nosotros
conducid	vosotros
conduzcan	ellos

IMPERSONAL FORMS

infinitive	compound infinitive
conducir	haber conducido

gerund	compound gerund
conduciendo	habiendo conducido

participle	
conducido	

trans./intrans. (irregular)

- **Me place poder...**
  I am pleased to be able...
- **Se placen estudiando.**
  They like studying.

INDICATIVE

presente (Bello: presente)		pret. perf. comp. (Bello: antepresente)	
plazco		he	placido
places		has	placido
place		ha	placido
placemos		hemos	placido
placéis		habéis	placido
placen		han	placido

pret. imperf. (Bello: copretérito)		pret. pluscuamp. (Bello: antecopretérito)	
placía		había	placido
placías		habías	placido
placía		había	placido
placíamos		habíamos	placido
placíais		habíais	placido
placían		habían	placido

pret. perf. simple (Bello: pretérito)		pret. anterior (Bello: antepretérito)	
plací		hube	placido
placiste		hubiste	placido
plació o plugo		hubo	placido
placimos		hubimos	placido
placisteis		hubisteis	placido
placieron*		hubieron	placido
* or pluguieron			

futuro (Bello: futuro)		futuro perf. (Bello: antefuturo)	
placeré		habré	placido
placerás		habrás	placido
placerá		habrá	placido
placeremos		habremos	placido
placeréis		habréis	placido
placerán		habrán	placido

condicional (Bello: pospretérito)		condicional perf. (Bello: antepospretérito)	
placería		habría	placido
placerías		habrías	placido
placería		habría	placido
placeríamos		habríamos	placido
placeríais		habríais	placido
placerían		habrían	placido

SUBJUNCTIVE

presente (Bello: presente)		pret. perf. (Bello: antepresente)	
plazca		haya	placido
plazcas		hayas	placido
plazca o plegue		haya	placido
plazcamos		hayamos	placido
plazcáis		hayáis	placido
plazcan		hayan	placido

pret. imperf. (Bello: pretérito)		pret. pluscuamp. (Bello: antecopretérito)	
placiera		hubiera	
or placiese		or hubiese	placido
placieras		hubieras	
or placieses		or hubieses	placido
placiera		hubiera	
or placiese**		or hubiese	placido
placiéramos		hubiéramos	
or placiésemos		or hubiésemos	placido
placierais		hubierais	
or placieseis		or hubieseis	placido
placieran		hubieran	
or placiesen		or hubiesen	placido
** or pluguiera, pluguiese			

futuro (Bello: futuro)		futuro perf. (Bello: antefuturo)	
placiere		hubiere	placido
placieres		hubieres	placido
placiere***		hubiere	placido
placiéremos		hubiéremos	placido
placiereis		hubiereis	placido
placieren		hubieren	placido
*** or pluguiere			

IMPERATIVE

presente	
place	tú
plazca	él
plazcamos	nosotros
placed	vosotros
plazcan	ellos

IMPERSONAL FORMS

infinitive	compound infinitive
placer	haber placido

gerund	compound gerund
placiendo	habiendo placido

participle	
placido	

to grasp, to seize

trans./intrans. (irregular)

● **Hay que asir la sartén de mango.**
You have to hold the frying pan by the handle.

● **Ir asidos del brazo.**
To walk along arm in arm.

INDICATIVE

presente (Bello: presente)	pret. perf. comp. (Bello: antepresente)	
asgo	he	asido
ases	has	asido
ase	ha	asido
asimos	hemos	asido
asís	habéis	asido
asen	han	asido

pret. imperf. (Bello: copretérito)	pret. pluscuamp. (Bello: antecopretérito)	
asía	había	asido
asías	habías	asido
asía	había	asido
asíamos	habíamos	asido
asíais	habíais	asido
asían	habían	asido

pret. perf. simple (Bello: pretérito)	pret. anterior (Bello: antepretérito)	
así	hube	asido
asiste	hubiste	asido
asió	hubo	asido
asimos	hubimos	asido
asisteis	hubisteis	asido
asieron	hubieron	asido

futuro (Bello: futuro)	futuro perf. (Bello: antefuturo)	
asiré	habré	asido
asirás	habrás	asido
asirá	habrá	asido
asiremos	habremos	asido
asiréis	habréis	asido
asirán	habrán	asido

condicional (Bello: pospretérito)	condicional perf. (Bello: antepospretérito)	
asiría	habría	asido
asirías	habrías	asido
asiría	habría	asido
asiríamos	habríamos	asido
asiríais	habríais	asido
asirían	habrían	asido

SUBJUNCTIVE

presente (Bello: presente)	pret. perf. (Bello: antepresente)	
asga	haya	asido
asgas	hayas	asido
asga	haya	asido
asgamos	hayamos	asido
asgáis	hayáis	asido
asgan	hayan	asido

pret. imperf. (Bello: pretérito)	pret. pluscuamp. (Bello: antecopretérito)	
asiera	hubiera	
or asiese	or hubiese	asido
asieras	hubieras	
or asieses	or hubieses	asido
asiera	hubiera	
or asiese	or hubiese	asido
asiéramos	hubiéramos	
or asiésemos	or hubiésemos	asido
asierais	hubierais	
or asieseis	or hubieseis	asido
asieran	hubieran	
or asiesen	or hubiesen	asido

futuro (Bello: futuro)	futuro perf. (Bello: antefuturo)	
asiere	hubiere	asido
asieres	hubieres	asido
asiere	hubiere	asido
asiéremos	hubiéremos	asido
asiereis	hubiereis	asido
asieren	hubieren	asido

IMPERATIVE

presente	
ase	tú
asga	él
asgamos	nosotros
asid	vosotros
asgan	ellos

IMPERSONAL FORMS

infinitive	compound infinitive
asir	haber asido

gerund	compound gerund
asiendo	habiendo asido

participle	
asido	

to go out, to leave

- **El agua sale por aquí.**
  The water comes out here.

- **Salimos a la calle.**
  We went out into the street.

intrans. (irregular)

INDICATIVE

presente (Bello: presente)	pret. perf. comp. (Bello: antepresente)	
salgo	he	salido
sales	has	salido
sale	ha	salido
salimos	hemos	salido
salís	habéis	salido
salen	han	salido

pret. imperf. (Bello: copretérito)	pret. pluscuamp. (Bello: antecopretérito)	
salía	había	salido
salías	habías	salido
salía	había	salido
salíamos	habíamos	salido
salíais	habíais	salido
salían	habían	salido

pret. perf. simple (Bello: pretérito)	pret. anterior (Bello: antepretérito)	
salí	hube	salido
saliste	hubiste	salido
salió	hubo	salido
salimos	hubimos	salido
salisteis	hubisteis	salido
salieron	hubieron	salido

futuro (Bello: futuro)	futuro perf. (Bello: antefuturo)	
saldré	habré	salido
saldrás	habrás	salido
saldrá	habrá	salido
saldremos	habremos	salido
saldréis	habréis	salido
saldrán	habrán	salido

condicional (Bello: pospretérito)	condicional perf. (Bello: antepospretérito)	
saldría	habría	salido
saldrías	habrías	salido
saldría	habría	salido
saldríamos	habríamos	salido
saldríais	habríais	salido
saldrían	habrían	salido

SUBJUNCTIVE

presente (Bello: presente)	pret. perf. (Bello: antepresente)	
salga	haya	salido
salgas	hayas	salido
salga	haya	salido
salgamos	hayamos	salido
salgáis	hayáis	salido
salgan	hayan	salido

pret. imperf. (Bello: pretérito)	pret. pluscuamp. (Bello: antecopretérito)	
saliera	hubiera	
or saliese	or hubiese	salido
salieras	hubieras	
or salieses	or hubieses	salido
saliera	hubiera	
or saliese	or hubiese	salido
saliéramos	hubiéramos	
or saliésemos	or hubiésemos	salido
salierais	hubierais	
or salieseis	or hubieseis	salido
salieran	hubieran	
or saliesen	or hubiesen	salido

futuro (Bello: futuro)	futuro perf. (Bello: antefuturo)	
saliere	hubiere	salido
salieres	hubieres	salido
saliere	hubiere	salido
saliéremos	hubiéremos	salido
saliereis	hubiereis	salido
salieren	hubieren	salido

IMPERATIVE

presente	
sal	tú
salga	él
salgamos	nosotros
salid	vosotros
salgan	ellos

IMPERSONAL FORMS

infinitive	compound infinitive
salir	haber salido

gerund	compound gerund
saliendo	habiendo salido

participle	
salido	

to cost, to be worth

trans./intrans. (irregular)

● **¿Cuánto vale?**
How much is it?

● **Esas valen 10 euros el kilo.**
Those are 10 euros a kilo.

INDICATIVE

presente (Bello: presente)		pret. perf. comp. (Bello: antepresente)	
valgo		he	valido
vales		has	valido
vale		ha	valido
valemos		hemos	valido
valéis		habéis	valido
valen		han	valido

pret. imperf. (Bello: copretérito)		pret. pluscuamp. (Bello: antecopretérito)	
valía		había	valido
valías		habías	valido
valía		había	valido
valíamos		habíamos	valido
valíais		habíais	valido
valían		habían	valido

pret. perf. simple (Bello: pretérito)		pret. anterior (Bello: antepretérito)	
valí		hube	valido
valiste		hubiste	valido
valió		hubo	valido
valimos		hubimos	valido
valisteis		hubisteis	valido
valieron		hubieron	valido

futuro (Bello: futuro)		futuro perf. (Bello: antefuturo)	
valdré		habré	valido
valdrás		habrás	valido
valdrá		habrá	valido
valdremos		habremos	valido
valdréis		habréis	valido
valdrán		habrán	valido

condicional (Bello: pospretérito)		condicional perf. (Bello: antepospretérito)	
valdría		habría	valido
valdrías		habrías	valido
valdría		habría	valido
valdríamos		habríamos	valido
valdríais		habríais	valido
valdrían		habrían	valido

SUBJUNCTIVE

presente (Bello: presente)		pret. perf. (Bello: antepresente)	
valga		haya	valido
valgas		hayas	valido
valga		haya	valido
valgamos		hayamos	valido
valgáis		hayáis	valido
valgan		hayan	valido

pret. imperf. (Bello: pretérito)		pret. pluscuamp. (Bello: antecopretérito)	
valiera		hubiera	
or valiese		or hubiese	valido
valieras		hubieras	
or valieses		or hubieses	valido
valiera		hubiera	
or valiese		or hubiese	valido
valiéramos		hubiéramos	
or valiésemos		or hubiésemos	valido
valierais		hubierais	
or valieseis		or hubieseis	valido
valieran		hubieran	
or valiesen		or hubiesen	valido

futuro (Bello: futuro)		futuro perf. (Bello: antefuturo)	
valiere		hubiere	valido
valieres		hubieres	valido
valiere		hubiere	valido
valiéremos		hubiéremos	valido
valiereis		hubiereis	valido
valieren		hubieren	valido

IMPERATIVE

presente	
vale	tú
valga	él
valgamos	nosotros
valed	vosotros
valgan	ellos

IMPERSONAL FORMS

infinitive	compound infinitive
valer	haber valido

gerund	compound gerund
valiendo	habiendo valido

participle	
valido	

to run away, to escape

- **El pajaro huirá del nido.**
  The bird will flee the nest.

trans./intrans. (irregular)

- **Siempre huye del peligro.**
  He always runs away from danger.

INDICATIVE

presente (Bello: presente)	pret. perf. comp. (Bello: antepresente)	
huyo	he	huido
huyes	has	huido
huye	ha	huido
huímos	hemos	huido
huis	habéis	huido
huyen	han	huido

pret. imperf. (Bello: copretérito)	pret. pluscuamp. (Bello: antepretérito)	
huía	había	huido
huías	habías	huido
huía	había	huido
huíamos	habíamos	huido
huíais	habíais	huido
huían	habían	huido

pret. perf. simple (Bello: pretérito)	pret. anterior (Bello: antepretérito)	
huí	hube	huido
huiste	hubiste	huido
huyó	hubo	huido
huimos	hubimos	huido
huisteis	hubisteis	huido
huyeron	hubieron	huido

futuro (Bello: futuro)	futuro perf. (Bello: antefuturo)	
huiré	habré	huido
huirás	habrás	huido
huirá	habrá	huido
huiremos	habremos	huido
huiréis	habréis	huido
huirán	habrán	huido

condicional (Bello: pospretérito)	condicional perf. (Bello: antepospretérito)	
huiría	habría	huido
huirías	habrías	huido
huiría	habría	huido
huiríamos	habríamos	huido
huiríais	habríais	huido
huirían	habrían	huido

SUBJUNCTIVE

presente (Bello: presente)	pret. perf. (Bello: antepresente)	
huya	haya	huido
huyas	hayas	huido
huya	haya	huido
huyamos	hayamos	huido
huyáis	hayáis	huido
huyan	hayan	huido

pret. imperf. (Bello: pretérito)	pret. pluscuamp. (Bello: antecopretérito)	
huyera	hubiera	
or huyese	or hubiese	huido
huyeras	hubieras	
or huyeses	or hubieses	huido
huyera	hubiera	
or huyese	or hubiese	huido
huyéramos	hubiéramos	
or huyésemos	or hubiésemos	huido
huyerais	hubierais	
or huyeseis	or hubieseis	huido
huyeran	hubieran	
or huyesen	or hubiesen	huido

futuro (Bello: futuro)	futuro perf. (Bello: antefuturo)	
huyere	hubiere	huido
huyeres	hubieres	huido
huyere	hubiere	huido
huyéremos	hubiéremos	huido
huyereis	hubiereis	huido
huyeren	hubieren	huido

IMPERATIVE

presente	
huye	tú
huya	él
huyamos	nosotros
huid	vosotros
huyan	ellos

IMPERSONAL FORMS

infinitive	compound infinitive
huir	haber huido

gerund	compound gerund
huyendo	habiendo huido

participle	
huido	

45 OÍR
to hear

trans./intrans. (irregular)

● **Le oí abrir la puerta.**
I heard him open the door.

● **¡Oiga esto!**
Listen to this!

INDICATIVE

presente (Bello: presente)	pret. perf. comp. (Bello: antepresente)	
oigo	he	oído
oyes	has	oído
oye	ha	oído
oímos	hemos	oído
oís	habéis	oído
oyen	han	oído

pret. imperf. (Bello: copretérito)	pret. pluscuamp. (Bello: antecopretérito)	
oía	había	oído
oías	habías	oído
oía	había	oído
oíamos	habíamos	oído
oíais	habíais	oído
oían	habían	oído

pret. perf. simple (Bello: pretérito)	pret. anterior (Bello: antepretérito)	
oí	hube	oído
oíste	hubiste	oído
oyó	hubo	oído
oímos	hubimos	oído
oísteis	hubisteis	oído
oyeron	hubieron	oído

futuro (Bello: futuro)	futuro perf. (Bello: antefuturo)	
oiré	habré	oído
oirás	habrás	oído
oirá	habrá	oído
oiremos	habremos	oído
oiréis	habréis	oído
oirán	habrán	oído

condicional (Bello: pospretérito)	condicional perf. (Bello: antepospretérito)	
oiría	habría	oído
oirías	habrías	oído
oiría	habría	oído
oiríamos	habríamos	oído
oiríais	habríais	oído
oirían	habrían	oído

SUBJUNCTIVE

presente (Bello: presente)	pret. perf. (Bello: antepresente)	
oiga	haya	oído
oigas	hayas	oído
oiga	haya	oído
oigamos	hayamos	oído
oigáis	hayáis	oído
oigan	hayan	oído

pret. imperf. (Bello: pretérito)	pret. pluscuamp. (Bello: antecopretérito)	
oyera	hubiera	
or oyese	or hubiese	oído
oyeras	hubieras	
or oyeses	or hubieses	oído
oyera	hubiera	
or oyese	or hubiese	oído
oyéramos	hubiéramos	
or oyésemos	or hubiésemos	oído
oyerais	hubierais	
or oyeseis	or hubieseis	oído
oyeran	hubieran	
or oyesen	or hubiesen	oído

futuro (Bello: futuro)	futuro perf. (Bello: antefuturo)	
oyere	hubiere	oído
oyeres	hubieres	oído
oyere	hubiere	oído
oyéremos	hubiéremos	oído
oyereis	hubiereis	oído
oyeren	hubieren	oído

IMPERATIVE

presente	
oye	tú
oiga	él
oigamos	nosotros
oíd	vosotros
oigan	ellos

IMPERSONAL FORMS

infinitive	compound infinitive
oír	haber oído

gerund	compound gerund
oyendo	habiendo oído

participle	
oído	

- **No dijo nada.**
  He said nothing.
- **Dicen que hace frío.**
  They say it is cold.

trans. (irregular)

INDICATIVE

presente (Bello: presente)	pret. perf. comp. (Bello: antepresente)	
digo	he	dicho
dices	has	dicho
dice	ha	dicho
decimos	hemos	dicho
decís	habéis	dicho
dicen	han	dicho

pret. imperf. (Bello: copretérito)	pret. pluscuamp. (Bello: antecopretérito)	
decía	había	dicho
decías	habías	dicho
decía	había	dicho
decíamos	habíamos	dicho
decíais	habíais	dicho
decían	habían	dicho

pret. perf. simple (Bello: pretérito)	pret. anterior (Bello: antepretérito)	
dije	hube	dicho
dijiste	hubiste	dicho
dijo	hubo	dicho
dijimos	hubimos	dicho
dijisteis	hubisteis	dicho
dijeron	hubieron	dicho

futuro (Bello: futuro)	futuro perf. (Bello: antefuturo)	
diré	habré	dicho
dirás	habrás	dicho
dirá	habrá	dicho
diremos	habremos	dicho
diréis	habréis	dicho
dirán	habrán	dicho

condicional (Bello: pospretérito)	condicional perf. (Bello: antepospretérito)	
diría	habría	dicho
dirías	habrías	dicho
diría	habría	dicho
diríamos	habríamos	dicho
diríais	habríais	dicho
dirían	habrían	dicho

SUBJUNCTIVE

presente (Bello: presente)	pret. perf. (Bello: antepresente)	
diga	haya	dicho
digas	hayas	dicho
diga	haya	dicho
digamos	hayamos	dicho
digáis	hayáis	dicho
digan	hayan	dicho

pret. imperf. (Bello: pretérito)	pret. pluscuamp. (Bello: antecopretérito)	
dijera	hubiera	
or dijese	or hubiese	dicho
dijeras	hubieras	
or dijeses	or hubieses	dicho
dijera	hubiera	
or dijese	or hubiese	dicho
dijéramos	hubiéramos	
or dijésemos	or hubiésemos	dicho
dijerais	hubierais	
or dijeseis	or hubieseis	dicho
dijeran	hubieran	
or dijesen	or hubiesen	dicho

futuro (Bello: futuro)	futuro perf. (Bello: antefuturo)	
dijere	hubiere	dicho
dijeres	hubieres	dicho
dijere	hubiere	dicho
dijéremos	hubiéremos	dicho
dijereis	hubiereis	dicho
dijeren	hubieren	dicho

IMPERATIVE

presente	
di	tú
diga	él
digamos	nosotros
decid	vosotros
digan	ellos

IMPERSONAL FORMS

infinitive	compound infinitive
decir	haber dicho

gerund	compound gerund
diciendo	habiendo dicho

participle	
dicho	

trans. (irregular)

- **Predicen mal tiempo para mañana.**
  They are forecasting bad weather for tomorrow.
- **Nostradamus predijo las catástrofes actuales.**
  Nostradamus predicted current disasters.

INDICATIVE

presente (Bello: presente)	pret. perf. comp. (Bello: antepresente)	
predigo	he	predicho
predices	has	predicho
predice	ha	predicho
predecimos	hemos	predicho
predecís	habéis	predicho
predicen	han	predicho

pret. imperf. (Bello: copretérito)	pret. pluscuamp. (Bello: antecopretérito)	
predecía	había	predicho
predecías	habías	predicho
predecía	había	predicho
predecíamos	habíamos	predicho
predecíais	habíais	predicho
predecían	habían	predicho

pret. perf. simple (Bello: pretérito)	pret. anterior (Bello: antepretérito)	
predije	hube	predicho
predijiste	hubiste	predicho
predijo	hubo	predicho
predijimos	hubimos	predicho
predijisteis	hubisteis	predicho
predijeron	hubieron	predicho

futuro (Bello: futuro)	futuro perf. (Bello: antefuturo)	
prediciré	habré	predicho
predicirás	habrás	predicho
predicirá	habrás	predicho
prediciremos	habremos	predicho
prediciréis	habréis	predicho
predicirán	habrán	predicho

condicional (Bello: pospretérito)	condicional perf. (Bello: antepospretérito)	
prediciría	habría	predicho
predicirías	habrías	predicho
prediciría	habría	predicho
prediciríamos	habríamos	predicho
prediciríais	habríais	predicho
predicirían	habrían	predicho

SUBJUNCTIVE

presente (Bello: presente)	pret. perf. (Bello: antepresente)	
prediga	haya	predicho
predigas	hayas	predicho
prediga	haya	predicho
predigamos	hayamos	predicho
predigáis	hayáis	predicho
predigan	hayan	predicho

pret. imperf. (Bello: pretérito)	pret. pluscuamp. (Bello: antecopretérito)	
predijera	hubiera	
or predijese	or hubiese	predicho
predijeras	hubieras	
or predijeses	or hubieses	predicho
predijera	hubiera	
or predijese	or hubiese	predicho
predijéramos	hubiéramos	
or predijésemos	or hubiésemos	predicho
predijerais	hubierais	
or predijeseis	or hubieseis	predicho
predijeran	hubieran	
or predijesen	or hubiesen	predicho

futuro (Bello: futuro)	futuro perf. (Bello: antefuturo)	
predijere	hubiere	predicho
predijeres	hubieres	predicho
predijere	hubiere	predicho
predijéremos	hubiéremos	predicho
predijereis	hubiereis	predicho
predijeren	hubieren	predicho

IMPERATIVE

presente	
predice	tú
prediga	él
predigamos	nosotros
predecid	vosotros
predigan	ellos

IMPERSONAL FORMS

infinitive	compound infinitive
predecir	haber predicho

gerund	compound gerund
prediciendo	habiendo predicho

participle	
predicho	

to fit, to have enough room

- **Caben seis personas en el coche.**
  There is room for six people in the car.

intrans. (irregular)

- **¿Cabemos todos?**
  Is there room for us all?

INDICATIVE

presente (Bello: presente)	pret. perf. comp. (Bello: antepresente)	
quepo	he	cabido
cabes	has	cabido
cabe	ha	cabido
cabemos	hemos	cabido
cabéis	habéis	cabido
caben	han	cabido

pret. imperf. (Bello: copretérito)	pret. pluscuamp. (Bello: antecopretérito)	
cabía	había	cabido
cabías	habías	cabido
cabía	había	cabido
cabíamos	habíamos	cabido
cabíais	habíais	cabido
cabían	habían	cabido

pret. perf. simple (Bello: pretérito)	pret. anterior (Bello: antepretérito)	
cupe	hube	cabido
cupiste	hubiste	cabido
cupo	hubo	cabido
cupimos	hubimos	cabido
cupisteis	hubisteis	cabido
cupieron	hubieron	cabido

futuro (Bello: futuro)	futuro perf. (Bello: antefuturo)	
cabré	habré	cabido
cabrás	habrás	cabido
cabrá	habrá	cabido
cabremos	habremos	cabido
cabréis	habréis	cabido
cabrán	habrán	cabido

condicional (Bello: pospretérito)	condicional perf. (Bello: antepospretérito)	
cabría	habría	cabido
cabrías	habrías	cabido
cabría	habría	cabido
cabríamos	habríamos	cabido
cabríais	habríais	cabido
cabrían	habrían	cabido

SUBJUNCTIVE

presente (Bello: presente)	pret. perf. (Bello: antepresente)	
quepa	haya	cabido
quepas	hayas	cabido
quepa	haya	cabido
quepamos	hayamos	cabido
quepáis	hayáis	cabido
quepan	hayan	cabido

pret. imperf. (Bello: pretérito)	pret. pluscuamp. (Bello: antecopretérito)	
cupiera	hubiera	
or cupiese	or hubiese	cabido
cupieras	hubieras	
or cupieses	or hubieses	cabido
cupiera	hubiera	
or cupiese	or hubiese	cabido
cupiéramos	hubiéramos	
or cupiésemos	or hubiésemos	cabido
cupierais	hubierais	
or cupieseis	or hubieseis	cabido
cupieran	hubieran	
or cupiesen	or hubiesen	cabido

futuro (Bello: futuro)	futuro perf. (Bello: antefuturo)	
cupiere	hubiere	cabido
cupieres	hubieres	cabido
cupiere	hubiere	cabido
cupiéremos	hubiéremos	cabido
cupiereis	hubiereis	cabido
cupieren	hubieren	cabido

IMPERATIVE

presente	
cabe	tú
quepa	él
quepamos	nosotros
cabed	vosotros
quepan	ellos

IMPERSONAL FORMS

infinitive	compound infinitive
caber	haber cabido

gerund	compound gerund
cabiendo	habiendo cabido

participle	
cabido	

49 SABER
to know, to know how to

trans./intrans. (irregular)

- **¿Sabes nadar?**
  Can you swim?
- **Desde hace dos semanas no sabemos nada de él.**
  We haven't heard from him for two weeks.

INDICATIVE

presente (Bello: presente)	pret. perf. comp. (Bello: antepresente)	
sé	he	sabido
sabes	has	sabido
sabe	ha	sabido
sabemos	hemos	sabido
sabéis	habéis	sabido
saben	han	sabido

pret. imperf. (Bello: copretérito)	pret. pluscuamp. (Bello: antecopretérito)	
sabía	había	sabido
sabías	habías	sabido
sabía	había	sabido
sabíamos	habíamos	sabido
sabíais	habíais	sabido
sabían	habían	sabido

pret. perf. simple (Bello: pretérito)	pret. anterior (Bello: antepretérito)	
supe	hube	sabido
supiste	hubiste	sabido
supo	hubo	sabido
supimos	hubimos	sabido
supisteis	hubisteis	sabido
supieron	hubieron	sabido

futuro (Bello: futuro)	futuro perf. (Bello: antefuturo)	
sabré	habré	sabido
sabrás	habrás	sabido
sabrá	habrá	sabido
sabremos	habremos	sabido
sabréis	habréis	sabido
sabrán	habrán	sabido

condicional (Bello: pospretérito)	condicional perf. (Bello: antepospretérito)	
sabría	habría	sabido
sabrías	habrías	sabido
sabría	habría	sabido
sabríamos	habríamos	sabido
sabríais	habríais	sabido
sabrían	habrían	sabido

SUBJUNCTIVE

presente (Bello: presente)	pret. perf. (Bello: antepresente)	
sepa	haya	sabido
sepas	hayas	sabido
sepa	haya	sabido
sepamos	hayamos	sabido
sepáis	hayáis	sabido
sepan	hayan	sabido

pret. imperf. (Bello: pretérito)	pret. pluscuamp. (Bello: antecopretérito)	
supiera	hubiera	
or supiese	or hubiese	sabido
supieras	hubieras	
or supieses	or hubieses	sabido
supiera	hubiera	
or supiese	or hubiese	sabido
supiéramos	hubiéramos	
or supiésemos	or hubiésemos	sabido
supierais	hubierais	
or supieseis	or hubieseis	sabido
supieran	hubieran	
or supiesen	or hubiesen	sabido

futuro (Bello: futuro)	futuro perf. (Bello: antefuturo)	
supiere	hubiere	sabido
supieres	hubieres	sabido
supiere	hubiere	sabido
supiéremos	hubiéremos	sabido
supiereis	hubiereis	sabido
supieren	hubieren	sabido

IMPERATIVE

presente	
sabe	tú
sepa	él
sepamos	nosotros
sabed	vosotros
sepan	ellos

IMPERSONAL FORMS

infinitive	compound infinitive
saber	haber sabido

gerund	compound gerund
sebiendo	habiendo sabido

participle	
sabido	

intrans. (irregular)

- **Se ha caído del caballo.**
  She has fallen off the horse.
- **El edificio se está cayendo.**
  The building is falling down.

INDICATIVE

presente (Bello: presente)	pret. perf. comp. (Bello: antepresente)	
caigo	he	caído
caes	has	caído
cae	ha	caído
caemos	hemos	caído
caéis	habéis	caído
caen	han	caído

pret. imperf. (Bello: copretérito)	pret. pluscuamp. (Bello: antecopretérito)	
caía	había	caído
caías	habías	caído
caía	había	caído
caíamos	habíamos	caído
caíais	habíais	caído
caían	habían	caído

pret. perf. simple (Bello: pretérito)	pret. anterior (Bello: antepretérito)	
caí	hube	caído
caíste	hubiste	caído
cayó	hubo	caído
caímos	hubimos	caído
caísteis	hubisteis	caído
cayeron	hubieron	caído

futuro (Bello: futuro)	futuro perf. (Bello: antefuturo)	
caeré	habré	caído
caerás	habrás	caído
caerá	habrá	caído
caeremos	habremos	caído
caeréis	habréis	caído
caerán	habrán	caído

condicional (Bello: pospretérito)	condicional perf. (Bello: antepospretérito)	
caería	habría	caído
caerías	habrías	caído
caería	habría	caído
caeríamos	habríamos	caído
caeríais	habríais	caído
caerían	habrían	caído

SUBJUNCTIVE

presente (Bello: presente)	pret. perf. (Bello: antepresente)	
caiga	haya	caído
caigas	hayas	caído
caiga	haya	caído
caigamos	hayamos	caído
caigáis	hayáis	caído
caigan	hayan	caído

pret. imperf. (Bello: pretérito)	pret. pluscuamp. (Bello: antecopretérito)	
cayera	hubiera	
or cayese	or hubiese	caído
cayeras	hubieras	
or cayeses	or hubieses	caído
cayera	hubiera	
or cayese	or hubiese	caído
cayéramos	hubiéramos	
or cayésemos	or hubiésemos	caído
cayerais	hubierais	
or cayeseis	or hubieseis	caído
cayeran	hubieran	
or cayesen	or hubiesen	caído

futuro (Bello: futuro)	futuro perf. (Bello: antefuturo)	
cayere	hubiere	caído
cayeres	hubieres	caído
cayere	hubiere	caído
cayéremos	hubiéremos	caído
cayereis	hubiereis	caído
cayeren	hubieren	caído

IMPERATIVE

presente	
cae	tú
caiga	él
caigamos	nosotros
caed	vosotros
caigan	ellos

IMPERSONAL FORMS

infinitive	compound infinitive
caer	haber caído

gerund	compound gerund
cayendo	habiendo caído

participle
caído

to bring, to fetch

trans. (irregular)

- **¿Has traído el vino?**
  Have you brought the wine?
- **El muchacho que trae los periódicos.**
  The boy who brings the newspapers.

INDICATIVE

presente (Bello: presente)	pret. perf. comp. (Bello: antepresente)	
traigo	he	traído
traes	has	traído
trae	ha	traído
traemos	hemos	traído
traéis	habéis	traído
traen	han	traído

pret. imperf. (Bello: copretérito)	pret. pluscuamp. (Bello: antecopretérito)	
traía	había	traído
traías	habías	traído
traía	había	traído
traíamos	habíamos	traído
traíais	habíais	traído
traían	habían	traído

pret. perf. simple (Bello: pretérito)	pret. anterior (Bello: antepretérito)	
traje	hube	traído
trajiste	hubiste	traído
trajo	hubo	traído
trajimos	hubimos	traído
trajisteis	hubisteis	traído
trajeron	hubieron	traído

futuro (Bello: futuro)	futuro perf. (Bello: antefuturo)	
traeré	habré	traído
traerás	habrás	traído
traerá	habrá	traído
traeremos	habremos	traído
traeréis	habréis	traído
traerán	habrán	traído

condicional (Bello: pospretérito)	condicional perf. (Bello: antepospretérito)	
traería	habría	traído
traerías	habrías	traído
traería	habría	traído
traeríamos	habríamos	traído
traeríais	habríais	traído
traerían	habrían	traído

SUBJUNCTIVE

presente (Bello: presente)	pret. perf. (Bello: antepresente)	
traiga	haya	traído
traigas	hayas	traído
traiga	haya	traído
traigamos	hayamos	traído
traigáis	hayáis	traído
traigan	hayan	traído

pret. imperf. (Bello: pretérito)	pret. pluscuamp. (Bello: antecopretérito)	
trajera	hubiera	
or trajese	or hubiese	traído
trajeras	hubieras	
or trajeses	or hubieses	traído
trajera	hubiera	
or trajese	or hubiese	traído
trajéramos	hubiéramos	
or trajésemos	or hubiésemos	traído
trajerais	hubierais	
or trajeseis	or hubieseis	traído
trajeran	hubieran	
or trajesen	or hubiesen	traído

futuro (Bello: futuro)	futuro perf. (Bello: antefuturo)	
trajere	hubiere	traído
trajeres	hubieres	traído
trajere	hubiere	traído
trajéremos	hubiéremos	traído
trajereis	hubiereis	traído
trajeren	hubieren	traído

IMPERATIVE

presente	
trae	tú
traiga	él
traigamos	nosotros
traed	vosotros
traigan	ellos

IMPERSONAL FORMS

infinitive	compound infinitive
traer	haber traído

gerund	compound gerund
trayendo	habiendo traído

participle	
traído	

to scrape, to erase

- **La cocinera ha raído el queso.**
  The cook has grated the cheese.
- **Zanahorias raídas.**
  Grated carrots.

trans. (irregular)

INDICATIVE

presente (Bello: presente)	pret. perf. comp. (Bello: antepresente)	
rao*	he	raído
raes	has	raído
rae	ha	raído
raemos	hemos	raído
raéis	habéis	raído
raen	han	raído
* or raigo or rayo.		

pret. imperf. (Bello: copretérito)	pret. pluscuamp. (Bello: antecopretérito)	
raía	había	raído
raías	habías	raído
raía	había	raído
raíamos	habíamos	raído
raíais	habíais	raído
raían	habían	raído

pret. perf. simple (Bello: pretérito)	pret. anterior (Bello: antepretérito)	
raí	hube	raído
raíste	hubiste	raído
rayó	hubo	raído
raímos	hubimos	raído
raísteis	hubisteis	raído
rayeron	hubieron	raído

futuro (Bello: futuro)	futuro perf. (Bello: antefuturo)	
raeré	habré	raído
raerás	habrás	raído
raerá	habrá	raído
raeremos	habremos	raído
raeréis	habréis	raído
raerán	habrán	raído

condicional (Bello: pospretérito)	condicional perf. (Bello: antepospretérito)	
raería	habría	raído
raerías	habrías	raído
raería	habría	raído
raeríamos	habríamos	raído
raeríais	habríais	raído
raerían	habrían	raído

SUBJUNCTIVE

presente (Bello: presente)	pret. perf. (Bello: antepresente)	
raiga**	haya	raído
raigas	hayas	raído
raiga	haya	raído
raigamos	hayamos	raído
raigáis	hayáis	raído
raigan	hayan	raído
** or raya rayas, etc.		

pret. imperf. (Bello: pretérito)	pret. pluscuamp. (Bello: antecopretérito)	
rayera or rayese	hubiera or hubiese	raído
rayeras or rayeses	hubieras or hubieses	raído
rayera or rayese	hubiera or hubiese	raído
rayéramos or rayésemos	hubiéramos or hubiésemos	raído
rayerais or rayeseis	hubierais or hubieseis	raído
rayeran or rayesen	hubieran or hubiesen	raído

futuro (Bello: futuro)	futuro perf. (Bello: antefuturo)	
rayere	hubiere	raído
rayeres	hubieres	raído
rayere	hubiere	raído
rayéremos	hubiéremos	raído
rayereis	hubiereis	raído
rayeren	hubieren	raído

IMPERATIVE

presente	
rae	tú
raiga or raya	él
raigamos or rayamos	nosotros
raed	vosotros
raigan or rayan	ellos

IMPERSONAL FORMS

infinitive	compound infinitive
raer	haber raído

gerund	compound gerund
rayendo	habiendo raído

participle	
raído	

to gnaw, to nibble at

trans. (irregular)

- **El ratón roe el queso.**
  The mouse nibbles at the cheese.

- **Los perros han roído los huesos.**
  The dogs have gnawed the bones.

INDICATIVE

presente (Bello: presente)	pret. perf. comp. (Bello: antepresente)	
roo*	he	roído
roes	has	roído
roe	ha	roído
roemos	hemos	roído
roéis	habéis	roído
roen	han	roído

* *or* roigo *or* royo.

pret. imperf. (Bello: copretérito)	pret. pluscuamp. (Bello: antecopretérito)	
roía	había	roído
roías	habías	roído
roía	había	roído
roíamos	habíamos	roído
roíais	habíais	roído
roían	habían	roído

pret. perf. simple (Bello: pretérito)	pret. anterior (Bello: antepretérito)	
roí	hube	roído
roíste	hubiste	roído
royó	hubo	roído
roímos	hubimos	roído
roísteis	hubisteis	roído
royeron	hubieron	roído

futuro (Bello: futuro)	futuro perf. (Bello: antefuturo)	
roeré	habré	roído
roerás	habrás	roído
roerá	habrá	roído
roeremos	habremos	roído
roeréis	habréis	roído
roerán	habrán	roído

condicional (Bello: pospretérito)	condicional perf. (Bello: antepospretérito)	
roería	habría	roído
roerías	habrías	roído
roería	habría	roído
roeríamos	habríamos	roído
roeríais	habríais	roído
roerían	habrían	roído

SUBJUNCTIVE

presente (Bello: presente)	pret. perf. (Bello: antepresente)	
roa**	haya	roído
roas	hayas	roído
roa	haya	roído
roamos	hayamos	roído
roáis	hayáis	roído
roan	hayan	roído

** *or* roiga *or* roya, *or* roigas *or* royas, etc.

pret. imperf. (Bello: pretérito)	pret. pluscuamp. (Bello: antecopretérito)	
royera	hubiera	
or royese	*or* hubiese	roído
royeras	hubieras	
or royeses	*or* hubieses	roído
royera	hubiera	
or royese	*or* hubiese	roído
royéramos	hubiéramos	
or royésemos	*or* hubiésemos	roído
royerais	hubierais	
or royeseis	*or* hubieseis	roído
royeran	hubieran	
or royesen	*or* hubiesen	roído

futuro (Bello: futuro)	futuro perf. (Bello: antefuturo)	
royere	hubiere	roído
royeres	hubieres	roído
royere	hubiere	roído
royéremos	hubiéremos	roído
royereis	hubiereis	roído
royeren	hubieren	roído

IMPERATIVE

presente	
roe	tú
roa, roiga *or* roya	él
roamos, roigamos *or* royamos	nosotros
roed	vosotros
roan, roigan *or* royan	ellos

IMPERSONAL FORMS

infinitive	compound infinitive
roer	haber roído

gerund	compound gerund
royendo	habiendo roído

participle
roído

- **Estoy leyendo poemas de Pablo Neruda.**
  I'm reading some poetry by Pablo Neruda.
- **Alba lee el periódico antes de comer.**
  Alba reads the paper before lunch.

trans./intrans. (irregular)

INDICATIVE

presente (Bello: presente)	pret. perf. comp. (Bello: antepresente)	
leo	he	leído
lees	has	leído
lee	ha	leído
leemos	hemos	leído
leéis	habéis	leído
leen	han	leído

pret. imperf. (Bello: copretérito)	pret. pluscuamp. (Bello: antecopretérito)	
leía	había	leído
leías	habías	leído
leía	había	leído
leíamos	habíamos	leído
leíais	habíais	leído
leían	habían	leído

pret. perf. simple (Bello: pretérito)	pret. anterior (Bello: antepretérito)	
leí	hube	leído
leíste	hubiste	leído
leyó	hubo	leído
leímos	hubimos	leído
leísteis	hubisteis	leído
leyeron	hubieron	leído

futuro (Bello: futuro)	futuro perf. (Bello: antefuturo)	
leeré	habré	leído
leerás	habrás	leído
leerá	habrá	leído
leeremos	habremos	leído
leeréis	habréis	leído
leerán	habrán	leído

condicional (Bello: pospretérito)	condicional perf. (Bello: antepospretérito)	
leería	habría	leído
leerías	habrías	leído
leería	habría	leído
leeríamos	habríamos	leído
leeríais	habríais	leído
leerían	habrían	leído

SUBJUNCTIVE

presente (Bello: presente)	pret. perf. (Bello: antepresente)	
lea	haya	leído
leas	hayas	leído
lea	haya	leído
leamos	hayamos	leído
leáis	hayáis	leído
lean	hayan	leído

pret. imperf. (Bello: pretérito)	pret. pluscuamp. (Bello: antecopretérito)	
leyera or leyese	hubiera or hubiese	leído
leyeras or leyeses	hubieras or hubieses	leído
leyera or leyese	hubiera or hubiese	leído
leyéramos or leyésemos	hubiéramos or hubiésemos	leído
leyerais or leyeseis	hubierais or hubieseis	leído
leyeran or leyesen	hubieran or hubiesen	leído

futuro (Bello: futuro)	futuro perf. (Bello: antefuturo)	
leyere	hubiere	leído
leyeres	hubieres	leído
leyere	hubiere	leído
leyéremos	hubiéremos	leído
leyereis	hubiereis	leído
leyeren	hubieren	leído

IMPERATIVE

presente		
lee	tú	
lea	él	
leamos	nosotros	
leed	vosotros	
lean	ellos	

IMPERSONAL FORMS

infinitive	compound infinitive
leer	haber leído

gerund	compound gerund
leyendo	habiendo leído

participle	
leído	

trans./intrans. (irregular)

- **La vi en la calle.**
  I saw her in the street.

- **Desde aquí lo verás.**
  You can see it from here.

INDICATIVE

presente (Bello: presente)	pret. perf. comp. (Bello: antepresente)	
veo	he	visto
ves	has	visto
ve	ha	visto
vemos	hemos	visto
veis	habéis	visto
ven	han	visto

pret. imperf. (Bello: copretérito)	pret. pluscuamp. (Bello: antecopretérito)	
veía	había	visto
veías	habías	visto
veía	había	visto
veíamos	habíamos	visto
veíais	habíais	visto
veían	habían	visto

pret. perf. simple (Bello: pretérito)	pret. anterior (Bello: antepretérito)	
vi	hube	visto
viste	hubiste	visto
vio	hubo	visto
vimos	hubimos	visto
visteis	hubisteis	visto
vieron	hubieron	visto

futuro (Bello: futuro)	futuro perf. (Bello: antefuturo)	
veré	habré	visto
verás	habrás	visto
verá	habrá	visto
veremos	habremos	visto
veréis	habréis	visto
verán	habrán	visto

condicional (Bello: pospretérito)	condicional perf. (Bello: antepospretérito)	
vería	habría	visto
verías	habrías	visto
vería	habría	visto
veríamos	habríamos	visto
veríais	habríais	visto
verían	habrían	visto

SUBJUNCTIVE

presente (Bello: presente)	pret. perf. (Bello: antepresente)	
vea	haya	visto
veas	hayas	visto
vea	haya	visto
veamos	hayamos	visto
veáis	hayáis	visto
vean	hayan	visto

pret. imperf. (Bello: pretérito)	pret. pluscuamp. (Bello: antecopretérito)	
viera	hubiera	
or viese	or hubiese	visto
vieras	hubieras	
or vieses	or hubieses	visto
viera	hubiera	
or viese	or hubiese	visto
viéramos	hubiéramos	
or viésemos	or hubiésemos	visto
vierais	hubierais	
or vieseis	or hubieseis	visto
vieran	hubieran	
or viesen	or hubiesen	visto

futuro (Bello: futuro)	futuro perf. (Bello: antefuturo)	
viere	hubiere	visto
vieres	hubieres	visto
viere	hubiere	visto
viéremos	hubiéremos	visto
viereis	hubiereis	visto
vieren	hubieren	visto

IMPERATIVE

presente	
ve	tú
vea	él
veamos	nosotros
ved	vosotros
vean	ellos

IMPERSONAL FORMS

infinitive	compound infinitive
ver	haber visto

gerund	compound gerund
viendo	habiendo visto

participle	
visto	

trans. (irregular)

- **Nos daban huevos para comer.**
  They gave us eggs (to eat).
- **Le dimos el libro.**
  We gave him the book.

INDICATIVE

presente (Bello: presente)		pret. perf. comp. (Bello: antepresente)	
doy		he	dado
das		has	dado
da		ha	dado
damos		hemos	dado
dais		habéis	dado
dan		han	dado

pret. imperf. (Bello: copretérito)		pret. pluscuamp. (Bello: antecopretérito)	
daba		había	dado
dabas		habías	dado
daba		había	dado
dábamos		habíamos	dado
dabais		habíais	dado
daban		habían	dado

pret. perf. simple (Bello: pretérito)		pret. anterior (Bello: antepretérito)	
di		hube	dado
diste		hubiste	dado
dio		hubo	dado
dimos		hubimos	dado
disteis		hubisteis	dado
dieron		hubieron	dado

futuro (Bello: futuro)		futuro perf. (Bello: antefuturo)	
daré		habré	dado
darás		habrás	dado
dará		habrá	dado
daremos		habremos	dado
daréis		habréis	dado
darán		habrán	dado

condicional (Bello: pospretérito)		condicional perf. (Bello: antepospretérito)	
daría		habría	dado
darías		habrías	dado
daría		habría	dado
daríamos		habríamos	dado
daríais		habríais	dado
darían		habrían	dado

SUBJUNCTIVE

presente (Bello: presente)		pret. perf. (Bello: antepresente)	
dé		haya	dado
des		hayas	dado
dé		haya	dado
demos		hayamos	dado
deis		hayáis	dado
den		hayan	dado

pret. imperf. (Bello: pretérito)	pret. pluscuamp. (Bello: antecopretérito)	
diera	hubiera	
or diese	or hubiese	dado
dieras	hubieras	
or dieses	or hubieses	dado
diera	hubiera	
or diese	or hubiese	dado
diéramos	hubiéramos	
or diésemos	or hubiésemos	dado
dierais	hubierais	
or dieseis	or hubieseis	dado
dieran	hubieran	
or diesen	or hubiesen	dado

futuro (Bello: futuro)		futuro perf. (Bello: antefuturo)	
diere		hubiere	dado
dieres		hubieres	dado
diere		hubiere	dado
diéremos		hubiéremos	dado
diereis		hubiereis	dado
dieren		hubieren	dado

IMPERATIVE

presente	
da	tú
dé	él
demos	nosotros
dad	vosotros
den	ellos

IMPERSONAL FORMS

infinitive	compound infinitive
dar	haber dado

gerund	compound gerund
dando	habiendo dado

participle	
dado	

to be (location)

intrans. (irregular)

● **Estoy en Bogotá.**
I am in Bogota.

● **Estuve en Buenos Aires en el 2000.**
I was in Buenos Aires in 2000.

INDICATIVE

presente (Bello: presente)	pret. perf. comp. (Bello: antepresente)	
estoy	he	estado
estás	has	estado
está	ha	estado
estamos	hemos	estado
estáis	habéis	estado
están	han	estado

pret. imperf. (Bello: copretérito)	pret. pluscuamp. (Bello: antecopretérito)	
estaba	había	estado
estabas	habías	estado
estaba	había	estado
estábamos	habíamos	estado
estabais	habíais	estado
estaban	habían	estado

pret. perf. simple (Bello: pretérito)	pret. anterior (Bello: antepretérito)	
estuve	hube	estado
estuviste	hubiste	estado
estuvo	hubo	estado
estuvimos	hubimos	estado
estuvisteis	hubisteis	estado
estuvieron	hubieron	estado

futuro (Bello: futuro)	futuro perf. (Bello: antefuturo)	
estaré	habré	estado
estarás	habrás	estado
estará	habrá	estado
estaremos	habremos	estado
estaréis	habréis	estado
estarán	habrán	estado

condicional (Bello: pospretérito)	condicional perf. (Bello: antepospretérito)	
estaría	habría	estado
estarías	habrías	estado
estaría	había	estado
estaríamos	habríamos	estado
estaríais	habríais	estado
estarían	habrían	estado

SUBJUNCTIVE

presente (Bello: presente)	pret. perf. (Bello: antepresente)	
esté	haya	estado
estés	hayas	estado
esté	haya	estado
estemos	hayamos	estado
estéis	hayáis	estado
estén	hayan	estado

pret. imperf. (Bello: pretérito)	pret. pluscuamp. (Bello: antecopretérito)	
estuviera	hubiera	
or estuviese	or hubiese	estado
estuvieras	hubieras	
or estuvieses	or hubieses	estado
estuviera	hubiera	
or estuviese	ro hubiese	estado
estuviéramos	hubiéramos	
or estuviésemos	or hubiésemos	estado
estuvierais	hubierais	
or estuvieseis	or hubieseis	estado
estuvieran	hubieran	
or estuviesen	or hubiesen	estado

futuro (Bello: futuro) •	futuro perf. (Bello: antefuturo)	
estuviere	hubiere	estado
estuvieres	hubieres	estado
estuviere	hubiere	estado
estuviéremos	hubiéremos	estado
estuviereis	hubiereis	estado
estuvieren	hubieren	estado

IMPERATIVE

presente	
está	tú
esté	él
estemos	nosotros
estad	vosotros
estén	ellos

IMPERSONAL FORMS

infinitive	compound infinitive
estar	haber estado

gerund	compound gerund
estando	habiendo estado

participle	
estado	

intrans. (irregular)

- **Voy a Londres mañana.**
  I'm going to London tomorrow.
- **Va en tren hasta Madrid.**
  He goes to Madrid by train.

INDICATIVE

presente (Bello: presente)		pret. perf. comp. (Bello: antepresente)	
voy		he	ido
vas		has	ido
va		ha	ido
vamos		hemos	ido
vais		habéis	ido
van		han	ido

pret. imperf. (Bello: copretérito)		pret. pluscuamp. (Bello: antecopretérito)	
iba		había	ido
ibas		habías	ido
iba		había	ido
íbamos		habíamos	ido
ibais		habíais	ido
iban		habían	ido

pret. perf. simple (Bello: pretérito)		pret. anterior (Bello: antepretérito)	
fui		hube	ido
fuiste		hubiste	ido
fue		hubo	ido
fuimos		hubimos	ido
fuisteis		hubisteis	ido
fueron		hubieron	ido

futuro (Bello: futuro)		futuro perf. (Bello: antefuturo)	
iré		habré	ido
irás		habrás	ido
irá		habrá	ido
iremos		habremos	ido
iréis		habréis	ido
irán		habrán	ido

condicional (Bello: pospretérito)		condicional perf. (Bello: antepospretérito)	
iría		habría	ido
irías		habrías	ido
iría		habría	ido
iríamos		habríamos	ido
iríais		habríais	ido
irían		habrían	ido

SUBJUNCTIVE

presente (Bello: presente)		pret. perf. (Bello: antepresente)	
vaya		haya	ido
vayas		hayas	ido
vaya		haya	ido
vayamos		hayamos	ido
vayáis		hayáis	ido
vayan		hayan	ido

pret. imperf. (Bello: pretérito)		pret. pluscuamp. (Bello: antecopretérito)	
fuera		hubiera	
or fuese		or hubiese	ido
fueras		hubieras	
or fueses		or hubieses	ido
fuera		hubiera	
or fuese		or hubiese	ido
fuéramos		hubiéramos	
or fuésemos		or hubiésemos	ido
fuerais		hubierais	
or fueseis		or hubieseis	ido
fueran		hubieran	
or fuesen		or hubiesen	ido

futuro (Bello: futuro)		futuro perf. (Bello: antefuturo)	
fuere		hubiere	ido
fueres		hubieres	ido
fuere		hubiere	ido
fuéremos		hubiéremos	ido
fuereis		hubiereis	ido
fueren		hubieren	ido

IMPERATIVE

presente	
ve	tú
vaya	él
vayamos	nosotros
id	vosotros
vayan	ellos

IMPERSONAL FORMS

infinitive	compound infinitive
ir	haber ido

gerund	compound gerund
yendo	habiendo ido

participle	
ido	

59 ANDAR
to walk

trans./intrans. (irregular)

● **Andaré hasta el restaurante.**
I will walk to the restaurant.

● **Venimos andando.**
We came on foot.

INDICATIVE

presente (Bello: presente)		pret. perf. comp. (Bello: antepresente)	
ando		he	andado
andas		has	andado
anda		ha	andado
andamos		hemos	andado
andáis		habéis	andado
andan		han	andado

pret. imperf. (Bello: copretérito)		pret. pluscuamp. (Bello: antecopretérito)	
andaba		había	andado
andabas		habías	andado
andaba		había	andado
andábamos		habíamos	andado
andabais		habíais	andado
andaban		habían	andado

pret. perf. simple (Bello: pretérito)		pret. anterior (Bello: antepretérito)	
anduve		hube	andado
anduviste		hubiste	andado
anduvo		hubo	andado
anduvimos		hubimos	andado
anduvisteis		hubisteis	andado
anduvieron		hubieron	andado

futuro (Bello: futuro)		futuro perf. (Bello: antefuturo)	
andaré		habré	andado
andarás		habrás	andado
andará		habrá	andado
andaremos		habremos	andado
andaréis		habréis	andado
andarán		habrán	andado

condicional (Bello: pospretérito)		condicional perf. (Bello: antepospretérito)	
andaría		habría	andado
andarías		habrías	andado
andaría		habría	andado
andaríamos		habríamos	andado
andaríais		habríais	andado
andarían		habrían	andado

SUBJUNCTIVE

presente (Bello: presente)		pret. perf. (Bello: antepresente)	
ande		haya	andado
andes		hayas	andado
ande		haya	andado
andemos		hayamos	andado
andéis		hayáis	andado
anden		hayan	andado

pret. imperf. (Bello: pretérito)		pret. pluscuamp. (Bello: antecopretérito)	
anduviera		hubiera	
or anduviese		or hubiese	andado
anduvieras		hubieras	
or anduvieses		or hubieses	andado
anduviera		hubiera	
or anduviese		or hubiese	andado
anduviéramos		hubiéramos	
or anduviésemos		or hubiésemos	andado
anduvierais		hubierais	
or anduvieseis		or hubieseis	andado
anduvieran		hubieran	
or anduviesen		or hubiesen	andado

futuro (Bello: futuro)		futuro perf. (Bello: antefuturo)	
anduviere		hubiere	andado
anduvieres		hubieres	andado
anduviere		hubiere	andado
anduviéremos		hubiéremos	andado
anduviereis		hubiereis	andado
anduvieren		hubieren	andado

IMPERATIVE

presente	
anda	tú
ande	él
andemos	nosotros
andad	vosotros
anden	ellos

IMPERSONAL FORMS

infinitive	compound infinitive
andar	haber andado

gerund	compound gerund
andando	habiendo andado

participle	
andado	

trans. (irregular)

- **En el Tercer Mundo truecan materias primas.**
  In the Third World they barter with raw materials.

- **Trocó un caballo por una vaca.**
  He exchanged a horse for a cow.

INDICATIVE

presente (Bello: presente)		pret. perf. comp. (Bello: antepresente)	
trueco		he	trocado
truecas		has	trocado
trueca		ha	trocado
trocamos		hemos	trocado
trocáis		habéis	trocado
truecan		han	trocado

pret. imperf. (Bello: copretérito)		pret. pluscuamp. (Bello: antecopretérito)	
trocaba		había	trocado
trocabas		habías	trocado
trocaba		había	trocado
trocábamos		habíamos	trocado
trocabais		habíais	trocado
trocaban		habían	trocado

pret. perf. simple (Bello: pretérito)		pret. anterior (Bello: antepretérito)	
troqué		hube	trocado
trocaste		hubiste	trocado
trocó		hubo	trocado
trocamos		hubimos	trocado
trocasteis		hubisteis	trocado
trocaron		hubieron	trocado

futuro (Bello: futuro)		futuro perf. (Bello: antefuturo)	
trocaré		habré	trocado
trocarás		habrás	trocado
trocará		habrá	trocado
trocaremos		habremos	trocado
trocaréis		habréis	trocado
trocarán		habrán	trocado

condicional (Bello: pospretérito)		condicional perf. (Bello: antepospretérito)	
trocaría		habría	trocado
trocarías		habrías	trocado
trocaría		habría	trocado
trocaríamos		habríamos	trocado
trocaríais		habríais	trocado
trocarían		habrían	trocado

SUBJUNCTIVE

presente (Bello: presente)		pret. perf. (Bello: antepresente)	
trueque		haya	trocado
trueques		hayas	trocado
trueque		haya	trocado
troquemos		hayamos	trocado
troquéis		hayáis	trocado
truequen		hayan	trocado

pret. imperf. (Bello: pretérito)		pret. pluscuamp. (Bello: antecopretérito)	
trocara or trocase		hubiera or hubiese	trocado
trocaras or trocases		hubieras or hubieses	trocado
trocara or trocase		hubiera or hubiese	trocado
trocáramos or trocásemos		hubiéramos or hubiésemos	trocado
trocarais or trocaseis		hubierais or hubieseis	trocado
trocaran or trocasen		hubieran or hubiesen	trocado

futuro (Bello: futuro)		futuro perf. (Bello: antefuturo)	
trocare		hubiere	trocado
trocares		hubieres	trocado
trocare		hubiere	trocado
trocáremos		hubiéremos	trocado
trocareis		hubiereis	trocado
trocaren		hubieren	trocado

IMPERATIVE

presente	
trueca	tú
trueque	él
troquemos	nosotros
trocad	vosotros
truequen	ellos

IMPERSONAL FORMS

infinitive	compound infinitive
trocar	haber trocado

gerund	compound gerund
trocando	habiendo trocado

participle
trocado

61 COLGAR

to hang up

trans./intrans. (irregular)

- **Me colgó el teléfono.**
  She hung up on me.
- **Colgaré el cuadro en la pared.**
  I'll hang the picture on the wall.

INDICATIVE

presente (Bello: presente)		pret. perf. comp. (Bello: antepresente)	
cuelgo		he	colgado
cuelgas		has	colgado
cuelga		ha	colgado
colgamos		hemos	colgado
colgáis		habéis	colgado
cuelgan		han	colgado

pret. imperf. (Bello: copretérito)		pret. pluscuamp. (Bello: antecopretérito)	
colgaba		había	colgado
colgabas		habías	colgado
colgaba		había	colgado
colgábamos		habíamos	colgado
colgabais		habíais	colgado
colgaban		habían	colgado

pret. perf. simple (Bello: pretérito)		pret. anterior (Bello: antepretérito)	
colgué		hube	colgado
colgaste		hubiste	colgado
colgó		hubo	colgado
colgamos		hubimos	colgado
colgasteis		hubisteis	colgado
colgaron		hubieron	colgado

futuro (Bello: futuro)		futuro perf. (Bello: antefuturo)	
colgaré		habré	colgado
colgarás		habrás	colgado
colgará		habrá	colgado
colgaremos		habremos	colgado
colgaréis		habréis	colgado
colgarán		habrán	colgado

condicional (Bello: pospretérito)		condicional perf. (Bello: antepospretérito)	
colgaría		habría	colgado
colgarías		habrías	colgado
colgaría		habría	colgado
colgaríamos		habríamos	colgado
colgaríais		habríais	colgado
colgarían		habrían	colgado

SUBJUNCTIVE

presente (Bello: presente)		pret. perf. (Bello: antepresente)	
cuelgue		haya	colgado
cuelgues		hayas	colgado
cuelgue		haya	colgado
colguemos		hayamos	colgado
colguéis		hayáis	colgado
cuelguen		hayan	colgado

pret. imperf. (Bello: pretérito)		pret. pluscuamp. (Bello: antecopretérito)	
colgara		hubiera	
or colgase		or hubiese	colgado
colgaras		hubieras	
or colgases		or hubieses	colgado
colgara		hubiera	
or colgase		or hubiese	colgado
colgáramos		hubiéramos	
or colgásemos		or hubiésemos	colgado
colgarais		hubierais	
or colgaseis		or hubieseis	colgado
colgaran		hubieran	
or colgasen		or hubiesen	colgado

futuro (Bello: futuro)		futuro perf. (Bello: antefuturo)	
colgare		hubiere	colgado
colgares		hubieres	colgado
colgare		hubiere	colgado
colgáremos		hubiéremos	colgado
colgareis		hubiereis	colgado
colgaren		hubieren	colgado

IMPERATIVE

presente	
cuelga	tú
cuelgue	él
colguemos	nosotros
colgad	vosotros
cuelguen	ellos

IMPERSONAL FORMS

infinitive	compound infinitive
colgar	haber colgado

gerund	compound gerund
colgando	habiendo colgado

participle	
colgado	

to predict, to forecast

● **La gitana ha agorado su futuro.**
The gipsy has predicted his future.

trans. (irregular)

INDICATIVE

presente (Bello: presente)	pret. perf. comp. (Bello: antepresente)	
agüero	he	agorado
agüeras	has	agorado
agüera	ha	agorado
agoramos	hemos	agorado
agoráis	habéis	agorado
agüeran	han	agorado

pret. imperf. (Bello: copretérito)	pret. pluscuamp. (Bello: antecopretérito)	
agoraba	había	agorado
agorabas	habías	agorado
agoraba	había	agorado
agorábamos	habíamos	agorado
agorabais	habíais	agorado
agoraban	habían	agorado

pret. perf. simple (Bello: pretérito)	pret. anterior (Bello: antepretérito)	
agoré	hube	agorado
agoraste	hubiste	agorado
agoró	hubo	agorado
agoramos	hubimos	agorado
agorasteis	hubisteis	agorado
agoraron	hubieron	agorado

futuro (Bello: futuro)	futuro perf. (Bello: antefuturo)	
agoraré	habré	agorado
agorarás	habrás	agorado
agorará	habrá	agorado
agoraremos	habremos	agorado
agoraréis	habréis	agorado
agorarán	habrán	agorado

condicional (Bello: pospretérito)	condicional perf. (Bello: antepospretérito)	
agoraría	habría	agorado
agorarías	habrías	agorado
agoraría	habría	agorado
agoraríamos	habríamos	agorado
agoraríais	habríais	agorado
agorarían	habrían	agorado

SUBJUNCTIVE

presente (Bello: presente)	pret. perf. (Bello: antepresente)	
agüere	haya	agorado
agüeres	hayas	agorado
agüere	haya	agorado
agoremos	hayamos	agorado
agoréis	hayáis	agorado
agüeren	hayan	agorado

pret. imperf. (Bello: pretérito)	pret. pluscuamp. (Bello: antecopretérito)	
agorara	hubiera	
or agorase	or hubiese	agorado
agoraras	hubieras	
or agorases	or hubieses	agorado
agorara	hubiera	
or agorase	or hubiese	agorado
agoráramos	hubiéramos	
or agorásemos	or hubiésemos	agorado
agorarais	hubierais	
or agoraseis	or hubieseis	agorado
agoraran	hubieran	
or agorasen	or hubiesen	agorado

futuro (Bello: futuro)	futuro perf. (Bello: antefuturo)	
agorare	hubiere	agorado
agorares	hubieres	agorado
agorare	hubiere	agorado
agoráremos	hubiéremos	agorado
agorareis	hubiereis	agorado
agoraren	hubieren	agorado

IMPERATIVE

presente	
agüera	tú
agüere	él
agoremos	nosotros
agorad	vosotros
agüeren	ellos

IMPERSONAL FORMS

infinitive	compound infinitive
agorar	haber agorado

gerund	compound gerund
agorando	habiendo agorado

participle	
agorado	

to refuse, to deny

trans./intrans. (irregular)

- **Tina se negó a hacerlo.**
  Tina refused to do it.

- **No niego que sea cierto.**
  I don't deny it might be true.

INDICATIVE

presente (Bello: presente)	pret. perf. comp. (Bello: antepresente)	
niego	he	negado
niegas	has	negado
niega	ha	negado
negamos	hemos	negado
negáis	habéis	negado
niegan	han	negado

pret. imperf. (Bello: copretérito)	pret. pluscuamp. (Bello: antecopretérito)	
negaba	había	negado
negabas	habías	negado
negaba	había	negado
negábamos	habíamos	negado
negabais	habíais	negado
negaban	habían	negado

pret. perf. simple (Bello: pretérito)	pret. anterior (Bello: antepretérito)	
negué	hube	negado
negaste	hubiste	negado
negó	hubo	negado
negamos	hubimos	negado
negasteis	hubisteis	negado
negaron	hubieron	negado

futuro (Bello: futuro)	futuro perf. (Bello: antefuturo)	
negaré	habré	negado
negarás	habrás	negado
negará	habrá	negado
negaremos	habremos	negado
negaréis	habréis	negado
negarán	habrán	negado

condicional (Bello: pospretérito)	condicional perf. (Bello: antepospretérito)	
negaría	habría	negado
negarías	habrías	negado
negaría	habría	negado
negaríamos	habríamos	negado
negaríais	habríais	negado
negarían	habrían	negado

SUBJUNCTIVE

presente (Bello: presente)	pret. perf. (Bello: antepresente)	
niegue	haya	negado
niegues	hayas	negado
niegue	haya	negado
neguemos	hayamos	negado
neguéis	hayáis	negado
nieguen	hayan	negado

pret. imperf. (Bello: pretérito)	pret. pluscuamp. (Bello: antecopretérito)	
negara	hubiera	
or negase	or hubiese	negado
negaras	hubieras	
or negases	or hubieses	negado
negara	hubiera	
or negase	or hubiese	negado
negáramos	hubiéramos	
or negásemos	or hubiésemos	negado
negarais	hubierais	
or negaseis	or hubieseis	negado
negaran	hubieran	
or negasen	or hubiesen	negado

futuro (Bello: futuro)	futuro perf. (Bello: antefuturo)	
negare	hubiere	negado
negares	hubieres	negado
negare	hubiere	negado
negáremos	hubiéremos	negado
negareis	hubiereis	negado
negaren	hubieren	negado

IMPERATIVE

presente	
niega	tú
niegue	él
neguemos	nosotros
negad	vosotros
nieguen	ellos

IMPERSONAL FORMS

infinitive	compound infinitive
negar	haber negado

gerund	compound gerund
negando	habiendo negado

participle	
negado	

trans./intrans. (irregular)

- **Comencé bien el día.**
  I started the day well.
- **Quiero comenzar por el vino blanco.**
  I want to start with the white wine.

INDICATIVE

presente (Bello: presente)		pret. perf. comp. (Bello: antepresente)	
comienzo		he	comenzado
comienzas		has	comenzado
comienza		ha	comenzado
comenzamos		hemos	comenzado
comenzáis		habéis	comenzado
comienzan		han	comenzado

pret. imperf. (Bello: copretérito)		pret. pluscuamp. (Bello: antecopretérito)	
comenzaba		había	comenzado
comenzabas		habías	comenzado
comenzaba		había	comenzado
comenzábamos		habíamos	comenzado
comenzabais		habíais	comenzado
comenzaban		habían	comenzado

pret. perf. simple (Bello: pretérito)		pret. anterior (Bello: antepretérito)	
comencé		hube	comenzado
comenzaste		hubiste	comenzado
comenzó		hubo	comenzado
comenzamos		hubimos	comenzado
comenzasteis		hubisteis	comenzado
comenzaron		hubieron	comenzado

futuro (Bello: futuro)		futuro perf. (Bello: antefuturo)	
comenzaré		habré	comenzado
comenzarás		habrás	comenzado
comenzará		habrá	comenzado
comenzaremos		habremos	comenzado
comenzaréis		habréis	comenzado
comenzarán		habrán	comenzado

condicional (Bello: pospretérito)		condicional perf. (Bello: antepospretérito)	
comenzaría		habría	comenzado
comenzarías		habrías	comenzado
comenzaría		habría	comenzado
comenzaríamos		habríamos	comenzado
comenzaríais		habríais	comenzado
comenzarían		habrían	comenzado

SUBJUNCTIVE

presente (Bello: presente)		pret. perf. (Bello: antepresente)	
comience		haya	comenzado
comiences		hayas	comenzado
comience		haya	comenzado
comencemos		hayamos	comenzado
comencéis		hayáis	comenzado
comiencen		hayan	comenzado

pret. imperf. (Bello: pretérito)		pret. pluscuamp. (Bello: antecopretérito)	
comenzara		hubiera	
or comenzase		or hubiese	comenzado
comenzaras		hubieras	
or comenzases		or hubieses	comenzado
comenzara		hubiera	
or comenzase		or hubiese	comenzado
comenzáramos		hubiéramos	
or comenzásemos		or hubiésemos	comenzado
comenzarais		hubierais	
or comenzaseis		or hubieseis	comenzado
comenzaran		hubieran	
or comenzasen		or hubiesen	comenzado

futuro (Bello: futuro)		futuro perf. (Bello: antefuturo)	
comenzare		hubiere	comenzado
comenzares		hubieres	comenzado
comenzare		hubiere	comenzado
comenzáremos		hubiéremos	comenzado
comenzareis		hubiereis	comenzado
comenzaren		hubieren	comenzado

IMPERATIVE

presente	
comienza	tú
comience	él
comencemos	nosotros
comenzad	vosotros
comiencen	ellos

IMPERSONAL FORMS

infinitive	compound infinitive
comenzar	haber comenzado

gerund	compound gerund
comenzando	habiendo comenzado

participle	
comenzado	

65 AVERGONZAR

to shame, to be ashamed

trans. (irregular)

● **Me avergüenzo de tu conducta.**
I am ashamed of your conduct.

● **Avergonzó publicamente a su mujer.**
He shamed his wife publicly.

INDICATIVE

presente (Bello: presente)	pret. perf. comp. (Bello: antepresente)	
avergüenzo	he	avergonzado
avergüenzas	has	avergonzado
avergüenza	ha	avergonzado
avergonzamos	hemos	avergonzado
avergonzáis	habéis	avergonzado
avergüenzan	han	avergonzado

pret. imperf. (Bello: copretérito)	pret. pluscuamp. (Bello: antecopretérito)	
avergonzaba	había	avergonzado
avergonzabas	habías	avergonzado
avergonzaba	había	avergonzado
avergonzábamos	habíamos	avergonzado
avergonzabaís	habíais	avergonzado
avergonzaban	habían	avergonzado

pret. perf. simple (Bello: pretérito)	pret. anterior (Bello: antepretérito)	
avergoncé	hube	avergonzado
avergonzaste	hubiste	avergonzado
avergonzó	hubo	avergonzado
avergonzamos	hubimos	avergonzado
avergonzasteis	hubisteis	avergonzado
avergonzaron	hubieron	avergonzado

futuro (Bello: futuro)	futuro perf. (Bello: antefuturo)	
avergonzaré	habré	avergonzado
avergonzarás	habrás	avergonzado
avergonzará	habrá	avergonzado
avergonzaremos	habremos	avergonzado
avergonzaréis	habréis	avergonzado
avergonzarán	habrán	avergonzado

condicional (Bello: pospretérito)	condicional perf. (Bello: antepospretérito)	
avergonzaría	habría	avergonzado
avergonzarías	habrías	avergonzado
avergonzaría	habría	avergonzado
avergonzaríamos	habríamos	avergonzado
avergonzaríais	habríais	avergonzado
avergonzarían	habrían	avergonzado

SUBJUNCTIVE

presente (Bello: presente)	pret. perf. (Bello: antepresente)	
avergüence	haya	avergonzado
avergüences	hayas	avergonzado
avergüence	haya	avergonzado
avergoncemos	hayamos	avergonzado
avergoncéis	hayáis	avergonzado
avergüencen	hayan	avergonzado

pret. imperf. (Bello: pretérito)	pret. pluscuamp. (Bello: antecopretérito)	
avergonzara	hubiera	
or avergonzase	or hubiese	avergonzado
avergonzaras	hubieras	
or avergonzases	or hubieses	avergonzado
avergonzara	hubiera	
or avergonzase	or hubiese	avergonzado
avergonzáramos	hubiéramos	
or avergonzásemos	or hubiésemos	avergonzado
avergonzarais	hubierais	
or avergonzaseis	or hubieseis	avergonzado
avergonzaran	hubieran	
or avergonzasen	or hubiesen	avergonzado

futuro (Bello: futuro)	futuro perf. (Bello: antefuturo)	
avergonzare	hubiere	avergonzado
avergonzares	hubieres	avergonzado
avergonzare	hubiere	avergonzado
avergonzáremos	hubiéremos	avergonzado
avergonzareis	hubiereis	avergonzado
avergonzaren	hubieren	avergonzado

IMPERATIVE

presente	
avergüenza	tú
avergüence	él
avergoncemos	nosotros
avergonzad	vosotros
avergüencen	ellos

IMPERSONAL FORMS

infinitive	compound infinitive
avergonzar	haber avergonzado

gerund	compound gerund
avergonzando	habiendo avergonzado

participle	
avergonzado	

- **Satisface todos los requisitos.**
  It meets all the requirements.
- **Satisficieron la deuda.**
  They paid their debt.

trans. (irregular)

INDICATIVE

presente (Bello: presente)	pret. perf. comp. (Bello: antepresente)	
satisfago	he	satisfecho
satisfaces	has	satisfecho
satisface	ha	satisfecho
satisfacemos	hemos	satisfecho
satisfacéis	habéis	satisfecho
satisfacen	han	satisfecho

pret. imperf. (Bello: copretérito)	pret. pluscuamp. (Bello: antecopretérito)	
satisfacía	había	satisfecho
satisfacías	habías	satisfecho
satisfacía	había	satisfecho
satisfacíamos	habíamos	satisfecho
satisfacíais	habíais	satisfecho
satisfacían	habían	satisfecho

pret. perf. simple (Bello: pretérito)	pret. anterior (Bello: antepretérito)	
satisfice	hube	satisfecho
satisficiste	hubiste	satisfecho
satisfizo	hubo	satisfecho
satisficimos	hubimos	satisfecho
satisficisteis	hubisteis	satisfecho
satisficieron	hubieron	satisfecho

futuro (Bello: futuro)	futuro perf. (Bello: antefuturo)	
satisfaré	habré	satisfecho
satisfarás	habrás	satisfecho
satisfará	habrá	satisfecho
satisfaremos	habremos	satisfecho
satisfaréis	habréis	satisfecho
satisfarán	habrán	satisfecho

condicional (Bello: pospretérito)	condicional perf. (Bello: antepospretérito)	
satisfaría	habría	satisfecho
satisfarías	habrías	satisfecho
satisfaría	habría	satisfecho
satisfaríamos	habríamos	satisfecho
satisfaríais	habríais	satisfecho
satisfarían	habrían	satisfecho

SUBJUNCTIVE

presente (Bello: presente)	pret. perf. (Bello: antepresente)	
satisfaga	haya	satisfecho
satisfagas	hayas	satisfecho
satisfaga	haya	satisfecho
satisfagamos	hayamos	satisfecho
satisfagáis	hayáis	satisfecho
satisfagan	hayan	satisfecho

pret. imperf. (Bello: pretérito)	pret. pluscuamp. (Bello: antecopretérito)	
satisficiera	hubiera	
or satisficiese	or hubiese	satisfecho
satisficieras	hubieras	
or satisficieses	or hubieses	satisfecho
satisficiera	hubiera	
or satisficiese	or hubiese	satisfecho
satisficiéramos	hubiéramos	
or satisficiésemos	or hubiésemos	satisfecho
satisficierais	hubierais	
or satisficieseis	or hubieseis	satisfecho
satisficieran	hubieran	
or satisficiesen	or hubiesen	satisfecho

futuro (Bello: futuro)	futuro perf. (Bello: antefuturo)	
satisficiere	hubiere	satisfecho
satisficieres	hubieres	satisfecho
satisficiere	hubiere	satisfecho
satisficiéremos	hubiéremos	satisfecho
satisficiereis	hubiereis	satisfecho
satisficieren	hubieren	satisfecho

IMPERATIVE

presente	
satisfaz o satisface	tú
satisfaga	él
satisfagamos	nosotros
satisfaced	vosotros
satisfagan	ellos

IMPERSONAL FORMS

infinitive	compound infinitive
satisfacer	haber satisfecho

gerund	compound gerund
satisfaciendo	habiendo satisfecho

participle	
satisfecho	

to govern, to rule

trans. (irregular)

● **La ley de la oferta y la demanda rige el mercado.**
The law of supply and demand governs the market.
● **Este verbo rige el acusativo.**
This verb takes the accusative.

INDICATIVE

presente (Bello: presente)	pret. perf. comp. (Bello: antepresente)	
rijo	he	regido
riges	has	regido
rige	ha	regido
regimos	hemos	regido
regís	habéis	regido
rigen	han	regido

pret. imperf. (Bello: copretérito)	pret. pluscuamp. (Bello: antecopretérito)	
regía	había	regido
regías	habías	regido
regía	había	regido
regíamos	habíamos	regido
regíais	habíais	regido
regían	habían	regido

pret. perf. simple (Bello: pretérito)	pret. anterior (Bello: antepretérito)	
regí	hube	regido
registe	hubiste	regido
rigió	hubo	regido
regimos	hubimos	regido
registeis	hubisteis	regido
rigieron	hubieron	regido

futuro (Bello: futuro)	futuro perf. (Bello: antefuturo)	
regiré	habré	regido
regirás	habrás	regido
regirá	habrá	regido
regiremos	habremos	regido
regiréis	habréis	regido
regirán	habrán	regido

condicional (Bello: pospretérito)	condicional perf. (Bello: antepospretérito)	
regiría	habría	regido
regirías	habrías	regido
regiría	había	regido
regiríamos	habríamos	regido
regiríais	habríais	regido
regirían	habrían	regido

SUBJUNCTIVE

presente (Bello: presente)	pret. perf. (Bello: antepresente)	
rija	haya	regido
rijas	hayas	regido
rija	haya	regido
rijamos	hayamos	regido
rijáis	hayáis	regido
rijan	hayan	regido

pret. imperf. (Bello: pretérito)	pret. pluscuamp. (Bello: antecopretérito)	
rigiera	hubiera	
or rigiese	or hubiese	regido
rigieras	hubieras	
or rigieses	or hubieses	regido
rigiera	hubiera	
or rigiese	or hubiese	regido
rigiéramos	hubiéramos	
or rigiésemos	or hubiésemos	regido
rigierais	hubierais	
or rigieseis	or hubieseis	regido
rigieran	hubieran	
or rigiesen	or hubiesen	regido

futuro (Bello: futuro)	futuro perf. (Bello: antefuturo)	
rigiere	hubiere	regido
rigieres	hubieres	regido
rigiere	hubiere	regido
rigiéremos	hubiéremos	regido
rigiereis	hubiereis	regido
rigieren	hubieren	regido

IMPERATIVE

presente		
rige	tú	
rija	él	
rijamos	nosotros	
regid	vosotros	
rijan	ellos	

IMPERSONAL FORMS

infinitive	compound infinitive
regir	haber regido

gerund	compound gerund
rigiendo	habiendo regido

participle	
regido	

- **¿Nos sigue este perro?**
  Is this dog following us?

- **Es dificil seguir sus explicaciones.**
  It is difficult to follow his explanations.

trans. (irregular)

INDICATIVE

presente (Bello: presente)	pret. perf. comp. (Bello: antepresente)	
sigo	he	seguido
sigues	has	seguido
sigue	ha	seguido
seguimos	hemos	seguido
seguis	habéis	seguido
siguen	han	seguido

pret. imperf. (Bello: copretérito)	pret. pluscuamp. (Bello: antepretérito)	
seguía	había	seguido
seguías	habías	seguido
seguía	había	seguido
seguíamos	habíamos	seguido
seguíais	habíais	seguido
seguían	habían	seguido

pret. perf. simple (Bello: pretérito)	pret. anterior (Bello: antepretérito)	
seguí	hube	seguido
seguiste	hubiste	seguido
siguió	hubo	seguido
seguimos	hubimos	seguido
seguisteis	hubisteis	seguido
siguieron	hubieron	seguido

futuro (Bello: futuro)	futuro perf. (Bello: antefuturo)	
seguiré	habré	seguido
seguirás	habrás	seguido
seguirá	habrá	seguido
seguiremos	habremos	seguido
seguiréis	habréis	seguido
seguirán	habrán	seguido

condicional (Bello: pospretérito)	condicional perf. (Bello: antepospretérito)	
seguiría	habría	seguido
seguirías	habrías	seguido
seguiría	habría	seguido
seguiríamos	habríamos	seguido
seguiríais	habríais	seguido
seguirían	habrían	seguido

SUBJUNCTIVE

presente (Bello: presente)	pret. perf. (Bello: antepresente)	
siga	haya	seguido
sigas	hayas	seguido
siga	haya	seguido
sigamos	hayamos	seguido
sigáis	hayáis	seguido
sigan	hayan	seguido

pret. imperf. (Bello: pretérito)	pret. pluscuamp. (Bello: antecopretérito)	
siguiera or siguiese	hubiera or hubiese	seguido
siguieras or siguieses	hubieras or hubieses	seguido
siguiera or siguiese	hubiera or hubiese	seguido
siguiéramos or siguiésemos	hubiéramos or hubiésemos	seguido
siguierais or siguieseis	hubierais or hubieseis	seguido
siguieran or siguiesen	hubieran or hubiesen	seguido

futuro (Bello: futuro)	futuro perf. (Bello: antefuturo)	
siguiere	hubiere	seguido
siguieres	hubieres	seguido
siguiere	hubiere	seguido
siguiéremos	hubiéremos	seguido
siguiereis	hubiereis	seguido
siguieren	hubieren	seguido

IMPERATIVE

presente	
sigue	tú
siga	él
sigamos	nosotros
seguid	vosotros
sigan	ellos

IMPERSONAL FORMS

infinitive	compound infinitive
seguir	haber seguido

gerund	compound gerund
siguiendo	habiendo seguido

participle
seguido

69 EMBAÍR

to deceive, to trick

trans. (irregular/defective)

● **El contrato fue embaído.**
The contract was misleading.

INDICATIVE

presente (Bello: presente)		pret. perf. comp. (Bello: antepresente)	
(doesn't exist)		he	embaído
(doesn't exist)		has	embaído
(doesn't exist)		ha	embaído
embaímos		hemos	embaído
embaís		habéis	embaído
(doesn't exist)		han	embaído

pret. imperf. (Bello: copretérito)		pret. pluscuamp. (Bello: antecopretérito)	
embaía		había	embaído
embaías		habías	embaído
embaía		había	embaído
embaíamos		habíamos	embaído
embaíais		habíais	embaído
embaían		habían	embaído

pret. perf. simple (Bello: pretérito)		pret. anterior (Bello: antepretérito)	
embaí		hube	embaído
embaíste		hubiste	embaído
embayó		hubo	embaído
embaímos		hubimos	embaído
embaísteis		hubisteis	embaído
embayeron		hubieron	embaído

futuro (Bello: futuro)		futuro perf. (Bello: antefuturo)	
embairé		habré	embaído
embairás		habrás	embaído
embairá		habrá	embaído
embairemos		habremos	embaído
embairéis		habréis	embaído
embairán		habrán	embaído

condicional (Bello: pospretérito)		condicional perf. (Bello: antepospretérito)	
embairía		habría	embaído
embairías		habrías	embaído
embairía		habría	embaído
embairíamos		habríamos	embaído
embairíais		habríais	embaído
embairían		habrían	embaído

SUBJUNCTIVE

presente (Bello: presente)		pret. perf. (Bello: antepresente)	
(doesn't exist)		haya	embaído
—		hayas	embaído
—		haya	embaído
—		hayamos	embaído
—		hayáis	embaído
—		hayan	embaído

pret. imperf. (Bello: pretérito)		pret. pluscuamp. (Bello: antecopretérito)	
embayera		hubiera	
or embayese		*or* hubiese	embaído
embayeras		hubieras	
or embayeses		*or* hubieses	embaído
embayera		hubiera	
or embayese		*or* hubiese	embaído
embayéramos		hubiéramos	
or embayésemos		*or* hubiésemos	embaído
embayerais		hubierais	
or embayeseis		*or* hubieseis	embaído
embayeran		hubieran	
or embayesen		*or* hubiesen	embaído

futuro (Bello: futuro)		futuro perf. (Bello: antefuturo)	
embayere		hubiere	embaído
embayeres		hubieres	embaído
embayere		hubiere	embaído
embayéremos		hubiéremos	embaído
embayereis		hubiereis	embaído
embayeren		hubieren	embaído

IMPERATIVE

presente	
embaíd	vosotros
(the other persons are not used)	

IMPERSONAL FORMS

infinitive	compound infinitive
embaír	haber embaído

gerund	compound gerund
embayendo	habiendo embaído

participle	
embaído	

to abolish, to cancel

- **La pena de muerte fu abolida hace muchos años.**
  The death penalty was abolished a long time ago.
- **Han abolido la ley marcial.**
  They have abolished martial law.

trans. (irregular/defective)

INDICATIVE

presente (Bello: presente)	pret. perf. comp. (Bello: antepresente)	
(doesn't exist)	he	abolido
(doesn't exist)	has	abolido
(doesn't exist)	ha	abolido
abolimos	hemos	abolido
abolís	habéis	abolido
(doesn't exist)	han	abolido

pret. imperf. (Bello: copretérito)	pret. pluscuamp. (Bello: antecopretérito)	
abolía	había	abolido
abolías	habías	abolido
abolía	había	abolido
abolíamos	habíamos	abolido
abolíais	habíais	abolido
abolían	habían	abolido

pret. perf. simple (Bello: pretérito)	pret. anterior (Bello: antepretérito)	
abolí	hube	abolido
aboliste	hubiste	abolido
abolió	hubo	abolido
abolimos	hubimos	abolido
abolisteis	hubisteis	abolido
abolieron	hubieron	abolido

futuro (Bello: futuro)	futuro perf. (Bello: antefuturo)	
aboliré	habré	abolido
abolirás	habrás	abolido
abolirá	habrá	abolido
aboliremos	habremos	abolido
aboliréis	habréis	abolido
abolirán	habrán	abolido

condicional (Bello: pospretérito)	condicional perf. (Bello: antepospretérito)	
aboliría	habría	abolido
abolirías	habrías	abolido
aboliría	habría	abolido
aboliríamos	habríamos	abolido
aboliríais	habríais	abolido
abolirían	habrían	abolido

SUBJUNCTIVE

presente (Bello: presente)	pret. perf. (Bello: antepresente)	
(doesn't exist)	haya	abolido
—	hayas	abolido
—	haya	abolido
—	hayamos	abolido
—	hayáis	abolido
—	hayan	abolido

pret. imperf. (Bello: pretérito)	pret. pluscuamp. (Bello: antecopretérito)	
aboliera	hubiera	
or aboliese	or hubiese	abolido
abolieras	hubieras	
or abolieses	or hubieses	abolido
aboliera	hubiera	
or aboliese	or hubiese	abolido
aboliéramos	hubiéramos	
or aboliésemos	or hubiésemos	abolido
abolierais	hubierais	
or abolieseis	or hubieseis	abolido
abolieran	hubieran	
or aboliesen	or hubiesen	abolido

futuro (Bello: futuro)	futuro perf. (Bello: antefuturo)	
aboliere	hubiere	abolido
abolieres	hubieres	abolido
aboliere	hubiere	abolido
aboliéremos	hubiéremos	abolido
aboliereis	hubiereis	abolido
abolieren	hubieren	abolido

IMPERATIVE

presente	
abolid	vosotros
(the other persons are not used)	

IMPERSONAL FORMS

infinitive	compound infinitive
abolir	haber abolido

gerund	compound gerund
aboliendo	habiendo abolido

participle	
abolido	

71 SACAR

to take out, to pull out

trans. (spelling and
stress pattern changes)

- **Sacó un pañuelo del bolsillo.**
  He took a handkerchief out of his pocket.

- **Una película sacada de una novela.**
  A film taken from a novel.

INDICATIVE

presente (Bello: presente)	pret. perf. comp. (Bello: antepresente)	
saco	he	sacado
sacas	has	sacado
saca	ha	sacado
sacamos	hemos	sacado
sacáis	habéis	sacado
sacan	han	sacado

pret. imperf. (Bello: copretérito)	pret. pluscuamp. (Bello: antecopretérito)	
sacaba	había	sacado
sacabas	habías	sacado
sacaba	había	sacado
sacábamos	habíamos	sacado
sacabais	habíais	sacado
sacaban	habían	sacado

pret. perf. simple (Bello: pretérito)	pret. anterior (Bello: antepretérito)	
saqué	hube	sacado
sacaste	hubiste	sacado
sacó	hubo	sacado
sacamos	hubimos	sacado
sacasteis	hubisteis	sacado
sacaron	hubieron	sacado

futuro (Bello: futuro)	futuro perf. (Bello: antefuturo)	
sacaré	habré	sacado
sacarás	habrás	sacado
sacará	habrá	sacado
sacaremos	habremos	sacado
sacaréis	habréis	sacado
sacarán	habrán	sacado

condicional (Bello: pospretérito)	condicional perf. (Bello: antepospretérito)	
sacaría	habría	sacado
sacarías	habrías	sacado
sacaría	habría	sacado
sacaríamos	habríamos	sacado
sacaríais	habríais	sacado
sacarían	habrían	sacado

SUBJUNCTIVE

presente (Bello: presente)	pret. perf. (Bello: antepresente)	
saque	haya	sacado
saques	hayas	sacado
saque	haya	sacado
saquemos	hayamos	sacado
saquéis	hayáis	sacado
saquen	hayan	sacado

pret. imperf. (Bello: pretérito)	pret. pluscuamp. (Bello: antecopretérito)	
sacara	hubiera	
or sacase	or hubiese	sacado
sacaras	hubieras	
or sacases	or hubieses	sacado
sacara	hubiera	
or sacase	or hubiese	sacado
sacáramos	hubiéramos	
or sacásemos	or hubiésemos	sacado
sacarais	hubierais	
or sacaseis	or hubieseis	sacado
sacaran	hubieran	
or sacasen	or hubiesen	sacado

futuro (Bello: futuro)	futuro perf. (Bello: antefuturo)	
sacare	hubiere	sacado
sacares	hubieres	sacado
sacare	hubiere	sacado
sacáremos	hubiéremos	sacado
sacareis	hubiereis	sacado
sacaren	hubieren	sacado

IMPERATIVE

presente	
saca	tú
saque	él
saquemos	nosotros
sacad	vosotros
saquen	ellos

IMPERSONAL FORMS

infinitive	compound infinitive
sacar	haber sacado

gerund	compound gerund
sacando	habiendo sacado

participle	
sacado	

to pay

- **Su tío está pagando los estudios.**
  His uncle is paying for his studies.
- **Paga siempre al contado.**
  He always pays cash.

intrans. (spelling and stress pattern changes)

INDICATIVE

presente (Bello: presente)	pret. perf. comp. (Bello: antepresente)	
pago	he	pagado
pagas	has	pagado
paga	ha	pagado
pagamos	hemos	pagado
pagáis	habéis	pagado
pagan	han	pagado

pret. imperf. (Bello: copretérito)	pret. pluscuamp. (Bello: antecopretérito)	
pagaba	había	pagado
pagabas	habías	pagado
pagaba	había	pagado
pagábamos	habíamos	pagado
pagabais	habíais	pagado
pagaban	habían	pagado

pret. perf. simple (Bello: pretérito)	pret. anterior (Bello: antepretérito)	
pagué	hube	pagado
pagaste	hubiste	pagado
pagó	hubo	pagado
pagamos	hubimos	pagado
pagasteis	hubisteis	pagado
pagaron	hubieron	pagado

futuro (Bello: futuro)	futuro perf. (Bello: antefuturo)	
pagaré	habré	pagado
pagarás	habrás	pagado
pagará	habrá	pagado
pagaremos	habremos	pagado
pagaréis	habréis	pagado
pagarán	habrán	pagado

condicional (Bello: pospretérito)	condicional perf. (Bello: antepospretérito)	
paraía	habría	pagado
pagarías	habrías	pagado
pagaría	habría	pagado
pagaríamos	habríamos	pagado
pagaríais	habríais	pagado
pagarían	habrían	pagado

SUBJUNCTIVE

presente (Bello: presente)	pret. perf. (Bello: antepresente)	
pague	haya	pagado
pagues	hayas	pagado
pague	haya	pagado
paguemos	hayamos	pagado
paguéis	hayáis	pagado
paguen	hayan	pagado

pret. imperf. (Bello: pretérito)	pret. pluscuamp. (Bello: antecopretérito)	
pagara	hubiera	
or pagase	or hubiese	pagado
pagaras	hubieras	
or pagases	or hubieses	pagado
pagara	hubiera	
or pagase	or hubiese	pagado
pagáramos	hubiéramos	
or pagásemos	or hubiésemos	pagado
pagarais	hubierais	
or pagaseis	or hubieseis	pagado
pagaran	hubieran	
or pagasen	or hubiesen	pagado

futuro (Bello: futuro)	futuro perf. (Bello: antefuturo)	
pagare	hubiere	pagado
pagares	hubieres	pagado
pagare	hubiere	pagado
pagáremos	hubiéremos	pagado
pagareis	hubiereis	pagado
pagaren	hubieren	pagado

IMPERATIVE

presente	
paga	tú
pague	él
paguemos	nosotros
pagad	vosotros
paguen	ellos

IMPERSONAL FORMS

infinitive	compound infinitive
pagar	haber pagado

gerund	compound gerund
pagando	habiendo pagado

participle	
pagado	

to hunt, to chase

trans. (spelling and
stress pattern changes)

● **Han ido a cazar conejos.**
They have gone out to hunt rabbits.

● **Le cacé por fin en la tienda.**
I eventually ran him down in the shop.

INDICATIVE

presente (Bello: presente)	pret. perf. comp. (Bello: antepresente)	
cazo	he	cazado
cazas	has	cazado
caza	ha	cazado
cazamos	hemos	cazado
cazáis	habéis	cazado
cazan	han	cazado

pret. imperf. (Bello: copretérito)	pret. pluscuamp. (Bello: antecopretérito)	
cazaba	había	cazado
cazabas	habías	cazado
cazaba	había	cazado
cazábamos	habíamos	cazado
cazabais	habíais	cazado
cazaban	habían	cazado

pret. perf. simple (Bello: pretérito)	pret. anterior (Bello: antepretérito)	
cacé	hube	cazado
cazaste	hubiste	cazado
cazó	hubo	cazado
cazamos	hubimos	cazado
cazasteis	hubisteis	cazado
cazaron	hubieron	cazado

futuro (Bello: futuro)	futuro perf. (Bello: antefuturo)	
cazaré	habré	cazado
cazarás	habrás	cazado
cazará	habrá	cazado
cazaremos	habremos	cazado
cazaréis	habréis	cazado
cazarán	habrán	cazado

condicional (Bello: pospretérito)	condicional perf. (Bello: antepospretérito)	
cazaría	habría	cazado
cazarías	habrías	cazado
cazaría	habría	cazado
cazaríamos	habríamos	cazado
cazaríais	habríais	cazado
cazarían	habrían	cazado

SUBJUNCTIVE

presente (Bello: presente)	pret. perf. (Bello: antepresente)	
cace	haya	cazado
caces	hayas	cazado
cace	haya	cazado
cacemos	hayamos	cazado
cacéis	hayáis	cazado
cacen	hayan	cazado

pret. imperf. (Bello: pretérito)	pret. pluscuamp. (Bello: antecopretérito)	
cazara	hubiera	
or cazase	or hubiese	cazado
cazaras	hubieras	
or cazases	or hubieses	cazado
cazara	hubiera	
or cazase	or hubiese	cazado
cazáramos	hubiéramos	
or cazásemos	or hubiésemos	cazado
cazarais	hubierais	
or cazaseis	or hubieseis	cazado
cazaran	hubieran	
or cazasen	or hubiesen	cazado

futuro (Bello: futuro)	futuro perf. (Bello: antefuturo)	
cazare	hubiere	cazado
cazares	hubieres	cazado
cazare	hubiere	cazado
cazáremos	hubiéremos	cazado
cazareis	hubiereis	cazado
cazaren	hubieren	cazado

IMPERATIVE

presente	
caza	tú
cace	él
cacemos	nosotros
cazad	vosotros
cacen	ellos

IMPERSONAL FORMS

infinitive	compound infinitive
cazar	haber cazado

gerund	compound gerund
cazando	habiendo cazado

participle	
cazado	

- **Forzó una sonrisa.**
  She forced a smile.

- **Forcé a Pedro a pagar.**
  I forced Pedro to pay.

trans. (spelling and
stress pattern changes)

INDICATIVE

presente (Bello: presente)	pret. perf. comp. (Bello: antepresente)	
fuerzo	he	forzado
fuerzas	has	forzado
fuerza	ha	forzado
forzamos	hemos	forzado
forzáis	habéis	forzado
fuerzan	han	forzado

pret. imperf. (Bello: copretérito)	pret. pluscuamp. (Bello: antecopretérito)	
forzaba	había	forzado
forzabas	habías	forzado
forzaba	había	forzado
forzábamos	habíamos	forzado
forzabais	habíais	forzado
forzaban	habían	forzado

pret. perf. simple (Bello: pretérito)	pret. anterior (Bello: antepretérito)	
forcé	hube	forzado
forzaste	hubiste	forzado
forzó	hubo	forzado
forzamos	hubimos	forzado
forzasteis	hubisteis	forzado
forzaron	hubieron	forzado

futuro (Bello: futuro)	futuro perf. (Bello: antefuturo)	
forzaré	habré	forzado
forzarás	habrás	forzado
forzará	habrá	forzado
forzaremos	habremos	forzado
forzaréis	habréis	forzado
forzarán	habrán	forzado

condicional (Bello: pospretérito)	condicional perf. (Bello: antepospretérito)	
forzaría	habría	forzado
forzarías	habrías	forzado
forzaría	habría	forzado
forzaríamos	habríamos	forzado
forzaríais	habríais	forzado
forzarían	habrían	forzado

SUBJUNCTIVE

presente (Bello: presente)	pret. perf. (Bello: antepresente)	
fuerce	haya	forzado
fuerces	hayas	forzado
fuerce	haya	forzado
forcemos	hayamos	forzado
forcéis	hayáis	forzado
fuercen	hayan	forzado

pret. imperf. (Bello: pretérito)	pret. pluscuamp. (Bello: antecopretérito)	
forzara	hubiera	
or forzase	or hubiese	forzado
forzaras	hubieras	
or forzases	or hubieses	forzado
forzara	hubiera	
or forzase	or hubiese	forzado
forzáramos	hubiéramos	
or forzásemos	or hubiésemos	forzado
forzarais	hubierais	
or forzaseis	or hubieseis	forzado
forzaran	hubieran	
or forzasen	or hubiesen	forzado

futuro (Bello: futuro)	futuro perf. (Bello: antefuturo)	
forzare	hubiere	forzado
forzares	hubieres	forzado
forzare	hubiere	forzado
forzáremos	hubiéremos	forzado
forzareis	hubiereis	forzado
forzaren	hubieren	forzado

IMPERATIVE

presente	
fuerza	tú
fuerce	él
forcemos	nosotros
forzad	vosotros
fuercen	ellos

IMPERSONAL FORMS

infinitive	compound infinitive
forzar	haber forzado

gerund	compound gerund
forzando	habiendo forzado

participle	
forzado	

75 GUIAR

to guide

trans. (spelling and stress pattern changes)

- **Guiamos a unos turistas.**
  We guided some tourists.
- **Las huellas les guiaron hasta la cueva.**
  The tracks led them to the cave.

INDICATIVE

presente (Bello: presente)		pret. perf. comp. (Bello: antepresente)	
guío		he	guiado
guías		has	guiado
guía		ha	guiado
guiamos		hemos	guiado
guiáis		habéis	guiado
guían		han	guiado

pret. imperf. (Bello: copretérito)		pret. pluscuamp. (Bello: antecopretérito)	
guiaba		había	guiado
guiabas		habías	guiado
guiaba		había	guiado
guiábamos		habíamos	guiado
guiabais		habíais	guiado
guiaban		habían	guiado

pret. perf. simple (Bello: pretérito)		pret. anterior (Bello: antepretérito)	
guié		hube	guiado
guiaste		hubiste	guiado
guió		hubo	guiado
guiamos		hubimos	guiado
guiasteis		hubisteis	guiado
guiaron		hubieron	guiado

futuro (Bello: futuro)		futuro perf. (Bello: antefuturo)	
guiaré		habré	guiado
guiarás		habrás	guiado
guiará		habrá	guiado
guiaremos		habremos	guiado
guiaréis		habréis	guiado
guiarán		habrán	guiado

condicional (Bello: pospretérito)		condicional perf. (Bello: antepospretérito)	
guiaría		habría	guiado
guiarías		habrías	guiado
guiaría		habría	guiado
guiaríamos		habríamos	guiado
guiaríais		habríais	guiado
guiarían		habrían	guiado

SUBJUNCTIVE

presente (Bello: presente)		pret. perf. (Bello: antepresente)	
guíe		haya	guiado
guíes		hayas	guiado
guíe		haya	guiado
guiemos		hayamos	guiado
guiéis		hayáis	guiado
guíen		hayan	guiado

pret. imperf. (Bello: pretérito)		pret. pluscuamp. (Bello: antecopretérito)	
guiara or guiase		hubiera or hubiese	guiado
guiaras or guiases		hubieras or hubieses	guiado
guiara or guiase		hubiera or hubiese	guiado
guiáramos or guiásemos		hubiéramos or hubiésemos	guiado
guiarais or guiaseis		hubierais or hubieseis	guiado
guiaran or guiasen		hubieran or hubiesen	guiado

futuro (Bello: futuro)		futuro perf. (Bello: antefuturo)	
guiare		hubiere	guiado
guiares		hubieres	guiado
guiare		hubiere	guiado
guiáremos		hubiéremos	guiado
guiareis		hubiereis	guiado
guiaren		hubieren	guiado

IMPERATIVE

presente	
guía	tú
guíe	él
guiemos	nosotros
guiad	vosotros
guíen	ellos

IMPERSONAL FORMS

infinitive	compound infinitive
guiar	haber guiado

gerund	compound gerund
guiando	habiendo guiado

participle	
guiado	

trans. (spelling and stress pattern changes)

- **Actúa de secretario.**
  She acts as a secretary.

- **Ha actuado muy mal en este asunto.**
  He has acted very badly in this matter.

INDICATIVE

presente (Bello: presente)	pret. perf. comp. (Bello: antepresente)	
actúo	he	actuado
actúas	has	actuado
actúa	ha	actuado
actuamos	hemos	actuado
actuáis	habéis	actuado
actúan	han	actuado

pret. imperf. (Bello: copretérito)	pret. pluscuamp. (Bello: antecopretérito)	
actuaba	había	actuado
actuabas	habías	actuado
actuaba	había	actuado
actuábamos	habíamos	actuado
actuabais	habíais	actuado
actuaban	habían	actuado

pret. perf. simple (Bello: pretérito)	pret. anterior (Bello: antepretérito)	
actué	hube	actuado
actuaste	hubiste	actuado
actuó	hubo	actuado
actuamos	hubimos	actuado
actuasteis	hubisteis	actuado
actuaron	hubieron	actuado

futuro (Bello: futuro)	futuro perf. (Bello: antefuturo)	
actuaré	habré	actuado
actuarás	habrás	actuado
actuará	habrá	actuado
actuaremos	habremos	actuado
actuaréis	habréis	actuado
actuarán	habrán	actuado

condicional (Bello: pospretérito)	condicional perf. (Bello: antepospretérito)	
actuaría	habría	actuado
actuarías	habrías	actuado
actuaría	habría	actuado
actuaríamos	habríamos	actuado
actuaríais	habríais	actuado
actuarían	habrían	actuado

SUBJUNCTIVE

presente (Bello: presente)	pret. perf. (Bello: antepresente)	
actúe	haya	actuado
actúes	hayas	actuado
actúe	haya	actuado
actuemos	hayamos	actuado
actuéis	hayáis	actuado
actúen	hayan	actuado

pret. imperf. (Bello: pretérito)	pret. pluscuamp. (Bello: antecopretérito)	
actuara	hubiera	
or actuase	or hubiese	actuado
actuaras	hubieras	
or actuases	or hubieses	actuado
actuara	hubiera	
or actuase	or hubiese	actuado
actuáramos	hubiéramos	
or actuásemos	or hubiésemos	actuado
actuarais	hubierais	
or actuaseis	or hubieseis	actuado
actuaran	hubieran	
or actuasen	or hubiesen	actuado

futuro (Bello: futuro)	futuro perf. (Bello: antefuturo)	
actuare	hubiere	actuado
actuares	hubieres	actuado
actuare	hubiere	actuado
actuáremos	hubiéremos	actuado
actuareis	hubiereis	actuado
actuaren	hubieren	actuado

IMPERATIVE

presente	
actúa	tú
actúe	él
actuemos	nosotros
actuad	vosotros
actúen	ellos

IMPERSONAL FORMS

infinitive	compound infinitive
actuar	haber actuado

gerund	compound gerund
actuando	habiendo actuado

participle
actuado

to check, to verify

trans. (spelling and stress pattern changes)

- **Voy a averiguar lo que ha sucedido.**
  I am going to ascertain what has happened.
- **Averiguó las señas de Jaime y Felipe.**
  She found out the address of Jaime and Felipe.

INDICATIVE

presente (Bello: presente)	pret. perf. comp. (Bello: antepresente)	
averiguo	he	averiguado
averiguas	has	averiguado
averigua	ha	averiguado
averiguamos	hemos	averiguado
averiguáis	habéis	averiguado
averiguan	han	averiguado

pret. imperf. (Bello: copretérito)	pret. pluscuamp. (Bello: antecopretérito)	
averiguaba	había	averiguado
averiguabas	habías	averiguado
averiguaba	había	averiguado
averiguábamos	habíamos	averiguado
averiguabais	habíais	averiguado
averiguaban	habían	averiguado

pret. perf. simple (Bello: pretérito)	pret. anterior (Bello: antepretérito)	
averigüé	hube	averiguado
averiguaste	hubiste	averiguado
averiguó	hubo	averiguado
averiguamos	hubimos	averiguado
averiguasteis	hubisteis	averiguado
averiguaron	hubieron	averiguado

futuro (Bello: futuro)	futuro perf. (Bello: antefuturo)	
averiguaré	habré	averiguado
averiguarás	habrás	averiguado
averiguará	habrá	averiguado
averiguaremos	habremos	averiguado
averiguaréis	habréis	averiguado
averiguarán	habrán	averiguado

condicional (Bello: pospretérito)	condicional perf. (Bello: antepospretérito)	
averiguaría	habría	averiguado
averiguarías	habrías	averiguado
averiguaría	habría	averiguado
averiguaríamos	habríamos	averiguado
averiguaríais	habríais	averiguado
averiguarían	habrían	averiguado

SUBJUNCTIVE

presente (Bello: presente)	pret. perf. (Bello: antepresente)	
averigüe	haya	averiguado
averigües	hayas	averiguado
averigüe	haya	averiguado
averigüemos	hayamos	averiguado
averigüéis	hayáis	averiguado
averigüen	hayan	averiguado

pret. imperf. (Bello: pretérito)	pret. pluscuamp. (Bello: antecopretérito)	
averiguara	hubiera	
or averiguase	or hubiese	averiguado
averiguaras	hubieras	
or averiguases	or hubieses	averiguado
averiguara	hubiera	
or averiguase	or hubiese	averiguado
averiguáramos	hubiéramos	
or averiguásemos	or hubiésemos	averiguado
averiguarais	hubierais	
or averiguaseis	or hubieseis	averiguado
averiguaran	hubieran	
or averiguasen	or hubiesen	averiguado

futuro (Bello: futuro)	futuro perf. (Bello: antefuturo)	
averiguare	hubiere	averiguado
averiguares	hubieres	averiguado
averiguare	hubiere	averiguado
averiguáremos	hubiéremos	averiguado
averiguareis	hubiereis	averiguado
averiguaren	hubieren	averiguado

IMPERATIVE

presente	
averigua	tú
averigüe	él
averigüemos	nosotros
averiguad	vosotros
averigüen	ellos

IMPERSONAL FORMS

infinitive	compound infinitive
averiguar	haber averiguado

gerund	compound gerund
averiguando	habiendo averiguado

participle	
averiguado	

trans. (spelling and stress pattern changes)

- **El profesor se ha airado con los alumnos.**
  The teacher got annoyed with the students.

- **Se fue airado.**
  He left very angry.

INDICATIVE

presente (Bello: presente)		pret. perf. comp. (Bello: antepresente)	
aíro		he	airado
aíras		has	airado
aíra		ha	airado
airamos		hemos	airado
airáis		habéis	airado
aíran		han	airado

pret. imperf. (Bello: copretérito)		pret. pluscuamp. (Bello: antecopretérito)	
airaba		había	airado
airabas		habías	airado
airaba		había	airado
airábamos		habíamos	airado
airabais		habíais	airado
airaban		habían	airado

pret. perf. simple (Bello: pretérito)		pret. anterior (Bello: antepretérito)	
airé		hube	airado
airaste		hubiste	airado
airó		hubo	airado
airamos		hubimos	airado
airasteis		hubisteis	airado
airaron		hubieron	airado

futuro (Bello: futuro)		futuro perf. (Bello: antefuturo)	
airaré		habré	airado
airarás		habrás	airado
airará		habrá	airado
airaremos		habremos	airado
airaréis		habréis	airado
airarán		habrán	airado

condicional (Bello: pospretérito)		condicional perf. (Bello: antepospretérito)	
airaría		habría	airado
airarías		habrías	airado
airaría		habría	airado
airaríamos		habríamos	airado
airaríais		habríais	airado
airarían		habrían	airado

SUBJUNCTIVE

presente (Bello: presente)		pret. perf. (Bello: antepresente)	
aíre		haya	airado
aíres		hayas	airado
aíre		haya	airado
airemos		hayamos	airado
airéis		hayáis	airado
aíren		hayan	airado

pret. imperf. (Bello: pretérito)		pret. pluscuamp. (Bello: antecopretérito)	
airara		hubiera	
or airase		or hubiese	airado
airaras		hubieras	
or airases		or hubieses	airado
airara		hubiera	
or airase		or hubiese	airado
airáramos		hubiéramos	
or airásemos		or hubiésemos	airado
airarais		hubierais	
or airaseis		or hubieseis	airado
airaran		hubieran	
or airasen		or hubiesen	airado

futuro (Bello: futuro)		futuro perf. (Bello: antefuturo)	
airare		hubiere	airado
airares		hubieres	airado
airare		hubiere	airado
airáremos		hubiéremos	airado
airareis		hubiereis	airado
airaren		hubieren	airado

IMPERATIVE

presente	
aíra	tú
aíre	él
airemos	nosotros
airad	vosotros
aíren	ellos

IMPERSONAL FORMS

infinitive	compound infinitive
airar	haber airado

gerund	compound gerund
airando	habiendo airado

participle	
airado	

to urge, to press

trans. (spelling and
stress pattern changes)

● **Su madre le ahincaba para que encontrara trabajo.**
His mother urged him to find work.

INDICATIVE

presente (Bello: presente)		pret. perf. comp. (Bello: antepresente)	
ahínco		he	ahincado
ahíncas		has	ahincado
ahínca		ha	ahincado
ahincamos		hemos	ahincado
ahincáis		habéis	ahincado
ahíncan		han	ahincado

pret. imperf. (Bello: copretérito)		pret. pluscuamp. (Bello: antecopretérito)	
ahincaba		había	ahincado
ahincabas		habías	ahincado
ahincaba		había	ahincado
ahincábamos		habíamos	ahincado
ahincabais		habíais	ahincado
ahincaban		habían	ahincado

pret. perf. simple (Bello: pretérito)		pret. anterior (Bello: antepretérito)	
ahinqué		hube	ahincado
ahincaste		hubiste	ahincado
ahincó		hubo	ahincado
ahincamos		hubimos	ahincado
ahincasteis		hubisteis	ahincado
ahincaron		hubieron	ahincado

futuro (Bello: futuro)		futuro perf. (Bello: antefuturo)	
ahincaré		habré	ahincado
ahincarás		habrás	ahincado
ahincará		habrá	ahincado
ahincaremos		habremos	ahincado
ahincaréis		habréis	ahincado
ahincarán		habrán	ahincado

condicional (Bello: pospretérito)		condicional perf. (Bello: antepospretérito)	
ahincaría		habría	ahincado
ahincarías		habrías	ahincado
ahincaría		habría	ahincado
ahincaríamos		habríamos	ahincado
ahincaríais		habríais	ahincado
ahincarían		habrían	ahincado

SUBJUNCTIVE

presente (Bello: presente)		pret. perf. (Bello: antepresente)	
ahínque		haya	ahincado
ahínques		hayas	ahincado
ahínque		haya	ahincado
ahinquemos		hayamos	ahincado
ahinquéis		hayáis	ahincado
ahínquen		hayan	ahincado

pret. imperf. (Bello: pretérito)		pret. pluscuamp. (Bello: antecopretérito)	
ahincara		hubiera	
or ahincase		or hubiese	ahincado
ahincaras		hubieras	
or ahincases		or hubieses	ahincado
ahincara		hubiera	
or ahincase		or hubiese	ahincado
ahincáramos		hubiéramos	
or ahincásemos		or hubiésemos	ahincado
ahincarais		hubierais	
or ahincaseis		or hubieseis	ahincado
ahincaran		hubieran	
or ahincasen		or hubiesen	ahincado

futuro (Bello: futuro)		futuro perf. (Bello: antefuturo)	
ahincare		hubiere	ahincado
ahincares		hubieres	ahincado
ahincare		hubiere	ahincado
ahincáremos		hubiéremos	ahincado
ahincareis		hubiereis	ahincado
ahincaren		hubieren	ahincado

IMPERATIVE

presente	
ahínca	tú
ahínque	él
ahinquemos	nosotros
ahincad	vosotros
ahínquen	ellos

IMPERSONAL FORMS

infinitive	compound infinitive
ahincar	haber ahincado

gerund	compound gerund
ahincando	habiendo ahincado

participle	
ahincado	

to cultivate figs

● **Los campesinos cabrahigan en otoño.**
The farmers plant fig trees in the autumn.

trans. (spelling and
stress pattern changes)

INDICATIVE

presente (Bello: presente)	pret. perf. comp. (Bello: antepresente)	
cabrahígo	he	cabrahigado
cabrahígas	has	cabrahigado
cabrahíga	ha	cabrahigado
cabrahigamos	hemos	cabrahigado
cabrahigáis	habéis	cabrahigado
cabrahígan	han	cabrahigado

pret. imperf. (Bello: copretérito)	pret. pluscuamp. (Bello: antecopretérito)	
cabrahigaba	había	cabrahigado
cabrahigabas	habías	cabrahigado
cabrahigaba	había	cabrahigado
cabrahigábamos	habíamos	cabrahigado
cabrahigabais	habíais	cabrahigado
cabrahigaban	habían	cabrahigado

pret. perf. simple (Bello: pretérito)	pret. anterior (Bello: antepretérito)	
cabrahigué	hube	cabrahigado
cabrahigaste	hubiste	cabrahigado
cabrahigó	hubo	cabrahigado
cabrahigamos	hubimos	cabrahigado
cabrahigasteis	hubisteis	cabrahigado
cabrahigaron	hubieron	cabrahigado

futuro (Bello: futuro)	futuro perf. (Bello: antefuturo)	
cabrahigaré	habré	cabrahigado
cabrahigarás	habrás	cabrahigado
cabrahigará	habrá	cabrahigado
cabrahigaremos	habremos	cabrahigado
cabrahigaréis	habréis	cabrahigado
cabrahigarán	habrán	cabrahigado

condicional (Bello: pospretérito)	condicional perf. (Bello: antepospretérito)	
cabrahigaría	habría	cabrahigado
cabrahigarías	habrías	cabrahigado
cabrahigaría	habría	cabrahigado
cabrahigaríamos	habríamos	cabrahigado
cabrahigaríais	habríais	cabrahigado
cabrahigarían	habrían	cabrahigado

SUBJUNCTIVE

presente (Bello: presente)	pret. perf. (Bello: antepresente)	
cabrahígue	haya	cabrahigado
cabrahígues	hayas	cabrahigado
cabrahígue	haya	cabrahigado
cabrahiguemos	hayamos	cabrahigado
cabrahiguéis	hayáis	cabrahigado
cabrahíguen	hayan	cabrahigado

pret. imperf. (Bello: pretérito)	pret. pluscuamp. (Bello: antecopretérito)	
cabrahigara	hubiera	
or cabrahigase	or hubiese	cabrahigado
cabrahigaras	hubieras	
or cabrahigases	or hubieses	cabrahigado
cabrahigara	hubiera	
or cabrahigase	or hubiese	cabrahigado
cabrahigáramos	hubiéramos	
or cabrahigásemos	or hubiésemos	cabrahigado
cabrahigarais	hubierais	
or cabrahigaseis	or hubieseis	cabrahigado
cabrahigaran	hubieran	
or cabrahigasen	or hubiesen	cabrahigado

futuro (Bello: futuro)	futuro perf. (Bello: antefuturo)	
cabrahigare	hubiere	cabrahigado
cabrahigares	hubieres	cabrahigado
cabrahigare	hubiere	cabrahigado
cabrahigáremos	hubiéremos	cabrahigado
cabrahigareis	hubiereis	cabrahigado
cabrahigaren	hubieren	cabrahigado

IMPERATIVE

presente		
cabrahíga	tú	
cabrahígue	él	
cabrahiguemos	nosotros	
cabrahigad	vosotros	
cabrahíguen	ellos	

IMPERSONAL FORMS

infinitive	compound infinitive
cabrahigar	haber cabrahigado

gerund	compound gerund
cabrahigando	habiendo cabrahigado

participle	
cabrahigado	

ENRAIZAR
to take root

intrans. (spelling and
stress pattern changes)

● **Estas ideas están enraizadas en la cultura.**
These ideas are rooted in the culture.

INDICATIVE

presente (Bello: presente)	pret. perf. comp. (Bello: antepresente)	
enraízo	he	enraizado
enraízas	has	enraizado
enraíza	ha	enraizado
enraizamos	hemos	enraizado
enraizáis	habéis	enraizado
enraízan	han	enraizado

pret. imperf. (Bello: copretérito)	pret. pluscuamp. (Bello: antecopretérito)	
enraizaba	había	enraizado
enraizabas	habías	enraizado
enraizaba	había	enraizado
enraizábamos	habíamos	enraizado
enraizabais	habíais	enraizado
enraizaban	habían	enraizado

pret. perf. simple (Bello: pretérito)	pret. anterior (Bello: antepretérito)	
enraicé	hube	enraizado
enraizaste	hubiste	enraizado
enraizó	hubo	enraizado
enraizamos	hubimos	enraizado
enraizasteis	hubisteis	enraizado
enraizaron	hubieron	enraizado

futuro (Bello: futuro)	futuro perf. (Bello: antefuturo)	
enraizaré	habré	enraizado
enraizarás	habrás	enraizado
enraizará	habrá	enraizado
enraizaremos	habremos	enraizado
enraizaréis	habréis	enraizado
enraizarán	habrán	enraizado

condicional (Bello: pospretérito)	condicional perf. (Bello: antepospretérito)	
enraizaría	habría	enraizado
enraizarías	habrías	enraizado
enraizaría	habría	enraizado
enraizaríamos	habríamos	enraizado
enraizaríais	habríais	enraizado
enraizarían	habrían	enraizado

SUBJUNCTIVE

presente (Bello: presente)	pret. perf. (Bello: antepresente)	
enraíce	haya	enraizado
enraíces	hayas	enraizado
enraíce	haya	enraizado
enraicemos	hayamos	enraizado
enraicéis	hayáis	enraizado
enraícen	hayan	enraizado

pret. imperf. (Bello: pretérito)	pret. pluscuamp. (Bello: antecopretérito)	
enraizara or enraizase	hubiera or hubiese	enraizado
enraizaras or enraizases	hubieras or hubieses	enraizado
enraizara or enraizase	hubiera or hubiese	enraizado
enraizáramos or enraizásemos	hubiéramos or hubiésemos	enraizado
enraizarais or enraizaseis	hubierais or hubieseis	enraizado
enraizaran or enraizasen	hubieran or hubiesen	enraizado

futuro (Bello: futuro)	futuro perf. (Bello: antefuturo)	
enraizare	hubiere	enraizado
enraizares	hubieres	enraizado
enraizare	hubiere	enraizado
enraizáremos	hubiéremos	enraizado
enraizareis	hubiereis	enraizado
enraizaren	hubieren	enraizado

IMPERATIVE

presente	
enraíza	tú
enraíce	él
enraicemos	nosotros
enraizad	vosotros
enraícen	ellos

IMPERSONAL FORMS

infinitive	compound infinitive
enraizar	haber enraizado

gerund	compound gerund
enraizando	habiendo enraizado

participle	
enraizado	

- **Los lobos aúllan con la luna llena.**
  Wolves howl at the full moon.

intrans. (spelling and
stress pattern changes)

INDICATIVE

presente (Bello: presente)	pret. perf. comp. (Bello: antepresente)	
aúllo	he	aullado
aúllas	has	aullado
aúlla	ha	aullado
aullamos	hemos	aullado
aulláis	habéis	aullado
aúllan	han	aullado

pret. imperf. (Bello: copretérito)	pret. pluscuamp. (Bello: antecopretérito)	
aullaba	había	aullado
aullabas	habías	aullado
aullaba	había	aullado
aullábamos	habíamos	aullado
aullabais	habíais	aullado
aullaban	habían	aullado

pret. perf. simple (Bello: pretérito)	pret. anterior (Bello: antepretérito)	
aullé	hube	aullado
aullaste	hubiste	aullado
aulló	hubo	aullado
aullamos	hubimos	aullado
aullasteis	hubisteis	aullado
aullaron	hubieron	aullado

futuro (Bello: futuro)	futuro perf. (Bello: antefuturo)	
aullaré	habré	aullado
aullarás	habrás	aullado
aullará	habrá	aullado
aullaremos	habremos	aullado
aullaréis	habréis	aullado
aullarán	habrán	aullado

condicional (Bello: pospretérito)	condicional perf. (Bello: antepospretérito)	
aullaría	habría	aullado
aullarías	habrías	aullado
aullaría	habría	aullado
aullaríamos	habríamos	aullado
aullaríais	habríais	aullado
aullarían	habrían	aullado

SUBJUNCTIVE

presente (Bello: presente)	pret. perf. (Bello: antepresente)	
aúlle	haya	aullado
aúlles	hayas	aullado
aúlle	haya	aullado
aullemos	hayamos	aullado
aulléis	hayáis	aullado
aúllen	hayan	aullado

pret. imperf. (Bello: pretérito)	pret. pluscuamp. (Bello: antecopretérito)	
aullara or aullase	hubiera or hubiese	aullado
aullaras or aullases	hubieras or hubieses	aullado
aullara or aullase	hubiera or hubiese	aullado
aulláramos or aullásemos	hubiéramos or hubiésemos	aullado
aullarais or aullaseis	hubierais or hubieseis	aullado
aullaran or aullasen	hubieran or hubiesen	aullado

futuro (Bello: futuro)	futuro perf. (Bello: antefuturo)	
aullare	hubiere	aullado
aullares	hubieres	aullado
aullare	hubiere	aullado
aulláremos	hubiéremos	aullado
aullareis	hubiereis	aullado
aullaren	hubieren	aullado

IMPERATIVE

presente	
aúlla	tú
aúlle	él
aullemos	nosotros
aullad	vosotros
aúllen	ellos

IMPERSONAL FORMS

infinitive	compound infinitive
aullar	haber aullado

gerund	compound gerund
aullando	habiendo aullado

participle
aullado

83 MECER

to rock, to shake

trans. (spelling and stress pattern changes)

- **La madre mece a su niño.**
  The mother rocks her child.

- **Su hermana ha mecido la cuna.**
  His sister rocked the cradle.

INDICATIVE

presente (Bello: presente)		pret. perf. comp. (Bello: antepresente)	
mezo		he	mecido
meces		has	mecido
mece		ha	mecido
mecemos		hemos	mecido
mecéis		habéis	mecido
mecen		han	mecido

pret. imperf. (Bello: copretérito)		pret. pluscuamp. (Bello: antecopretérito)	
mecía		había	mecido
mecías		habías	mecido
mecía		había	mecido
mecíamos		habíamos	mecido
mecíais		habíais	mecido
mecían		habían	mecido

pret. perf. simple (Bello: pretérito)		pret. anterior (Bello: antepretérito)	
mecí		hube	mecido
meciste		hubiste	mecido
meció		hubo	mecido
mecimos		hubimos	mecido
mecisteis		hubisteis	mecido
mecieron		hubieron	mecido

futuro (Bello: futuro)		futuro perf. (Bello: antefuturo)	
meceré		habré	mecido
mecerás		habrás	mecido
mecerá		habrá	mecido
meceremos		habremos	mecido
meceréis		habréis	mecido
mecerán		habrán	mecido

condicional (Bello: pospretérito)		condicional perf. (Bello: antepospretérito)	
mecería		habría	mecido
mecerías		habrías	mecido
mecería		habría	mecido
meceríamos		habríamos	mecido
meceríais		habríais	mecido
mecerían		habrían	mecido

SUBJUNCTIVE

presente (Bello: presente)		pret. perf. (Bello: antepresente)	
meza		haya	mecido
mezas		hayas	mecido
meza		haya	mecido
mezamos		hayamos	mecido
mezáis		hayáis	mecido
mezan		hayan	mecido

pret. imperf. (Bello: pretérito)		pret. pluscuamp. (Bello: antecopretérito)	
meciera		hubiera	
or meciese		or hubiese	mecido
mecieras		hubieras	
or mecieses		or hubieses	mecido
meciera		hubiera	
or meciese		or hubiese	mecido
meciéramos		hubiéramos	
or meciésemos		or hubiésemos	mecido
mecierais		hubierais	
or mecieseis		or hubieseis	mecido
mecieran		hubieran	
or meciesen		or hubiesen	mecido

futuro (Bello: futuro)		futuro perf. (Bello: antefuturo)	
meciere		hubiere	mecido
mecieres		hubieres	mecido
meciere		hubiere	mecido
meciéremos		hubiéremos	mecido
meciereis		hubiereis	mecido
mecieren		hubieren	mecido

IMPERATIVE

presente	
mece	tú
meza	él
mezamos	nosotros
meced	vosotros
mezan	ellos

IMPERSONAL FORMS

infinitive	compound infinitive
mecer	haber mecido

gerund	compound gerund
meciendo	habiendo mecido

participle
mecido

trans. (spelling and
stress pattern changes)

- **El gobierno protege los derechos de los ciudadanos.**
  The government protects the citizen's rights.

- **¡Que Dios te proteja!**
  May God protect you!

INDICATIVE

presente (Bello: presente)	pret. perf. comp. (Bello: antepresente)	
protejo	he	protegido
proteges	has	protegido
protege	ha	protegido
protegemos	hemos	protegido
protegéis	habéis	protegido
protegen	han	protegido

pret. imperf. (Bello: copretérito)	pret. pluscuamp. (Bello: antecopretérito)	
protegía	había	protegido
protegías	habías	protegido
protegía	había	protegido
protegíamos	habíamos	protegido
protegíais	habíais	protegido
protegían	habían	protegido

pret. perf. simple (Bello: pretérito)	pret. anterior (Bello: antepretérito)	
protegí	hube	protegido
protegiste	hubiste	protegido
protegió	hubo	protegido
protegimos	hubimos	protegido
protegisteis	hubisteis	protegido
protegieron	hubieron	protegido

futuro (Bello: futuro)	futuro perf. (Bello: antefuturo)	
protegeré	habré	protegido
protegerás	habrás	protegido
protegerá	habrá	protegido
protegeremos	habremos	protegido
protegeréis	habréis	protegido
protegerán	habrán	protegido

condicional (Bello: pospretérito)	condicional perf. (Bello: antepospretérito)	
protegería	habría	protegido
protegerías	habrías	protegido
protegería	habría	protegido
protegeríamos	habríamos	protegido
protegeríais	habríais	protegido
protegerían	habrían	protegido

SUBJUNCTIVE

presente (Bello: presente)	pret. perf. (Bello: antepresente)	
proteja	haya	protegido
protejas	hayas	protegido
proteja	haya	protegido
protejamos	hayamos	protegido
protejáis	hayáis	protegido
protejan	hayan	protegido

pret. imperf. (Bello: pretérito)	pret. pluscuamp. (Bello: antecopretérito)	
protegiera	hubiera	
or protegiese	or hubiese	protegido
protegieras	hubieras	
or protegieses	or hubieses	protegido
protegiera	hubiera	
or protegiese	or hubiese	protegido
protegiéramos	hubiéramos	
or protegiésemos	or hubiésemos	protegido
protegierais	hubierais	
or protegieseis	or hubieseis	protegido
protegieran	hubieran	
or protegiesen	or hubiesen	protegido

futuro (Bello: futuro)	futuro perf. (Bello: antefuturo)	
protegiere	hubiere	protegido
protegieres	hubieres	protegido
protegiere	hubiere	protegido
protegiéremos	hubiéremos	protegido
protegiereis	hubiereis	protegido
protegieren	hubieren	protegido

IMPERATIVE

presente	
protege	tú
proteja	él
protejamos	nosotros
proteged	vosotros
protejan	ellos

IMPERSONAL FORMS

infinitive	compound infinitive
proteger	haber protegido

gerund	compound gerund
protegiendo	habiendo protegido

participle	
protegido	

85 ZURCIR

to darn, to mend

trans. (spelling and stress pattern changes)

- **Zurcía calcetines.**
  She was darning socks.

- **Tiró el jersey zurcido.**
  He threw out the darned sweater.

INDICATIVE

presente (Bello: presente)	pret. perf. comp. (Bello: antepresente)	
zurzo	he	zurcido
zurces	has	zurcido
zurce	ha	zurcido
zurcimos	hemos	zurcido
zurcís	habéis	zurcido
zurcen	han	zurcido

pret. imperf. (Bello: copretérito)	pret. pluscuamp. (Bello: antecopretérito)	
zurcía	había	zurcido
zurcías	habías	zurcido
zurcía	había	zurcido
zurcíamos	habíamos	zurcido
zurcíais	habíais	zurcido
zurcían	habían	zurcido

pret. perf. simple (Bello: pretérito)	pret. anterior (Bello: antepretérito)	
zurcí	hube	zurcido
zurciste	hubiste	zurcido
zurció	hubo	zurció
zurcimos	hubimos	zurcido
zurcisteis	hubisteis	zurcido
zurcieron	hubieron	zurcido

futuro (Bello: futuro)	futuro perf. (Bello: antefuturo)	
zurciré	habré	zurcido
zurcirás	habrás	zurcido
zurcirá	habrá	zurcido
zurciremos	habremos	zurcido
zurciréis	habréis	zurcido
zurcirán	habrán	zurcido

condicional (Bello: pospretérito)	condicional perf. (Bello: antepospretérito)	
zurciría	habría	zurcido
zurcirías	habrías	zurcido
zurciría	habría	zurcido
zurciríamos	habríamos	zurcido
zurciríais	habríais	zurcido
zurcirían	habrían	zurcido

SUBJUNCTIVE

presente (Bello: presente)	pret. perf. (Bello: antepresente)	
zurza	haya	zurcido
zurzas	hayas	zurcido
zurza	haya	zurcido
zurzamos	hayamos	zurcido
zurzáis	hayáis	zurcido
zurzan	hayan	zurcido

pret. imperf. (Bello: pretérito)	pret. pluscuamp. (Bello: antecopretérito)	
zurciera	hubiera	
or zurciese	or hubiese	zurcido
zurcieras	hubieras	
or zurcieses	or hubieses	zurcido
zurciera	hubiera	
or zurciese	or hubiese	zurcido
zurciéramos	hubiéramos	
or zurciésemos	or hubiésemos	zurcido
zurcierais	hubierais	
or zurcieseis	or hubieseis	zurcido
zurcieran	hubieran	
or zurciesen	or hubiesen	zurcido

futuro (Bello: futuro)	futuro perf. (Bello: antefuturo)	
zurciere	hubiere	zurcido
zurcieres	hubieres	zurcido
zurciere	hubiere	zurcido
zurciéremos	hubiéremos	zurcido
zurciereis	hubiereis	zurcido
zurcieren	hubieren	zurcido

IMPERATIVE

presente	
zurce	tú
zurza	él
zurzamos	nosotros
zurcid	vosotros
zurzan	ellos

IMPERSONAL FORMS

infinitive	compound infinitive
zurcir	haber zurcido

gerund	compound gerund
zurciendo	habiendo zurcido

participle
zurcido

- **Dirigió la pistola hacia el ladrón.**
  He pointed the revolver at the thief.
- **Me dirigió a la estación.**
  She directed me to the station.

trans. (spelling and
stress pattern changes)

INDICATIVE

presente (Bello: presente)	pret. perf. comp. (Bello: antepresente)	
dirijo	he	dirigido
diriges	has	dirigido
dirige	ha	dirigido
dirigimos	hemos	dirigido
dirigis	habéis	dirigido
dirigen	han	dirigido

pret. imperf. (Bello: copretérito)	pret. pluscuamp. (Bello: antecopretérito)	
dirigía	había	dirigido
dirigías	habías	dirigido
dirigía	había	dirigido
dirigíamos	habíamos	dirigido
dirigíais	habíais	dirigido
dirigían	habían	dirigido

pret. perf. simple (Bello: pretérito)	pret. anterior (Bello: antepretérito)	
dirigí	hube	dirigido
dirigiste	hubiste	dirigido
dirigió	hubo	dirigido
dirigimos	hubimos	dirigido
dirigisteis	hubisteis	dirigido
dirigieron	hubieron	dirigido

futuro (Bello: futuro)	futuro perf. (Bello: antefuturo)	
dirigiré	habré	dirigido
dirigirás	habrás	dirigido
dirigirá	habrá	dirigido
dirigiremos	habremos	dirigido
dirigiréis	habréis	dirigido
dirigirán	habrán	dirigido

condicional (Bello: pospretérito)	condicional perf. (Bello: antepospretérito)	
dirigiría	habría	dirigido
dirigirías	habrías	dirigido
dirigiría	habría	dirigido
dirigiríamos	habríamos	dirigido
dirigiríais	habríais	dirigido
dirigirían	habrían	dirigido

SUBJUNCTIVE

presente (Bello: presente)	pret. perf. (Bello: antepresente)	
dirija	haya	dirigido
dirijas	hayas	dirigido
dirija	haya	dirigido
dirijamos	hayamos	dirigido
dirijáis	hayáis	dirigido
dirijan	hayan	dirigido

pret. imperf. (Bello: pretérito)	pret. pluscuamp. (Bello: antecopretérito)	
dirigiera or dirigiese	hubiera or hubiese	dirigido
dirigieras or dirigieses	hubieras or hubieses	dirigido
dirigiera or dirigiese	hubiera or hubiese	dirigido
dirigiéramos or dirigiésemos	hubiéramos or hubiésemos	dirigido
dirigierais or dirigieseis	hubierais or hubieseis	dirigido
dirigieran or dirigiesen	hubieran or hubiesen	dirigido

futuro (Bello: futuro)	futuro perf. (Bello: antefuturo)	
dirigiere	hubiere	dirigido
dirigieres	hubieres	dirigido
dirigiere	hubiere	dirigido
dirigiéremos	hubiéremos	dirigido
dirigiereis	hubiereis	dirigido
dirigieren	hubieren	dirigido

IMPERATIVE

presente	
dirige	tú
dirija	él
dirijamos	nosotros
dirigid	vosotros
dirijan	ellos

IMPERSONAL FORMS

infinitive	compound infinitive
dirigir	haber dirigido

gerund	compound gerund
dirigiendo	habiendo dirigido

participle	
dirigido	

to distinguish

trans. (spelling and
stress pattern changes)

● **¿Distinguesa los dos gemelos?**
Can you distinguish between the twins?

● **No les puedo distinguir.**
I can't tell them apart.

INDICATIVE

presente (Bello: presente)		pret. perf. comp. (Bello: antepresente)	
distingo		he	distinguido
distingues		has	distinguido
distingue		ha	distinguido
distinguimos		hemos	distinguido
distinguís		habéis	distinguido
distinguen		han	distinguido

pret. imperf. (Bello: copretérito)		pret. pluscuamp. (Bello: antecopretérito)	
distinguía		había	distinguido
distinguías		habías	distinguido
distinguía		había	distinguido
distinguíamos		habíamos	distinguido
distinguíais		habíais	distinguido
distinguían		habían	distinguido

pret. perf. simple (Bello: pretérito)		pret. anterior (Bello: antepretérito)	
distinguí		hube	distinguido
distinguiste		hubiste	distinguido
distinguió		hubo	distinguido
distinguimos		hubimos	distinguido
distinguisteis		hubisteis	distinguido
distinguieron		hubieron	distinguido

futuro (Bello: futuro)		futuro perf. (Bello: antefuturo)	
distinguiré		habré	distinguido
distinguirás		habrás	distinguido
distinguirá		habrá	distinguido
distinguiremos		habremos	distinguido
distinguiréis		habréis	distinguido
distinguirán		habrán	distinguido

condicional (Bello: pospretérito)		condicional perf. (Bello: antepospretérito)	
distinguiría		habría	distinguido
distinguirías		habrías	distinguido
distinguiría		habría	distinguido
distinguiríamos		habríamos	distinguido
distinguiríais		habríais	distinguido
distinguirían		habrían	distinguido

SUBJUNCTIVE

presente (Bello: presente)		pret. perf. (Bello: antepresente)	
distinga		haya	distinguido
distingas		hayas	distinguido
distinga		haya	distinguido
distingamos		hayamos	distinguido
distingáis		hayáis	distinguido
distingan		hayan	distinguido

pret. imperf. (Bello: pretérito)		pret. pluscuamp. (Bello: antecopretérito)	
distinguiera		hubiera	
or distinguiese		*or* hubiese	distinguido
distinguieras		hubieras	
or distinguieses		*or* hubieses	distinguido
distinguiera		hubiera	
or distinguiese		*or* hubiese	distinguido
distinguiéramos		hubiéramos	
or distinguiésemos		*or* hubiésemos	distinguido
distinguierais		hubierais	
or distinguieseis		*or* hubieseis	distinguido
distinguieran		hubieran	
or distinguiesen		*or* hubiesen	distinguido

futuro (Bello: futuro)		futuro perf. (Bello: antefuturo)	
distinguiere		hubiere	distinguido
distinguieres		hubieres	distinguido
distinguiere		hubiere	distinguido
distinguiéremos		hubiéremos	distinguido
distinguiereis		hubiereis	distinguido
distinguieren		hubieren	distinguido

IMPERATIVE

presente	
distingue	tú
distinga	él
distingamos	nosotros
distinguid	vosotros
distingan	ellos

IMPERSONAL FORMS

infinitive	compound infinitive
distinguir	haber distinguido

gerund	compound gerund
distinguiendo	habiendo distinguido

participle	
distinguido	

intrans. (spelling and
stress pattern changes)

- **Delinque por falta de dinero.**
  He's a delinquent because he hasn't got
  any money.

- **Muchos dogradictos delinquen.**
  Many drug addicts are delinquent.

INDICATIVE

presente (Bello: presente)	pret. perf. comp. (Bello: antepresente)	
delinco	he	delinquido
delinques	has	delinquido
delinque	ha	delinquido
delinquimos	hemos	delinquido
delinquís	habéis	delinquido
delinquen	han	delinquido

pret. imperf. (Bello: copretérito)	pret. pluscuamp. (Bello: antecopretérito)	
delinquía	había	delinquido
delinquías	habías	delinquido
delinquía	había	delinquido
delinquíamos	habíamos	delinquido
delinquíais	habíais	delinquido
delinquían	habían	delinquido

pret. perf. simple (Bello: pretérito)	pret. anterior (Bello: antepretérito)	
delinquí	hube	delinquido
delinquiste	hubiste	delinquido
delinquió	hubo	delinquido
delinquimos	hubimos	delinquido
delinquisteis	hubisteis	delinquido
delinquieron	hubieron	delinquido

futuro (Bello: futuro)	futuro perf. (Bello: antefuturo)	
delinquiré	habré	delinquido
delinquirás	habrás	delinquido
delinquirá	habrá	delinquido
delinquiremos	habremos	delinquido
delinquiréis	habréis	delinquido
delinquirán	habrán	delinquido

condicional (Bello: pospretérito)	condicional perf. (Bello: antepospretérito)	
delinquiría	habría	delinquido
delinquirías	habrías	delinquido
delinquiría	habría	delinquido
delinquiríamos	habríamos	delinquido
delinquiríais	habríais	delinquido
delinquirían	habrían	delinquido

SUBJUNCTIVE

presente (Bello: presente)	pret. perf. (Bello: antepresente)	
delinca	haya	delinquido
delincas	hayas	delinquido
delinca	haya	delinquido
delincamos	hayamos	delinquido
delincáis	hayáis	delinquido
delincan	hayan	delinquido

pret. imperf. (Bello: pretérito)	pret. pluscuamp. (Bello: antecopretérito)	
delinquiera or delinquiese	hubiera or hubiese	delinquido
delinquieras or delinquieses	hubieras or hubieses	delinquido
delinquiera or delinquiese	hubiera or hubiese	delinquido
delinquiéramos or delinquiésemos	hubiéramos or hubiésemos	delinquido
delinquierais or delinquieseis	hubierais or hubieseis	delinquido
delinquieran or delinquiesen	hubieran or hubiesen	delinquido

futuro (Bello: futuro)	futuro perf. (Bello: antefuturo)	
delinquiere	hubiere	delinquido
delinquieres	hubieres	delinquido
delinquiere	hubiere	delinquido
delinquiéremos	hubiéremos	delinquido
delinquiereis	hubiereis	delinquido
delinquieren	hubieren	delinquido

IMPERATIVE

presente	
delinque	tú
delinca	él
delincamos	nosotros
delinquid	vosotros
delincan	ellos

IMPERSONAL FORMS

infinitive	compound infinitive
delinquir	haber delinquido

gerund	compound gerund
delinquiendo	habiendo delinquido

participle	
delinquido	

to forbid, to prohibit

trans. (spelling and
stress pattern changes)

● **Prohibido fumar.**
"No smoking".

● **Te prohíbo que salgas.**
I forbid you to go out.

INDICATIVE

presente (Bello: presente)		pret. perf. comp. (Bello: antepresente)	
prohíbo		he	prohibido
prohíbes		has	prohibido
prohíbe		ha	prohibido
prohibimos		hemos	prohibido
prohibís		habéis	prohibido
prohíben		han	prohibido

pret. imperf. (Bello: copretérito)		pret. pluscuamp. (Bello: antecopretérito)	
prohibía		había	prohibido
prohibías		habías	prohibido
prohibía		había	prohibido
prohibíamos		habíamos	prohibido
prohibíais		habíais	prohibido
prohibían		habían	prohibido

pret. perf. simple (Bello: pretérito)		pret. anterior (Bello: antepretérito)	
prohibí		hube	prohibido
prohibiste		hubiste	prohibido
prohibió		hubo	prohibido
prohibimos		hubimos	prohibido
prohibisteis		hubisteis	prohibido
prohibieron		hubieron	prohibido

futuro (Bello: futuro)		futuro perf. (Bello: antefuturo)	
prohibiré		habré	prohibido
prohibirás		habrás	prohibido
prohibirá		habrá	prohibido
prohibiremos		habremos	prohibido
prohibiréis		habréis	prohibido
prohibirán		habrán	prohibido

condicional (Bello: pospretérito)		condicional perf. (Bello: antepospretérito)	
prohibiría		habría	prohibido
prohibirías		habrías	prohibido
prohibiría		habría	prohibido
prohibiríamos		habríamos	prohibido
prohibiríais		habríais	prohibido
prohibirían		habrían	prohibido

SUBJUNCTIVE

presente (Bello: presente)		pret. perf. (Bello: antepresente)	
prohíba		haya	prohibido
prohíbas		hayas	prohibido
prohíba		haya	prohibido
prohibamos		hayamos	prohibido
prohibáis		hayáis	prohibido
prohíban		hayan	prohibido

pret. imperf. (Bello: pretérito)		pret. pluscuamp. (Bello: antecopretérito)	
prohibiera		hubiera	
or prohibiese		or hubiese	prohibido
prohibieras		hubieras	
or prohibieses		or hubieses	prohibido
prohibiera		hubiera	
or prohibiese		or hubiese	prohibido
prohibiéramos		hubiéramos	
or prohibiésemos		or hubiésemos	prohibido
prohibierais		hubierais	
or prohibieseis		or hubieseis	prohibido
prohibieran		hubieran	
or prohibiesen		or hubiesen	prohibido

futuro (Bello: futuro)		futuro perf. (Bello: antefuturo)	
prohibiere		hubiere	prohibido
prohibieres		hubieres	prohibido
prohibiere		hubiere	prohibido
prohibiéremos		hubiéremos	prohibido
prohibiereis		hubiereis	prohibido
prohibieren		hubieren	prohibido

IMPERATIVE

presente	
prohíbe	tú
prohíba	él
prohibamos	nosotros
prohibid	vosotros
prohíban	ellos

IMPERSONAL FORMS

infinitive	compound infinitive
prohibir	haber prohibido

gerund	compound gerund
prohibiendo	habiendo prohibido

participle	
prohibido	

● **Podríamos reunir nuestros ahorros.**
We could put our savings together.

● **Reuinó los dos pisos.**
He has joined the two flats together.

trans. (spelling and
stress pattern changes)

INDICATIVE

presente (Bello: presente)	pret. perf. comp. (Bello: antepresente)	
reúno	he	reunido
reúnes	has	reunido
reúne	ha	reunido
reunimos	hemos	reunido
reunis	habéis	reunido
reúnen	han	reunido

pret. imperf. (Bello: copretérito)	pret. pluscuamp. (Bello: antecopretérito)	
reunía	había	reunido
reunías	habías	reunido
reunía	había	reunido
reuníamos	habíamos	reunido
reuníais	habíais	reunido
reunían	habían	reunido

pret. perf. simple (Bello: pretérito)	pret. anterior (Bello: antepretérito)	
reuní	hube	reunido
reuniste	hubiste	reunido
reunió	hubo	reunido
reunimos	hubimos	reunido
reunisteis	hubisteis	reunido
reunieron	hubieron	reunido

futuro (Bello: futuro)	futuro perf. (Bello: antefuturo)	
reuniré	habré	reunido
reunirás	habrás	reunido
reunirá	habrá	reunido
reuniremos	habremos	reunido
reuniréis	habréis	reunido
reunirán	habrán	reunido

condicional (Bello: pospretérito)	condicional perf. (Bello: antepospretérito)	
reuniría	habría	reunido
reunirías	habrías	reunido
reuniría	habría	reunido
reuniríamos	habríamos	reunido
reuniríais	habríais	reunido
reunirían	habrían	reunido

SUBJUNCTIVE

presente (Bello: presente)	pret. perf. (Bello: antepresente)	
reúna	haya	reunido
reúnas	hayas	reunido
reúna	haya	reunido
reunamos	hayamos	reunido
reunáis	hayáis	reunido
reúnan	hayan	reunido

pret. imperf. (Bello: pretérito)	pret. pluscuamp. (Bello: antecopretérito)	
reuniera	hubiera	
or reuniese	or hubiese	reunido
reunieras	hubieras	
or reunieses	or hubieses	reunido
reuniera	hubiera	
or reuniese	or hubiese	reunido
reuniéramos	hubiéramos	
or reuniésemos	or hubiésemos	reunido
reunierais	hubierais	
or reunieseis	or hubieseis	reunido
reunieran	hubieran	
or reuniesen	or hubiesen	reunido

futuro (Bello: futuro)	futuro perf. (Bello: antefuturo)	
reuniere	hubiere	reunido
reunieres	hubieres	reunido
reuniere	hubiere	reunido
reuniéremos	hubiéremos	reunido
reuniereis	hubiereis	reunido
reunieren	hubieren	reunido

IMPERATIVE

presente	
reúne	tú
reúna	él
reunamos	nosotros
reunid	vosotros
reúnan	ellos

IMPERSONAL FORMS

infinitive	compound infinitive
reunir	haber reunido

gerund	compound gerund
reuniendo	habiendo reunido

participle	
reunido	

PART III
INDEX OF SPANISH VERBS
Alphabetical list of all spanish verbs with english equivalents for their main meaning

(The number indicates the conjugation table to be followed.)

The following abbreviations are used:
[defect] = defective verb
[unipers.] = impersonal verb
[part. irreg.] = irregular participle
[dos part.] = two participles
There is a list at the end of the book showing the verbs with some of these characteristics.

abofetear *to slap* 3
abogadear *to be an advocate* 3
abogar *to plead* 72
abolir [defect.] *to abolish* 70
abolsar *to form pockets* 3
abollar *to dent* 3
abollonar *to dent* 3
abombacharse *to become convex* 3
abombar *to become convex* 3
abombillar *to put in a bulb* 3
abominar *to loathe* 3
abonanzar *to grow calm* 73
abonar *to support* 3
aboquillar *to widen the opening* 3
abordar *to accost* 3
abordonar *to introduce* 3
aborrajar *to scribble* 3
aborrascarse *to get stormy* 71
aborrecer *to hate* 35
aborregarse *to follow slavishly* 72
aborricarse *to become coarse* 71
abortar *to abort* 3
aborujar *to become lumpy* 3
abosar *to vomit* 3
abotargarse *to swell up* 72
abotellarse *to close, to bottle* 3
abotonar *to button up* 3
abovedar *to vault* 3
aboyar *to buoy* 3
abozalar *to muzzle* 3
abracar *to embrace* 71
abrahonar *to roll up* 3
abrasar *to burn* 3
abrasilar *to act like a Brazilian* 3
abravecer *to become angry* 35
abrazar *to embrace* 73
abrenunciar *to use an interjection* 3
abrevar *to water animals* 3
abreviar *to abbreviate* 3
abribonarse *to become dishonest* 3
abrigar *to shelter* 72
abrillantar *to polish* 3
abrir [part. irreg.] *to open* 5
abrocalar *to cape* 3
abrochar *to button up* 3
abrogar *to abrogate* 72
abromar *to overwhelm* 3
abroncar *to shame* 71
abroquelar *to shield oneself* 3
abrumar *to crush* 3
abrutar *to become stupid* 3
absolver *to absolve* 21
absorber [dos part.] *to absorb* 4
abstenerse *to abstain* 15
absterger *to cleanse an ulcer* 84
abstraer [dos part.] *to abstract* 51
abuchear *to boo* 3
abultar *to enlarge* 3
abundar *to abound* 3
abuñolar *to deep fry* 19
abuñuelar *to deep fry* 3
aburguesarse *to become bourgeois* 3
aburilar *to engrave* 3
aburrarse *to be foolish* 3
aburrir *to bore* 5
abusar *to abuse* 3

acaballerar *to act like a gentleman* 3
acaballonar *to ridge a field* 3
acabañar *to live in a hut* 3
acabar *to finish* 3
acabestrarse *to be stubborn* 3
acabestrillar *to halter* 3
acabildar *to get together* 3
acachetar *to slap* 3
academizar *to academize* 73
acadenillar *to make a chain* 3
acaecer [defect] *to happen* 35
acalabazarse *to be stubborn* 73
acalabrotar *to braid, to twist* 3
acalambrarse *to have cramp* 3
acalandrar *to bore* 3
acalenturarse *to become happy* 3
acalorar *to make hot* 3
acallar *to silence* 3
acamalar *to halter* 3
acamaleonarse *to be a chameleon* 3
acamar *to beat down* 3
acamastronarse *to stay in bed* 3
acamellonar *to work, to ridge field* 3
acampanar *to bell shape* 3
acampar *to camp* 3
acanalar *to groove, to flute* 3
acanallar *to become degenerate* 3
acancerarse *to have cancer* 3
acancestillar *to clothe children* 3
acanchar *to have experience* 3
acandilar *to dazzle* 3
acantarar *to jug* 3
acantilar *to run aground* 3
acantonar *to billet* 3
acanutar *to denounce* 3
acaparar *to monopolize* 3
acaparrarse *to seal a deal with* 3
acapullarse *to bud* 3
acaracolarse *to be timid* 3
acaramelar *to be over polite* 3
acardenalar *to bruise* 3
acarear *to confront* 3
acariciar *to caress* 3
acarminar *to become red* 3
acarnerar *to blackleg* 3
acarralarse *to make hole in cloth* 3
acarrear *to transport* 3
acarroñarse *to get scared* 3
acartonar *to become wizened* 3
acasamatar *to casemate* 3
acaserarse *to become attached* 3
acatar *to obey* 3
acatarrar *to harass* 3
acatastrar *to tax* 3
acaudalar *to acquire* 3
acaudillar *to command* 3
acceder *to reach* 4
accidentalizar *to have an accident* 73
accionar *to work* 3
acebollarse *to be flawed (wood)* 3
acecinar *to salt meat* 3
acechar *to spy on* 3
acedar *to turn sour* 3
aceitar *to oil* 3
acelerar *to accelerate* 3
acendrar *to purify* 3

acenefar to border 3
acensuar to tax 76
acentuar to accent 76
acepar to take root 3
acepillar to brush 3
aceptar to accept 3
acequiar to channel water 3
acerar to make into steel 3
acercar to move near 71
acerrar to cure 11
acerrojar to lock 3
acertar to be right 11
acervar to pile up 3
acetificar to acetify 71
acicalar to polish metal 3
acicatear to excite 3
acidificar to acidify 71
acidular to acidulate 3
aciguatar to grow stupid 3
acincelar to chisel 3
acingar to puddle metal 72
aclamar to acclaim 3
aclarar to rinse 3
aclarecer to clear 35
aclavelarse to decorate with carnations 3
aclimatar to acclimatize 3
acobardar to daunt 3
acocarse to become wormy 71
acocear to kick 3
acocotar to kill with a blow 3
acochambrar to make filthy 3
acocharse to squat 3
acodalar to shore up 3
acoderar to elbow 3
acodiciar to covet 3
acodillar to elbow 3
acoger to welcome 84
acogollar to cover up 3
acogotar to fell 3
acohombrar to earth up 3
acojinar to cushion 3
acojonar to intimidate 3
acolar to filter 3
acolchar to quilt 3
acolchonar to make comfortable 3
acolgajar to flap an ulcer 3
acolitar to collaborate 3
acollar to earth up 19
acollarar to joke 3
acollonar to intimidate 3
acombar to bend 3
acomedir to help 6
acometer to attack 4
acomodar to accommodate 3
acompañar to accompany 3
acompasar to measure with a compass 3
acomplejar to give a complex to 3
acomunar to join 3
aconchabarse to gang up 3
aconchar to push to safety 3
acondicionar to arrange 3
acongojar to distress 3
aconsejar to advise 3
aconsonantar to rhyme 3
acontecer [defect] to happen 35
acopar to trim 3

acopetar to drink 3
acopiar to gather 3
acoplar to couple 3
acoquinar to intimidate 3
acorar to butt 3
acorazar to armour 73
acorazonar to armour-plate 3
acorchar to cover with cork 3
acordar to decide 19
acordelar to be in harmony 3
acordonar to tie, to lace up 3
acornar to gore 19
acornear to gore 3
acorralar to corral 3
acorrer to help 4
acortar to shorten 3
acortejarse to be gallant 3
acorvar to become curved 3
acosar to pursue 3
acostar to lay down 19
acostillar to support 3
acostumbrar to accustom 3
acotar to survey 3
acoyundar to yoke 3
acoyuntar to join 3
acrecentar to increase 11
acrecer to increase 35
acreditar to credit 3
acribar to sift 3
acribillar to kill 3
acriminar to accuse 3
acriollarse to act like a criollo 3
acrisolar to purify 3
acristalar to glaze 3
acristianar to christianize 3
acromatizar to blend colour 73
activar to activate 3
actualizar to bring up to date 73
actuar to work 76
acuadrillar to make into quarters 3
acuartelar to quarter 3
acuarteronar to billet 3
acuatizar to come down 73
acubar to cube 3
acubilar to intrigue 3
acuciar to urge on 3
acuclillarse to squat down 3
acuchamarse to get depressed 3
acuchar to shelter, to protect 3
acucharar to spoon out 3
acuchillar to cut 3
acuchillear to cut 3
acuchuchar to crush 3
acudir to come 5
acuerpar to support 3
acuitar to afflict 3
aculebrar to wriggle (along) 3
aculebrear to zigzag 3
aculebrinar to wind 3
aculillar to back up 3
acumular to accumulate 3
acunar to cradle 3
acuñar to coin 3
acurrucarse to curl up 71
acusar to accuse 3
achabacanar to make vulgar 3

achacar *to attribute something to a cause* 71
achaflanar *to chamfer* 3
achahuistlarse *to become mouldy* 3
achajuanarse *to be tired (animal)* 3
achalanarse *to understand* 3
achampanar *to keep sthg which does not belong to one* 3
achamparse *to appropriate* 3
achancar *to check* 71
achancharse *to check* 3
achantar *to hide* 3
achaparrarse *to become chubby* 3
achapinarse *to adopt local customs* 3
acharar *to polish* 3
acharolar *to varnish* 3
acharranarse *to become vulgar* 3
achatar *to flatten* 3
achicar *to diminish* 71
achichar *to burn* 3
achicharrar *to scorch* 3
achicharronar *to sizzle* 3
achiguarse *to twist* 77
achinar *to intimidate* 3
achinelar *to clog* 3
achingar *to annoy* 72
achiquitar *to reduce* 3
achirlar *to thin down* 3
achispar *to brighten up* 3
achivatar *to inform* 3
achocar *to shock* 71
achocolatar *to dock* 3
achocharse *to become senile* 3
acholar *to adopt mestizo ways* 3
achongar *to joke* 72
achotar *to spoil* 3
achubascarse *to cloud over* 71
achucutarse *to be dismayed* 3
achucuyarse *to become cowardly* 3
achuchar *to crush* 3
achucharrar *to shiver* 3
achulaparse *to become rude* 3
achularse *to become rude* 3
achumbarse *to attack* 3
achurar *to knife* 3
achurrascar *to burn* 71
achurruscar *to eat steak* 71
adamar *to become effeminate* 3
adamascar *to damask* 71
adaptar *to adapt* 3
adargar *to shield* 72
adarvar *to fortify* 3
adatar *to credit* 3
adecentar *to make presentable* 3
adecuar *to adapt* 3
adehesar *to convert land to pasture* 3
adelantar *to bring forward* 3
adelgazar *to make thin* 73
ademar *to support with beam* 3
adementar *to mention* 3
adensarse *to thicken* 3
adentellar *to bite* 3
adentrarse *to go deeper into* 3
aderezar *to adorn* 73
adestrar *to direct* 11
adeudar *to owe* 3
adherir *to adhere* 27
adiamantar *to set diamonds* 3

adiar *to fix, to appoint* 75
adicionar *to add* 3
adiestrar *to teach* 3
adietar *to convert into money* 3
adintelar *to make flat* 3
adir **[defect]** *to accept (inheritance)* 5
adivinar *to guess* 3
adjetivar *to use as an adjective* 3
adjudicar *to award* 71
adjuntar *to attach* 3
adjurar *to adjure* 3
adminicular *to make a gadget* 3
administrar *to manage* 3
admirar *to admire* 3
admitir *to admit* 3
adobar *to prepare* 3
adocenar *to divide into dozens* 3
adoctrinar *to indoctrinate* 3
adolecer *to fall sick* 35
adonecer *to adorn oneself* 35
adonizarse *to adorn oneself* 73
adoptar *to adopt* 3
adoquinar *to pave* 3
adorar *to adore* 3
adormecer *to sleep* 35
adormilarse *to put to sleep* 3
adornar *to decorate* 3
adosar *to place near* 3
adquirir *to acquire* 30
adscribir **[part. irreg]** *to appoint to* 5
adsorber *to adsorb* 3
aduanar *to tax* 3
aducir *to allege* 39
adueñarse *to take possession* 3
adujar *to coil* 3
adular *to flatter* 3
adulterar *to adulterate* 3
adulzar *to sweeten* 73
adunar *to join* 3
adundarse *to join* 3
advenir *to arrive* 18
adverar *to attest* 3
adverbializar *to use adverbs* 73
adverbiar *to use adverbs* 3
advertir *to warn* 27
aerificar *to air* 71
aerotransportar *to transport by plane* 3
afabular *to invent* 3
afamar *to make famous* 3
afanar *to press* 3
afarolarse *to be arrogant* 3
afear *to make ugly* 3
afeblecerse *to become weak* 35
afectar *to affect* 3
afeitar *to shave* 3
afelpar *to become elegant* 3
afeminar *to become effeminate* 3
aferrar *to grasp* 11
afestonar *to decorate* 3
afiambrar *to prepare cold food* 3
afianzar *to fasten* 73
aficionar *to inspire affection* 3
afiebrarse *to be enthusiastic* 3
afilar *to sharpen* 3
afiliar *to affiliate to* 3
afiligranar *to be delicate* 3

afilorar *to adorn* 3
afinar *to perfect* 3
afincar *to settle (in a town)* 71
afirmar *to secure* 3
aflatarse *to be sad* 3
aflautar *to make high-pitched* 3
afligir [dos part.] *to afflict* 86
aflojar *to loosen* 3
aflorar *to show* 3
afluir *to flow* 44
afluxionarse *to catch a cold* 3
afofarse *to hum softy* 3
afondar *to sink* 3
aforar [de aforo] *to gauge* 3
aforar [de fueros] *to evaluate* 19
aforrar *to line* 3
afortunar *to be fortunate* 3
afosarse *to hum sofly* 3
afoscarse *to become misty* 71
afrailar *to trim, to cut off* 3
afrancesar *to become French like* 3
afrenillar *to tie up* 3
afrentar *to affront* 3
afretar *to scrub, to clean* 3
africanizar *to be like an African* 73
afrontar *to bring face to face* 3
afrontilar *to face up to* 3
afutrarse *to dress up* 3
agachaparse *to be a hypocrite* 3
agachar *to bend* 3
agamuzar *to rub with chamois* 73
agangrenarse *to get gangrenous* 3
agarbanzar *to crouch* 73
agarbarse *to pinch* 3
agarbillar *to sift* 3
agarduñar *to denounce* 3
agarrafar *to grab hold of* 3
agarrar *to grasp* 3
agarrochar *to jab with a goad* 3
agarrotar *to tie tight* 3
agasajar *to treat well* 3
agatizar *to decorate with agate* 73
agaucharse *to live like a gaucho* 3
agavillar *to bind* 3
agazapar *to grab* 3
agenciar *to bring about* 3
agermanarse *to act like a German* 3
agigantar *to enlarge* 3
agilipollarse *to get all confused* 3
agilitar *to make agile* 3
agilizar *to speed up* 73
agiotar *to speculate* 3
agitanarse *to dress gipsy like* 3
agitar *to wave* 3
aglobar *to group* 3
aglomerar *to agglomerate* 3
aglutinar *to draw together* 3
agobiar *to weigh down* 3
agolpar *to throng* 3
agonizar *to be dying* 73
agorar *to predict* 62
agorgojarse *to chirp* 3
agorronar *to scrounge* 3
agostar *to parch* 3
agotar *to exhaust* 3
agraciar *to grace* 3

agradar *to please* 3
agradecer *to thank* 35
agramar *to crush* 3
agramilar *to even out* 3
agrandar *to enlarge* 3
agranujar *to become pimply* 3
agravar *to weigh down* 3
agraviar *to wrong* 3
agrazar *to embitter* 73
agredir [defect.] *to attack* 70
agregar *to add* 72
agremiar *to unionize* 3
agriar *to sour* 3
agrietar *to crack* 3
agringarse *to act like a foreigner* 72
agriparse *to catch a cold* 3
agrisar *to become grey* 3
agrumar *to curdle* 3
agrupar *to group* 3
aguachar *to flood* 3
aguacharnar *to remove water* 3
aguachinangarse *to be flooded* 72
aguachinar *to be flooded* 3
aguaitar *to play the flute* 3
aguamelar *to make mead* 3
aguantar *to support* 3
aguar *to water* 77
aguardar *to wait for* 3
aguasarse *to water* 3
aguazar *to flood* 73
agudizar *to sharpen* 73
aguerrir [defect.] *to inure* 70
aguijar *to goad* 3
aguijonear *to goad* 3
agujerear *to make holes in* 3
agujetear *to make holes in* 3
agusanarse *to get maggoty* 3
aguzar *to sharpen* 73
aherrojar *to put in irons* 3
aherrumbrarse *to rust* 3
ahervorarse *to malt wheat* 3
ahijar *to adopt* 78
ahilar *to line up* 78
ahincar *to press* 79
ahitar [dos part.] *to cloy* 78
ahobachonarse *to be sorry* 3
ahocinarse *to eradicate* 3
ahogar *to drown* 72
ahombrarse *to act like a man* 3
ahondar *to deepen* 3
ahorcar *to hang* 71
ahormar *to fit* 3
ahornagarse *to fit* 72
ahornar *to adjust* 3
ahorquillar *to prop up* 3
ahorrar *to save* 3
ahoyar *to dig holes in* 3
ahuchar *to urge on* 82
ahuecar *to hollow (out)* 71
ahuesarse *to go off* 3
ahumar *to smoke* 3
ahusarse *to taper* 3
ahuyentar *to drive away* .. 3
aindiarse *to be like an Indian* .. 3
airar *to anger* 78
airear *to air* 3

aislar *to isolate* 78
ajamonarse *to get plump* 3
ajar *to crumple* 3
ajardinar *to landscape* 3
ajear *to damage, to swear* 3
ajedrezar *to make chequered* 73
ajesuitar *to become like a jesuit* ... 3
ajetrearse *to bustle about* 3
ajicarar *to plant calabash* 3
ajilipollarse *to be silly* 3
ajironar *to tear, to shreds* 3
ajorar *to haul, to pull* 19
ajornalar *to employ by the day* 3
ajotar *to scorn* 3
ajuanetar *to have bunions* 3
ajuarar *to furnish* 3
ajuiciar *to bring to one's senses* ... 3
ajumarse *to get tight* 3
ajuntarse *to live together* 3
ajustar *to fit* 3
ajusticiar *to execute* 3
alabar *to praise* 3
alabear *to warp* 3
alaciarse *to straighten* 3
alacranear *to gossip* 3
alagar *to please someone* 72
alagartarse *to be mean* 3
alambicar *to distil* 71
alambrar *to wire* 3
alancear *to spear* 3
alandrearse *to produce silk* 3
alanzar *to spear* 73
alardear *to boast* 3
alargar *to prolong* 72
alarmar *to alarm* 3
alastrarse *to lay back ears* 3
alatonar *to make brass* 3
albañilear *to work like a mason* ... 3
albardar *to put packsaddle on* 3
albardillar *to break in a horse* 3
albayaldar *to make white lead* 3
albear *to turn white* 3
albergar *to shelter* 72
alboguear *to make rustic music* ... 3
alborear [unipers.] *to dawn* 3
alborotar *to disturb* 3
alborozar *to gladden* 73
albuminar *to emulsify* 3
alburear *to make money* 3
alcachofar *to shower* 3
alcahuetear *to tolerate* 3
alcalizar, alcalinizar *to alkalise* 73
alcanforar *to conduit* 3
alcantarillar *to lay drains in* 3
alcanzar *to catch up* 73
alcatifar *to carpet* 3
alcoholar *to alcoholise* 3
alcoholizar *to alcoholise* 73
alcorzar *to polish* 73
aldabar *to knock* 3
aldabear *to knock* 3
aldabonear *to knock on the door* ... 3
alear *to alloy* 3
alebrarse *to excite* 3
alebrastarse *to get nervous* 3
alebrestarse *to become nervous* ... 3

aleccionar *to instruct* 3
alechigar *to sweeten* 72
alechugar *to goffer, to crimp* 72
alechuguinarse *to be elegant* 3
alechuzarse *to become ugly* 73
alegar *to allege* 72
alegorizar *to allegorize* 73
alegrar *to become happy* 3
alejar *to remove* 3
alelar *to stupefy* 3
alentar *to encourage* 11
aleonar *to make tawny* 3
alertar *to alert* 3
alesnar *to awl* 3
aletargar *to make drowsy* 72
aletear *to flutter* 3
alevinar *to become a novice* 3
aleznar *to awl* 3
alfabetizar *to teach* 73
alfar *to gallop fast* 3
alfeizar *to make an embrasure* 73
alfeñicarse *to become thin* 71
alfeñizarse *to become thin* 73
alfilerar *to put clips* 3
alfombrar *to carpet* 3
alforzar *to pleat* 73
algaliar *to extract essence (trees)* ... 3
algebrizar *to put in algebra terms* ... 73
algodonar *to use cotton* 73
alhajar *to bejewel* 3
aliar *to join* 75
alicatar *to tile* 3
alicortar *to cut* 3
alienar *to become crazy* 3
aligar *to relieve* 72
aligerar *to lighten* 3
alijar *to smuggle* 3
alijarar *to share out land* 3
alimentar *to feed* 3
alimonarse *to be together* 3
alindar *to limit* 3
alinderar *to limit* 3
alinear *to align* 3
aliñar *to dress* 3
aliquebrar *to reduce* 11
alisar *to smooth* 3
alistar *to list* 3
aliviar *to lighten* 3
aljofarar *to give pearls* 3
aljofifar *to clean with mop* 3
almacenar *to store* 3
almacigarse *to seed bed* 72
almagrar *to get sea sick* 3
almarbatar *to join wood* 3
almibarar *to preserve* 3
almidonar *to starch* 3
almizclar *to perfume with musk* ... 3
almogavarear *to raid with troops* ... 3
almohadillar *to stuff cushions* 3
almohazar *to curry, to brush down* ... 73
almonedar *to sell off* 3
almonedear *to auction* 3
almorzar *to have a lunch* 74
alocar *to become crazy* 71
alojar *to lodge* 3
alomar *to ridge earth* 3

alongar to lengthen 61
aloquecer to become mad 35
alotar to become mad 3
alquilar to rent 3
alquitarar to distil 3
alquitranar to tar 3
altear to speak loudly 3
alterar to alter 3
altercar to dispute 71
alternar to alternate 3
altivar to become proud 3
altivecer to become proud 35
alucinar to delude 3
aludir to allude 5
alujar to rent 3
alumbrar to light up 3
alunarse to become crazy 3
alunizar to land on the moon 73
alustrar to polish 3
aluzar to light up 73
alzaprimar to lever up 3
alzar to lift up 73
allanar to level out 3
allegar to gather 72
amacizar to touch 73
amacollarse to form bunches 3
amachambrar to act like a man 3
amachar to act like a man 3
amachetear to hack with machete 3
amachinarse to set up house together 3
amadrinar to be a godmother 3
amaestrar to train 3
amagar to threaten 72
amainar to take in 3
amaitinar to spy on 3
amajadar to put in pen 3
amalayar to have regret 3
amalgamar to mix 3
amalhayar to have regret 3
amallarse to retire a player 3
amamantar to suckle nurse 3
amancebarse to cohabit 3
amancillar to stain 3
amanecer [unipers.] to dawn 35
amanerar to adopt manners 3
amaniguarse to take to the hills 77
amanojar to gather in bundles 3
amansar to tame 3
amantillar to use topping lift (boat) 3
amanzanar to parcel out land 3
amañar to fake 3
amar to love 3
amarar to land on water 3
amarchantarse to deal regulary with 3
amarecer to mate 35
amargar to make bitter 72
amariconarse to act like a gay 3
amarillear to be yellowish 3
amarillecer to become yellow 35
amarinar to be like sailor, to marinate 3
amarrar to tie up 3
amarrequear to aim a throw 3
amartelar to make jealous 3
amartillar to hammer 3
amasar to knead 3
amasijar to do somebody in 3

amatar to kill 3
amazacotar to be hard (mattress) 3
ambicionar to aspire to 3
ambientar to create atmosphere 3
amblar to amble, to pace 3
ambular to walk 3
amedrentar to scare 3
amelcochar to thicken 3
amelgar to furrow 72
amenazar to menace 73
amenguar to lessen 77
amenizar to make like a peasant 73
amentar to make catkins 11
amerar to blend 3
americanizar to americanize 73
ameritar to deserve 3
amerizar to land 73
ametalar to become metallic 3
ametrallar to machine-gun 3
amigar to get friendly 72
amilanar to scare 3
amillarar to register land 3
amillonar to become a millionaire 3
aminorar to lessen 3
amistar to get friendly 3
amnistiar to grant amnesty 75
amoblar to furnish 19
amodorrarse to become drowsy 3
amodorrecer to sleep badly 35
amohecer to get rusty 35
amohinar to vex 78
amojamar to salt tuna 3
amojonar to delimit 3
amolar to grind 19
amoldar to model 3
amollar to yield 3
amonarse to become blonde 3
amonedar to coin 3
amonestar to reprimand 3
amontar to frighten away 3
amontonar to pile 3
amoñar to put decorations 3
amoratarse to become purple-violet 3
amordazar to gag 73
amorecer to have love ones 35
amorrar to sulk 3
amorriñarse to sulk 3
amortajar to shroud 3
amortecer to dull 35
amortiguar to muffle 77
amortizar to pay off 73
amoscar to get cross 71
amostazar to become angry 73
amotinar to incite to riot 3
amover to feel sympathy 25
amparar to protect 3
ampliar to amplify 75
amplificar to amplify 71
ampollar to blister 3
amputar to amputate 3
amuchacharse to act like a boy 3
amuchar to increase 3
amueblar to furnish 3
amugronar to become dirty 3
amular to be stubborn 3
amunicionar to supply munitions 3

arralar *to annoy* 3
arramblar *to make off with* 3
arrancar *to pull up* 71
arranciarse *to become old* 3
arranchar *to sail close to* 3
arranyar *to sail close to* 3
arrasar *to level* 3
arrastrar *to drag* 3
arrear *to rustle, to steal* 3
arrebañar *to scrape together* 3
arrebatar *to snatch away* 3
arrebolar *to blush* 3
arrebozar *to roll in batter* 73
arrebujar *to jumble together* 3
arreciar *to get worse* 3
arrecirse [defect.] *to be frozen stiff* 70
arrechoncharse *to become fat* 3
arrechuchar *to faint* 3
arredrar *to scare* 3
arregazar *to tuck up* 73
arreglar *to arrange* 3
arregostarse *to lean* 3
arrejacar *to plough roughly* 71
arrejerar *to anchor fore and aft* 3
arrejuntar *to set up house together* 3
arrellanarse *to lounge* 3
arremangar *to turn-up* 72
arremansar *to calm* 3
arremeter *to sink* 4
arremolinar *to crowd around* 3
arrempujar *to push* 3
arrendar *to let* 11
arrepentirse *to regret* 27
arrepollar *to cook cabbage* 3
arrequintar *to tighten* 3
arrestar *to arrest* 3
arriar *to lower* 75
arribar *to arrive* 3
arriesgar *to risk* 72
arrimar *to bring close* 3
arrinconar *to put in a corner* 3
arriostrar *to shore up* 3
arriscar *to get conceited, to risk* 71
arrizar *to curl* 73
arrobar *to entrance* 3
arrocinar *to brutalize* 3
arrochelarse *to bolt* 3
arrodajarse *to sit cross-legged* 3
arrodear *to surround* 3
arrodillar *to kneel down* 3
arrodrigar *to prop, to stake* 72
arrodrigonar *to prop, to stake* 3
arrogarse *to assume something* 72
arrojar *to throw* 3
arrollar *to roll up* 3
arromadizarse *to catch a cold* 73
arromanzar *to put into Castilian* 73
arronzar *to set sail* 73
arropar *to wrap up* 3
arroscar *to roll up* 71
arrostrar *to face to* 3
arroyar *to roll up* 3
arruar *to grunt (wild boar)* 3
arruchar *to be flat broke* 3
arrufianarse *to become vulgar* 3
arrugar *to wrinkle* 72

arruinar *to ruin* 3
arrullar *to lull, to sing to sleep* 3
arrumar *to stow* 3
arrumazar *to pile up* 73
arrumbar *to silence* 3
arrunflar *to make a suit (cards)* 3
artesonar *to coffer* 3
articular *to articulate* 3
artillar *to arm* 3
asaetear *to shoot* 3
asainetear *to season food* 3
asalariar *to employ* 3
asaltar *to attack* 3
asar *to roast* 3
ascender *to promote* 13
asear *to wash* 3
asechar *to set a trap* 3
asedar *to make as silk* 3
asediar *to besiege* 3
aseglararse *to secularize* 3
asegundar *to collaborate* 3
asegurar *to fasten* 3
asemejar *to make alike* 3
asenderear *to chase somebody relentlessly* 3
asentar *to seat* 11
asentir *to assent* 27
aserrar *to saw through* 11
asesar *to use good sense* 3
asesinar *to kill* 3
asesorar *to advise* 3
asestar *to aim* 3
aseverar *to assert* 3
asfaltar *to asphalt* 3
asfixiar *to asphyxiate* 3
asibilar *to make a sibilant* 3
asignar *to assign* 3
asiguatarse *to bolt* 3
asilar *to take in* 3
asilenciar *to silence* 3
asimilar *to assimilate* 3
asimplarse *to become simple* 3
asir *to grasp* 41
asistir *to assist* 5
asnear *to be silly* 3
asobinarse *to tumble (horse)* 3
asociar *to associate* 3
asolanar *to damage by wind* 3
asolapar *to be hypocritical* 3
asolar (poner al sol) *to put in the sun* 3
asolar (arrasar) *to raze* 19
asoldar *to salary someone* 19
asolear *to put in the sun* 3
asombrar *to amaze* 3
asonantar *to assonate* 3
asonar *to assonate* 19
asoporarse *to be in a torpor* 3
asordar *to become deaf* 3
asorocharse *to get mountain sickness* 3
aspar *to reel* 3
aspaventar *to exaggerate* 11
aspear *to press* 3
asperezar *to make rough* 73
aspergear *to sprinkle* 84
asperjar *to sprinkle* 3
asperonar *to sandstone* 3
aspillear *to gauge (liquid)* 3

B

barbullar *to jabber away* 3
bardar *to top with brambles* 3
barloventear *to tack (sailing)* 3
barnizar *to varnish* 73
barquear *to cross in a ship* 3
barrar *to cover with mud* 3
barrear *to sweep* 3
barrenar *to drill* 3
barrenear *to drill* 3
barrer *to weep* 4
barretear *to bar, to fasten* 3
barritar *to trumpet* 3
barruntar *to guess* 3
bartolear *to do nothing* 3
bartulear *to ponder* 3
barzonar *to stroll* 3
basar *to base* 3
bascular *to tilt* 3
basquear *to feel sick* 3
bastantear *to be enough* 3
bastar *to be enough* 3
bastardear *to degenerate* 3
bastear *to tack, to baste (sailing)* 3
bastimentar *to furnish* 3
bastonear *to use walking stick* 3
basurear *to rubbish somebody* 3
batallar *to battle* 3
batanar *to full* 3
batanear *to beat* 3
batear *to hit* 3
batir *to beat* 5
batuquear *to shake up* 3
bautizar *to baptize* 73
bazucar *to drug* 71
bazuquear *to drug* 3
beatificar *to beatify* 71
beber *to drink* 4
beborrotear *to tipple* 3
becar *to award a grant* 71
becerrear *to be stupid* 3
befar *to joke* 3
bejuquear *to beat* 3
beldar *to winnow grain* 3
bellaquear *to cheat* 3
bemolar *to express irony* 3
bemolizar *to express irony* 73
bendecir [dos part.] *to bless* 47
beneficiar *to benefit* 3
bermejear *to be reddish* 3
berrear *to bellow* 3
besar *to kiss* 3
bestializar *to act like a beast* 73
besuquear *to kiss* 3
betunar *to polish* 3
betunear *to polish* 3
bichar *to observe* 3
bichear *to observe* 3
bieldar *to winnow cereals* 3
bienquerer [dos part.] *to appreciate* 14
bienquistar *to reconcile* 3
bienvivir *to live well* 5
bifurcarse *to junction* 71
bigardear *to roam idly* 3
bigardonear *to be lazy* 3
bilocarse *to be in two places at the same time,*
to go mad 71

bilonguear *to cast the evil eye on* 3
biodegradar *to bio-degrade* 3
biografiar *to write a biography* 75
birlar *to pinch* 3
bisar *to repeat* 3
bisbisar *to mutter* 3
bisbisear *to mutter* 3
bisecar *to dry* 71
biselar *to bevel* 3
bitar *to ballad* 3
bizarrear *to be galant* 3
bizcar *to squint* 71
bizcochar *to warm up* 3
bizcornear *to squint* 3
bizmar *to poultice* 3
bizquear *to squint* 3
blandar *to weaken* 3
blandear *to become soft* 3
blandir [defect.] *to brandish* 70
blanquear *to whiten* 3
blanquecer *to whiten* 35
blasfemar *to blaspheme* 3
blasonar *to emblazon* 3
blindar *to armour-plate* 3
blocar *to tackle* 71
bloquear *to block* 3
blufear *to bluff* 3
bobear *to be silly* 3
bobinar *to wind* 3
bocadear *to divide into pieces* 3
bocear *to yawn* 3
bocezar *to yawn* 73
bocinar *to sound horn* 3
boconear *to talk too much* 3
bochar *to rebuff* 3
bochinchear *to make a commotion* 3
bodegonear *to bar* 3
bofetear *to slap* 3
bogar *to row (boat)* 72
boguear *to row (boat)* 3
boicotear *to boycott* 3
bojar *to measure the perimeter of* 3
bojear *to measure the perimeter of* 3
bojotear *to be bulky* 3
bolchevizar *to bolchevize* 73
bolear *to throw* 3
boletar *to roll tobacco* 3
boliar *to hit the ball* 3
bolichear *to potter about* 3
bolinear *to sail close to the wind* 3
bolsear *to pick pocket* 3
bolsiquear *to pick pocket* 3
boludear *to act stupid* 3
bollar *to dent* 3
bombardear *to bomb* 3
bombear *to pump* 3
bonificar *to improve* 71
boquear *to gape, to gasp* 3
boquetear *to gape* 3
borbollar *to bubble* 3
borbollear *to bubble* 3
borbollonear *to boil* 3
borbotar *to bubble* 3
bordar *to embroider* 3
bordear *to skirt* 3
bordonear *to strum* 3

canear *to have a good time* 3
canecer *to have a gray hair* 35
cangrejear *to fish for crabs* 3
canjear *to exchange* 3
canonizar *to canonize* 73
cansar *to tire* 3
cantalear *to sing softly* 3
cantaletear *to say over and over again* 3
cantar *to sing* 3
cantear *to ballad* 3
cantinflear *to speak incongruently* 3
cantonar *to idle, to billet* 3
cantonear *to idle, to wander about* 3
canturrear *to sing softly* 3
canturriar *to sing softly* 3
cañear *to go fast, to have can of beer* 3
cañonear *to shell* 3
capacitar *to qualify* 3
capar *to castrate* 3
capear *to play with the cape* 3
capialzar *to spread arch* 73
capitalizar *to capitalize* 73
capitanear *to command* 3
capitonear *to command* 3
capitular *to capitulate* 3
capitulear *to capitulate* 3
caponearse *to be castrated* 3
capotar *to turn over* 3
capotear *to turn over* 3
capsular *to capsulate* 3
captar *to win* 3
capturar *to capture* 3
caracolear *to prance about* 3
caracterizar *to characterize* 73
carambolear *to cannon (billiards)* 3
caramelizar *to caramelize* 73
caratular *to mask* 3
carbonar *to make charcoal* 3
carbonatar *to carbonate* 3
carbonear *to carbonize* 3
carbonizar *to carbonize* 73
carburar *to go well* 3
carcajear *to roar with laughter* 3
carcomer *to bore into, to gnaw* 4
cardar *to card* 3
cardioinjertar *to graft heart* 3
carear *to bring face to face* 3
carecer *to lack* 35
cargar *to load* 72
cargosear *to annoy* 3
cariar *to decay (teeth)* 3
caricaturar *to caricature* 3
caricaturizar *to caricature* 73
carimbar *to brand* 3
carlear *to gasp* 3
carmenar *to comb* 3
carnavalear *to go to the carnival* 3
carnear *to murder* 3
carnerear *to slaughter* 3
carpetear *to plough lightly* 3
capintear *to work as a carpenter* 3
carpir *to scrape* 5
carraspear *to be hoarse* 3
carrerear *to run* 3
carretear *to wheelbarrow* 3
carrochar *to lay eggs (insects)* 3

carroñar *to eat carrion* 3
carrozar *to do body work (car)* 73
cartear *to correspond* 3
cartografiar *to do cartography* 75
casar *to marry* 3
cascabelear *to jingle* 3
cascamajar *to crush lightly* 3
cascar *to split, to break* 71
cascotear *to joke* 3
caseificar *to make casein* 71
caspar *to have dandruff* 3
castañetear *to snap* 3
castellanizar *to translate into Castilian* 73
castigar *to punish* 72
castrar *to castrate* 3
catalanizar *to become like a Catalan* 73
catalogar *to list* 72
catapultar *to catapult* 3
catar *to taste, to sample* 3
catatar *to bewitch* 3
catear *to seek* 3
catequizar *to catechize* 73
cateterizar *to explore* 73
catitear *to shake, to tremble* 3
catolizar *to make catholic* 73
caucionar *to give a caution* 3
causar *to cause* 3
causear *to have a snack* 3
caustificar *to make caustic* 71
cautelarse *to take precautions* 3
cauterizar *to cauterize* 73
cautivar *to capture* 3
cavar *to dig* 3
cavilar *to ponder* 3
cayapear *to gang up and attack* 3
cazar *to hunt* 73
cazcalear *to fuss around* 3
cazoletear *to meddle* 3
cebar *to fatten* 3
cecear *to lisp* 3
cecinar *to cure, to smoke meat* 3
cedacear *to fail* 3
ceder *to give, to yield* 4
cegar *to blind* 63
cejar *to back up* 3
celar *to supervise* 3
celebrar *to celebrate* 3
cellisquear [unipers.] *to sleet* 3
cementar *to cement* 3
cenar *to have supper* 3
cencerrear *to jangle* 3
cendrar *to purify* 3
censar *to take a census* 3
censurar *to censor* 3
centellar [unipers.] *to sparkle* 3
centellear [unipers.] *to flicker* 3
centonar *to jumble* 3
centralizar *to centralize* 73
centrar *to centre* 3
centrear *to centre* 3
centrifugar *to spin-dry* 72
centuplicar *to increase hundredfold* 71
ceñir *to gird* 8
cepillar *to brush* 3
cercar *to enclose, to fence* 71
cercenar *to cut* 3

coletear *to be dishonest* 3
colgar *to hang up* 61
colicuar *to dissolve, to liquefy* 76
colicuecer *to liquefy (cooking)* 35
coligar *to co-join* 72
colimar *to co-file* 3
colindar *to adjoin* 3
colisionar *to crash* 3
colitigar *to co-dispute* 72
colmar *to film* 3
colmatar *to fill up with silt* 3
colmenear *to keep bees* 3
colocar *to place* 71
colonizar *to colonize* 73
colorar *to colour* 3
colorear *to redden* 3
colorir [defect.] *to colour* 70
columbear *to swing* 3
columbrar *to make out, to glimpse* 3
columpiar *to swing, to push* 3
comadrear *to chat* 3
comandar *to command* 3
comanditar *to work with* 3
comarcar *to co-mark* 71
combar *to bend* 3
combatir *to fight* 5
combinar *to combine* 3
comediar *to average* 3
comedir *to govern* 6
comentar *to comment* 3
comenzar *to begin* 64
comer *to eat* 4
comercializar *to trade* 73
comerciar *to trade* 3
cometer *to commit* 4
cominear *to invite* 3
comiquear *to act comic* 3
comisar *to administer* 3
comiscar *to nibble* 71
comisionar *to commision* 3
comisquear *to nibble at* 3
compactar *to compact* 3
compadecer *to sympathise* 35
compadrar *to be friends* 3
compadrear *to be friends* 3
compaginar *to arrange* 3
comparar *to compare* 3
comparecer *to appear in court* 35
compartir *to divide up* 5
compasar *to be moderate* 3
compatibilizar *to agree* 73
compeler [dos part.] *to compel* 4
compendiar *to abridge* 3
compendizar *to abridge* 73
compenetrarse *to accord* 3
compensar *to compensate* 3
competer *to be the concern of* 4
competir *to compete* 6
compilar *to compile* 3
complacer *to please* 35
complementar *to complement* 3
completar *to complete* 3
complicar *to complicate* 71
complotar *to plot, to conspire* 3
componer *to put together* 16
comportar *to involve* 3

comprar *to buy* 3
comprender *to understand* 4
comprimir [dos part.] *to compress* 5
comprobar *to check* 19
comprometer *to compromise* 4
compulsar *to collate* 3
compungir *to move to tears* 86
compurgar *to administer* 72
computadorizar *to compute* 73
computar *to calculate* 3
computarizar *to calculate* 73
computerizar *to computerize* 73
comulgar *to take communion* 72
comunicar *to communicate* 71
concadenar *to link together* 3
concatenar *to link together* 3
concebir *to conceive* 6
conceder *to concede* 4
concelebrar *to concelebrate* 3
conceptear *to judge, to deem* 3
conceptuar *to judge, to think* 76
concernir [defect.] *to concern* 17
concertar *to harmonize* 11
concienciar *to arouse* 3
concientizar *to awaken* 73
conciliar *to reconcile* 3
concitar *to stir up* 3
concluir [dos part.] *to conclude* 44
concomerse *to itch with* 4
concomitar *to concomitate* 3
concordar *to reconcile* 19
concrecionar *to concretize* 3
concretar *to make concrete* 3
concretizar *to make concrete* 73
conculcar *to trample* 71
concurrir *to meet* 5
concursar *to participate in a contest* 3
conchabar *to hire for work* 3
condecorar *to decorate* 3
condenar *to condemn* 3
condensar *to condense* 3
condescender *to condescend* 13
condicionar *to condition* 3
condimentar *to season* 3
condolecerse *to sympathize with* 35
condoler *to feel sorry for* 22
condonar *to cancel* 3
conducir *to conduct* 39
conectar *to connect up* 3
conexionar *to make connexion* 3
confabular *to discuss* 3
confeccionar *to make* 3
confederar *to confederate* 3
conferenciar *to give a conference* 3
conferir *to confer* 27
confesar [dos part.] *to confess* 11
confiar *to trust* 75
configurar *to shape* 3
confinar *to confine* 3
confirmar *to confirm* 3
confiscar *to confiscate* 71
confitar *to coat with sugar* 3
conflagrar *to flare up* 3
confluir *to meet* 44
conformar *to conform* 3
confortar *to comfort* 3

convergir *to converge* 86
conversar *to talk* 3
convertir [dos part.] *to convert to* 27
convidar *to invite* 3
convivir *to coexist* 5
convocar *to convoke, to summon* 71
convoyar *to escort* 3
convulsionar *to get a convulsion* 3
cooperar *to co-operate* 3
cooptar *to co-decide* 3
coordinar *to coordinate* 3
copar *to surround* 3
coparticipar *to co-participate* 3
copear *to booze* 3
copelar *to melt metal* 3
copetear *to booze* 3
copiar *to copy* 3
copinar *to skin animal* 3
coplear *to compose* 3
coproducir *to co-produce* 39
copuchar *to tell lies* 3
copular *to copulate* 3
coquear *to chew coca* 3
coquetear *to flirt* 3
coquificar *to make cocaine* 71
coquizar *to make coke* 73
corar *to chorus* 3
corcovar *to buckle, to bend* 3
corcovear *to buckle, to bend* 3
corchar *to twist strands* 3
cordear *to rig* 3
cordelar *to measure with string* 3
corear *to chorus* 3
coreografiar *to choreograph* 75
corlar *to cut* 3
corlear *to court, to varnish* 3
cornear *to butt* 3
cornetear *to horn* 3
coronar *to crown* 3
corporativizar *to make corporate* 73
corporeizar *to group* 73
corporificar *to group* 71
correar *to run* 3
corredimir *to co-redeem* 5
corregentar *to co-guide* 3
corregir [dos part.] *to correct* 67
correinar *to reign jointly* 3
correlacionar *to correlate* 3
correr *to run* 4
corresponder *to correspond* 4
corretajear *to run around* 3
corretear *to run around* 3
corroborar *to corroborate* 3
corroer *to corrode* 53
corromper [dos part.] *to corrupt* 4
corsear *to act as a pirate* 3
cortapisar *to impose conditions* 3
cortar *to cut* 3
cortejar *to court, to woo* 3
cortocircuitar *to short-circuit* 3
coruscar [unipers.] *to shine* 71
corvar *to bend* 3
coscarse *to take offence* 71
coscorronear *to kit* 3
cosechar *to harvest* 3
coser *to sew* 4

cosquillar *to tickle* 3
cosquillear *to tickle* 3
costar *to cost* 19
costear *to pay* 3
costurar *to make a seam* 3
costuronear *to work as a dressmaker* 3
cotejar *to collate* 3
cotillear *to gossip* 3
cotizar *to quote* 73
cotonear *to work with cotton* 3
cotorrear *to chatter* 3
coyotear *to fix* 3
craquear *to crack* 3
crascitar *to caw, to croak* 3
crear *to create* 3
crecer *to grow* 35
creer *to think* 54
crepar *to make pancakes* 3
crepitar *to crackle* 3
crespar *to curl* 3
criar *to breed* 75
cribar *to sieve* 3
criminalizar *to criminalize* 73
crismar *to chrism (holy oil)* 3
crispar *to put on edge* 3
cristalizar *to cristalize* 73
cristianar *to christen* 3
cristianizar *to christen* 73
criticar *to criticize* 71
critiquizar *to criticize* 73
croar *to croak* 3
crocitar *to crow, to croak* 3
cromar *to chrome* 3
cronometrar *to time* 3
croscitar *to caw, to crow* 3
crotorar *to clack beak* 3
crucificar *to crucify* 71
crujir *to rustle* 5
cruzar *to cross out* 73
cuacar *to nag* 71
cuadrar *to plane* 3
cuadricular *to put into squares* 3
cuadriplicar *to multiply by four* 71
cuadruplicar *to quadruple* 71
cuajar *to curdle* 3
cualificar *to qualify* 71
cuantiar *to quantity* 75
cuantificar *to quantify* 71
cuaresmar *to follow Lent* 3
cuartar *to whip* 3
cuartear *to quarter* 3
cuartelar *to live in barracks* 3
cuartelear *to live in barracks* 3
cuatrerear *to rustle, to steal* 3
cubanizar *to become as a Cuban* 73
cubicar *to cube* 71
cubiletear *to intrigue* 3
cubrir [part. irreg.] *to cover* 5
cucar *to wink* 71
cucarrear *to give a nick name* 3
cucharear *to pickpocket* 3
cucharetear *to pickpocket* 3
cuchichear *to whisper* 3
cuchichiar *to whisper* 75
cuchufletear *to joke* 3
cuentear *to count* 3

cuerear to skin 3
cuestionar to question 3
cuidar to take care of 3
cuitar to be worried 3
cuitear to be worried 3
culebrear to slither 3
culminar to culminate 3
culpabilizar to accuse 73
culpar to accuse 3
culteranizar to latinize 73
cultiparlar to cultivate speech 3
cultivar to cultivate 3
culturar to cultivate land 3
culturizar to educate 73
cumplimentar to congratulate 3
cumplir to do, to fulfil 5
cumular to accumulate 3
cundir to spread 5
cunear to rock, to cradle 3
cuotear to make a quote 3
cuprificar to copper 71
cuquear to put the dogs on someone 3
curar to cure 3
curiosear to look over or round 3
currar to work 3
currelar to work 3
cursar to send 3
curtir to tan 5
curvar to bend 3
curvear to bend 3
custodiar to take care of 3
cutir to beat together 5

CH

chabacanear to say or to do coarse things 3
chacarear to get sore 3
chacolotear to clatter 3
chacotear to have fun 3
chacharear to deal in 3
chafallar to bevel 3
chafar to crease 3
chafarrinar to flatten 3
chaflanar to bevel 3
chaguar to wring out 77
chalanear to beat down 3
chalar to drive crazy 3
chamar to deal second hand 3
chamarilear to be a secondhand dealer 3
chamarrear to wear a poncho 3
chambear to earn one's living 3
chambonear to botch up 3
champar to shed 3
champear to shed 3
champurrar to mix drinks 3
chamullar to speak 3
chamuscar to scorch 71
chamuyar to speak slang 3
chancar to grind 71
chancear to joke 3
chancletear to wear flip-flops 3
chanchar to dirty 3
chanelar to understand 3
changar to work as a porter 72
chantajear to blackmail 3

chantar to throw 3
chañar to put on saddle blanket 3
chapalear to splash about 3
chapar to plate 3
chaparrear [unipers.] to rain heavily 3
chapear to plate (metal) 3
chapodar to prune 3
chapotear to splash about 3
chapucear to splash about, to botch 3
chapurrar to speak badly 3
chapurrear to speak badly 3
chapuzar to duck 73
chaquear to change sides 3
chaquetear to change sides 3
charanguear to racket 3
charlar to chat 3
chariatanear to joke 3
charlotear to chatter 3
charolar to varnish 3
charquear to dry, to jerk meat 3
charrasquear to knife, to stab 3
chascar to click, to snap 71
chasquear to disappoint, to joke 3
chatarrear to scrap (metal) 3
chatear to go drinking 3
checar to check, to investigate 71
chequear to check, to investigate 3
chicanear to trick, to take in 3
chicar to booze, to drink 71
chiclear to extract gum 3
chicolear to flirt 3
chicotear to whip, to lash 3
chicharrear to stridulate, to chirp 3
chichear to hiss 3
chichisbear to make gallantries 3
chichonear to joke 3
chiflar to whistle, to hiss at 3
chilenizar to become Chilean 73
chillar to howl, to squeal 3
chimar to scratch, to annoy 3
chimbar to ford 3
chimear to annoy 3
chinampear to grow in garden 3
chinchar to pester, to bother 3
chinchinear to make loud music 3
chinchorrear to gossip 3
chinear to care for, to spoil 3
chinganear to go on the town 3
chingar to dock the tail, to annoy 72
chinguear to dock the tail 3
chipiar to bother, to pester 3
chipotear to slap 3
chiquear to spoil, to indulge 3
chiquitear to play like a child 3
chirigotear to joke lightly 3
chiripear to win points by luck 3
chirlar to talk hastily 3
chirlear to sing at dawn (birds) 3
chirotear to become stupid 3
chirrear to creak, to cheep 3
chirriar to chirp, to sing 75
chiscar to strike sparks from stone 71
chismarse to gossip 3
chismear to gossip 3
chismorrear to spread scandal 3
chismosear to gossip 3

demostrar *to demonstrate* 19
demudar *to change, to alter* 3
denegar *to refuse, to reject* 63
denguear *to put on airs* 3
denigrar *to denigrate* 3
denominar *to name, to designate* 3
denostar *to insult* 19
denotar *to denote* 3
densificar *to thicken* 71
dentar *to put teeth on, to indent* 11
dentellar *to chatter, to bite* 3
dentellear *to bite, to nibble* 3
denudar *to denude, to lay bare* 3
denunciar *to report, to denounce* 3
deparar *to provide, to furnish with* 3
departir *to talk, to converse* 5
depauperar *to impoverish* 3
depender *to depend* 4
depilar *to depilate* 3
deplorar *to deplore, to regret* 3
deponer *to lay down, to depose* 16
deportar *to deport* 3
depositar *to deposit, to place* 3
depravar *to deprave, to corrupt* 3
deprecar *to beg, to implore* 71
depreciar *to depreciate* 3
depredar *to pillage* 3
deprimir *to depress, to flatten* 5
depurar *to purify* 3
derivar *to derive* 3
derechizar *to read from the right* 3
derogar *to repeal, to abolish* 72
derrabar *to dock the tail* 3
derramar *to spill, to pour out* 3
derrapar *to skid* 3
derrelinquir *to abandon* 88
derrenegar *to strain, to sprain* 63
derrengar *to bend, to twist* 72
derretir *to melt* 6
derribar *to knock down, to demolish* 3
derrocar *to fling down* 71
derrochar *to squander, to waste* 3
derrotar *to defeat, to rout* 3
derruir *to demolish, to tear down* 44
derrumbar *to fling down* 3
desabarrancar *to make stand out* 71
desabastecer *to leave short of supplies* 35
desabollar *to knock the dents out* 3
desabonarse *to stop subscribing* 3
desabordarse *to uncouple ships* 3
desabotonar *to unbutton* 3
desabrigar *to remove clothing* 72
desabrir [part. irreg.] *to give nasty taste* 5
desabrochar *to undo, to unfasten* 3
desaburrise *to have a good time* 6
desacalorarse *to cool down* 3
desacatar *to be disrespectful to* 3
desacedar *to deacidify* 3
desaceitar *to remove oil from* 3
desacelerar *to slow down* 3
desacerbar *to sweeten* 3
desachavar *to spill the beans* 3
desacertar *to be mistaken* 11
desacidificar *to deacidify* 71
desacidular *to deacidulate* 3
desaclimatar *to declimatize* 3

desacobardar *to encourage* 3
desacollarar *to take off collar* 3
desacomodar *to discharge* 3
desacompañar *to leave* 3
desacondicionar *to decondition* 3
desaconsejar *to dissuade* 3
desacoplar *to disconnect* 3
desacordar *to disagree, to put out of tune* 19
desacorralar *to let out of the corral* 3
desacostumbrar *to break the habit* 3
desacotar *to scoop out* 3
desacralizar *to demystify* 73
desacreditar *to discredit* 3
desactivar *to defuse, to deactivate* 3
desacuartelar *to be not guaranteed* 3
desadeudar *to get out of debt* 3
desadormecer *to wake up someone* 35
desadornar *to strip of ornaments* 3
desadvertir *to fail to notice* 27
desafear *to improve the looks of* 3
desaferrar *to loosen, to unfasten* 11
desafiar *to challenge* 75
desaficionar *to take a dislike to* 3
desafilar *to blunt, to dull* 3
desafinar *to be out of tune* 3
desaforar *to act violently* 19
desagraciar *to spoil* 3
desagradar *to displease* 3
desagradecer *to be ungrateful* 35
desagraviar *to make amends to* 3
desagregar *to disintegrate* 72
desaguar *to drain, to empty* 77
desaguazar *to clear with water* 73
desaherrojar *to unchain* 3
desahijar *to wean* 78
desahitarse *to free from indigestion* 78
desahogar *to ease, to relieve* 72
desahuciar *to evict, to eject* 3
desahumar *to defumigate* 82
desairar *to slight, to snub* 78
desaislar *to go in single file* 78
desajustar *to disarrange* 3
desalabar *to criticize* 3
desalabear *to unwarp* 3
desalar *to desalinate, to clip the wings of* 3
desalbardar *to make breathless* 3
desalentar *to discourage* 11
desalfombrar *to spring clean* 3
desalforjar *to take off saddlebags* 3
desalhajar *to remove furniture* 3
desalinear *to move out of line* 3
desalinizar *to desalinate* 73
desaliñar *to disarrange* 3
desalivar *to desalivate* 3
desalmar *to weaken* 3
desalmarse *to long for, to crave* 5
desalmenar *to destroy fortifications* 3
desalmidonar *to remove starch* 3
desalojar *to eject, to evict* 3
desalquilar *to vacate, to move out* 3
desalquitranar *to remove tar* 3
desalterar *to assuage, to calm* 3
desamar *to cease to love* 3
desamarrar *to untie, to cast off* 3
desamartelar *to fall out of love* 3
desambientar *to be out of place* 3

desamoblar to unfurnish 19
desamoldar to remove from mould 3
desamontonar to unpile 3
desamortajar to unshroud a corpse 3
desamortizar to disentail 73
desamotinarse to give up a revolt 3
desamparar to desert, to abandon 3
desamueblar to remove furniture 3
desanclar to weigh anchor 3
desancorar to weigh anchor 3
desandar to retrace one's steps 59
desangrar to bleed 3
desanidar to oust, to dislodge 3
desanimar to discourage 3
desanublar to become clear (sky) 3
desanudar to untie, to unknot 3
desaojar to lift a spell 3
desaparcar to drive off 3
desapadrinar to disapprove of 3
desapañar to disarrange 3
desaparear to decouple 3
desaparecer to make disappear 35
desaparejar to unharness 3
desapartar to bring together 3
desapasionar to demotivate 3
desapegar to unstick 72
desapestar to disinfect a plague 3
desapiolar to unbind 3
desaplicar not to apply oneself 71
desaplomar to move out of vertical 3
desapoderar to deprive of authority 3
desapolillar to remove cobwebs 3
desaporcar to unearth plants 60
desaposentar to expel from lodging 3
desapoyar to withdraw support 3
desapreciar to denigrate 3
desaprender to forget, to unlearn 4
desaprestar to make unready 3
desapretar to loosen, to slacken 11
desaprisionar to set free 3
desaprobar to disapprove 19
desapropiar to divest, to give up 3
desaprovechar not to use, to waste 3
desapuntalar to remove prop 3
desapuntar to unpick 3
desarbolar to dismast to clear trees 3
desarenar to remove sand 3
desarmar to disarm 3
desarmonizar to disharmonize 73
desaromatizar to remove smell 73
desarraigar to uproot, to dig up 72
desarrajar to break open 3
desarrancarse to uproot 71
desarrebozar to uncover 73
desarrebujar to untangle 3
desarreglar to disarrange 3
desarrendar (de arriendo) to cancel lease ... 11
desarrimar to move away 3
desarrinconar to bring back in 3
desarrollar to unroll, to develop 3
desarropar to undress 3
desarrugar to smooth 72
desarrumar to unstow 3
desarticular to take apart 3
desartillar to disarm a ship 3
desarzonar to throw, to unsaddle 3

desasear to dirty, to soil 3
desasegurar to destabilize 3
desasentar not to suit, to move 11
desasir to loosen, to untie 41
desasistir to desert, to abandon 5
desasnar to civilize, to improve 3
desasociar to dissolve a partnership 3
desasosegar to disturb, to perturb 11
desatacar to unfasten, to loosen 71
desatancar to pull out of the mud 71
desatar to untie, to undo 3
desatascar to pull out of the mud 71
desataviar to undress 75
desatender to disregard 13
desatentar to go to extremes 11
desaterrar to clear up 11
desatesorar to spend savings 3
desatinar to perplex, to bewilder 3
desatolondrar to come to one's senses 3
desatollar to pull out of the mud 3
desatontarse to gather one's wits 3
desatorar to clear, to unblock 3
desatornillar to unscrew 3
desatracar to cast off 71
desatraillar to unleash 78
desatrampar to unblock, to clear 3
desatrancar to unbar, to unbolt 71
desatufarse to get some fresh air 3
desaturdir to wake up 5
desautorizar to deprive of authority 3
desavenir to cause a rift between 18
desaviar to pull out, to inconvenience 75
desavisar to counterorder 3
desayudar to delay help 3
desayunar to breakfast on 3
desazogar to remove mercury 72
desazonar to make tasteless 3
desazufrar to remove sulphur 3
desbabar to clean slime from 3
desbagar to take linseed out of flax 72
desbalagar to remove water 72
desbancar to go bust at cards 71
desbandarse to disband 3
desbarajustar to throw into confusion 3
desbaratar to ruin, to spoil 3
desbarbar to shave 3
desbarbillar to trim rootlets off 3
desbardar to remove brambles 3
desbarnizar to unvarnish 73
desbarrancar to throw over precipice 71
desbarrar to talk rubbish 3
desbarrigar to disembowel 72
desbastar to rough hew 3
desbautizar to change the name 73
desbecerrar to wean a calf 3
desbenzolar to remove benzol 3
desbloquear to unblock 3
desbocar to chip 71
desboquillar to uncouple 3
desbordar to pass, to go beyond 3
desborrar to burl 3
desboscar to clear of scrub 71
desbotonar to remove buds 3
desbravar to tame, to break in 3
desbravecer to tame (animal) 35
desbrazarse to fling one's arms 73

desmanchar *to clean, to remove stains* 3
desmandar *to go out of control, to stray* 3
desmangar *to take off handle* 72
desmaniguar *to clear of scrub* 77
desmantecar *to skim* 71
desmantelar *to dismantle* 3
desmaquillar *to remove make-up* 3
desmarañar *to clear of bushes* 3
desmarcar *to dissociate from* 71
desmarojar *to remove leaves* 3
desmatar *to clear shrubs/plants* 3
desmaterializar *to dematerialize* 73
desmayar *to lose heart, to make faint* 3
desmechar *to unlard meat* 3
desmedirse *to forget oneself* 6
desmedrar *to impair, to reduce* 3
desmejorar *to impair, to spoil* 3
desmelar *to harvest honey* 11
desmelenar *to dishevel, to tousle* 3
desmembrar *to dismember, to break up* 11
desmemoriarse *to grow forgetful* 3
desmenguar *to diminish* 77
desmentir *to deny, to refute* 27
desmenuzar *to crumble up* 73
desmeollar *to take out marrow* 3
desmerecer *to be unworthy of* 35
desmesurar *to be insolent* 3
desmigajar *to crumble* 3
desmigar *to crumble* 72
desmilitarizar *to demilitarize* 73
desmineralizar *to demineralize* 73
desmitificar *to demythologize* 71
desmochar *to lop, to cut off the top* 3
desmodular *to scramble* 3
desmogar *to shed horns* 72
desmolar *to displease* 3
desmoldar *to remove from mould* 3
desmoler *to digest, to wear out* 22
desmonetizar *to demonetize* 73
desmontar *to dismantle* 3
desmoñar *to tousle hair* 3
desmoralizar *to demoralize* 73
desmorecerse *to pine for something* 35
desmorfinizar *to take off morphine* 73
desmoronar *to wear away* 3
desmotar *to bail wool* 3
desmotivar *to discourage* 3
desmovilizar *to demobilize* 73
desmugrar *to grease cloth* 3
desmultiplicar *to gear down* 71
desmullir *to become less soft* 9
desnacionalizar *to denationalize* 73
desnatar *to skim, to take cream off* 3
desnaturalizar *to denature* 73
desnaturarse *to denature* 3
desnicotinizar *to denicotinize* 73
desnitrificar *to nitrify* 71
desnivelar *to make uneven* 3
desnucar *to break the neck of* 71
desnuclearizar *to denuclearize* 73
desnudar *to strip, to undress* 3
desnutrirse *to suffer from malnutrition* 5
desobedecer *to disobey* 35
desobligar *to free from obligation* 72
desobstruir *to unblock, to unstop* 44
desocultar *to see through something* 3

desocupar *to vacate, to move out* 3
desodorizar *to deodorize* 73
desoír *to ignore, to disregard* 45
desojar *to strain one's eyes* 3
desolar *to lay waste, to ruin* 19
desolidarizarse *to dissociate from* 73
desollar *to skin, to flay* 19
desopinar *to denigrate* 3
desoprimir *to relieve from pressure* 5
desorbitar *to exaggerate* 3
desordenar *to disarrange, to mess up* 3
desorejar *to cut the ears off* 3
desorganizar *to disorganize* 73
desorientar *to direct wrongly* 3
desorillar *to cut the edge off* 3
desornamentar *to make plain* 3
desornar *to disembellish* 3
desortijar *to thin out, to clear of weeds* 3
desosar *to remove bones* 20
desovar *to spawn* 3
desovillar *to unravel, to unwind* 3
desoxidar *to remove rust from* 3
desoxigenar *to deoxidize* 3
despabilar *to snuff* 3
despachar *to complete, to dispatch* 3
despachurrar *to squash, to crush* 3
despajar *to winnow* 3
despaldar *to break the back of* 3
despaldillar *to dislocate the shoulder of* 3
despaletar *to break the back of* 3
despaletillar *to break the shoulder blade* 3
despampanar *to prune, to trim* 3
despampanillar *to trim, to prune* 3
despamplonar *to remove sprouts from vines* 3
despancar *to husk maize corn* 71
despancijar *to disembowel* 3
despanzurrar *to disembowel* 3
desparafinar *to deparrafin, to unwax* 3
desparedar *to knock down wall* 3
desparejar *to separate* 3
desparpajar *to take apart carelessly* 3
desparramar *to scatter, to spread* 3
desparrancarse *to astonish* 71
desparvar *to pile up (cereals)* 3
despatarrar *to amaze, to dumbfound* 3
despatillar *to tenon (carpentry)* 3
despatriar *to exile* 3
despaturrar *to astound, to astonish* 3
despavesar *to snuff a candle* 3
despavonar *to remove bluing from* 3
despavorir [defect.] *to be aghast* 70
despearse *to get footsore* 3
despechar *to anger, to enrage* 3
despechugar *to unbutton collar* 72
despedazar *to tear apart* 73
despedir *to see off, to dismiss* 6
despedrar *to clear, to remove rubble* 11
despedregar *to clear stones* 72
despegar *to unglue, to unstick* 72
despeinar *to tousle, to ruffle* 3
despejar *to clear, to disencumber* 3
despelotar *to strip, to undress* 3
despeluchar *to dishevel, to tousle* 71
despeluzar *to stand on end (hair)* 73
despeluznar *to stand on end (hair)* 3
despellejar *to skin, to flay* 3

despenalizar *to decriminalize* 3
despenar *to console* 3
despeñar *to fling down, to throw* 3
despepitar *to remove pips from* 3
despercudir *to clean, to wash* 5
desperdiciar *to waste, to squander* 3
desperdigar *to scatter, to separate* 72
desperecer *to perish* 35
desperezarse *to stretch oneself* 73
desperfilar *to hide outline* 3
despernar *to cut off a leg* 11
despersonalizar *to depersonalize* 73
despertar [dos part.] *to wake up* 11
desperstañar *to pluck out eyelashes* 3
despezar *to divide into parts* 64
despezonar *to destable* 3
despezuñarse *to damage hooves* 3
despicar *to get even* 71
despichar *to dry* 3
despiezar *to break up, to split* 73
despilarar *to knock down pillars* 3
despilfarrar *to waste, to squander* 3
despimpollar *to trim, to prune* 3
despinochar *to remove husk* 3
despintar *to take the paint off* 3
despinzar *to remove with pincers* 73
despiojar *to delouse* 3
despistar *to throw off the scent* 3
despizcar *to crumble* 71
desplacer *to displease* 36
desplanchar *to wrinkle* 3
desplantar *to pull up, to uproot* 3
desplatar *to desilver* 3
desplatear *to desilver* 3
desplayar *to withdraw from beach* 3
desplazar *to displace, to move* 73
desplegar *to unfold, to spread out* 63
despleguetear *to remove shoots from vines* 3
desplomar *to lean, to tilt* 3
desplumar *to pluck* 3
despoblar *to depopulate* 19
despoetizar *to take poetry out of* 73
despojar *to strip off, to clear of* 3
despolarizar *to depolarize* 73
despolitizar *to politicize* 73
despolvar *to dust* 3
despolvorear *to dust* 3
despopularizar *to make unpopular* 73
desporrondingarse *to squander* 72
desportillar *to chip, to nick* 3
desposar *to marry* 3
desposeer *to dispossess* 54
despostar *to cut up meat* 3
despostillar *to chip* 3
despotizar *to tyrannize* 73
despotricar *to rave, to rant* 71
despreciar *to scorn, to despise* 3
desprecintar *to unseal* 3
desprejuiclarse *to unprejudice* 4
desprender *to unfasten* 4
despreocuparse *not to worry* 3
despresar *to cut up, to carve up* 3
desprestigiar *to disparage* 3
desprivatizar *to take into public ownership* 3
desprogramar *to deprogram* 3
desproporcionar *to disproportion* 3

desproveer [dos part.] *to deprive* 54
despulmonarse *to shout loudly* 3
despulpar *to pulp* 3
despumar *to skim* 3
despuntar *to blunt, to dull* 3
desquebrajar *to crack, to split* 3
desquejar *to slip* 3
desquiciar *to unhinge* 3
desquijarar *to tenon (carpentry)* 3
desquijerar *to tenon (carpentry)* 3
desquilatar *to devalue gold* 3
desquitar *to make good, to compensate* 3
desrabar *to dock the tail* 3
desrabotar *to dock the tail* 3
desraizar *to pull up roots* 81
desramar *to prune, to lop* 3
desraspar *to destalk grapes* 3
desrastrojar *to clear of stubble* 3
desratizar *to clear of rats* 73
desregular *to deregulate* 3
desrielar *to derail* 3
desriñonar *to break the back of* 3
desriscarse *to fling down* 71
desrizar *to straighten, to uncurl* 73
desroblar *to unclinch nails* 3
destacar *to make stand out* 71
destaconar *to wear down heels* 3
destajar *to cut the cards* 3
destalonar *to wear down the heels* 3
destapar *to uncover, to uncork* 3
destapiar *to pull walls down* 3
destaponar *to uncork* 3
destarar *to deduct the tare on* 3
destartalar *to make untidy* 3
destazar *to cut up* 73
destechar *to unroof* 3
destejar *to remove tiles from* 3
destejer *to undo, to unravel* 4
destellar *to sparkle, to flash* 3
destemplar *to put out of tune* 3
destensar *to slacken, to loosen* 3
desteñir *to fade, to discolor* 8
desternerar *to wean calves* 3
desternillarse *to die with laughter* 3
desterrar *to exile, to banish* 11
desterronar *to break up soil* 3
destetar *to wean* 3
destetillar *to remove shoots* 3
destilar *to distil* 3
destinar *to destine* 3
destituir *to dismiss* 44
destocar *to disarrange* 71
destoconar *to clear of stumps* 3
destorcer *to untwist* 23
destornillar *to unscrew* 3
destoserse *to clear one's throat* 4
destrabar *to loosen, to unfetter* 3
destramar *to unweave* 3
destrenzar *to unbraid* 73
destripar *to gut, to draw an animal* 3
destriunfar *to force trumps (cards)* 3
destrizar *to shred* 73
destrocar *to swap, to change back* 60
destronar *to dethrone* 3
destroncar *to chop off* 71
destrozar *to smash, to shatter* 73

E

embalsamar to embalm 3
embalsar to dam, to retain 3
embalumar to load down 3
emballenar to bone, to stiffen 3
embanastar to put into a basket 3
embancarse to silt up 71
embanderar to deck with flags 3
embanquetar to put pavement 3
embarazar to obstruct, to hamper 73
embarbascarse to tangle up ploughshare 71
embarbecer to remove beard 35
embarcar to embark 71
embardar to top with spikes 3
embargar to impede, to hinder 72
embarnecer to varnish 35
embarnizar to varnish 73
embarrancar to run aground 71
embarrar to smear, to bedaub 3
embarrialarse to be covered in mud 3
embarrilar to cask, to barrel 3
embarrotar to bar up 3
embarullar to bungle, to mess up 3
embastar to baste, to stitch 3
embastecer to grow stout 35
embaucar to trick, to swindle 71
embaular to pack into trunk 82
embazar to die brown 73
embebecer to fascinate 35
embeber to absorb, to soak up 4
embejucar to wrap up in lianas 71
embelecar to deceive, to cheat 71
embelesar to enchant, to entrance 3
embellaquecer to go to the bad 35
embellecarse to embellish 71
embellecer to embellish 35
embermejar to make red 3
embermejecer to redden 35
emberrenchinarse to fly into tantrum 3
emberrincharse to fly into tantrum 3
embestir to assault, to attack 6
embetunar to tar, to pitch 3
embicar to head straight for land 71
embicharse to become wormy 3
embijar to become cross-eyed 3
embizcar to astound somebody 71
emblandecer to soften 35
emblanquecer to whiten 35
embobar to amaze 3
embobecer to make silly 35
embobinar to wind up 3
embocar to put into one's mouth 71
embocinarse to trumpet 3
embochinchar to throw into confusion 3
embodegar to store in cellar 72
embojar to encourage cocoons 3
embolar to tip with wooden balls 3
embolatar to deceive 3
embolismar to gossip about 3
embolsar to pocket 3
emboquillar to tip 3
emborrachar to intoxicate 3
emborracharse to get drunk 3
emborrar to stuff, to pad 3
emborrascar to get stormy 71
emborrazar to lard for roasting 73
emborricarse to be dazzled 71

emborrizar to card wool 73
emborronar to blot, to scribble 3
emborrullarse to be involved in a dispute 3
emboscar to lie in ambush 71
embosquecer to plant trees 35
embotar to dull, to blunt 3
embotellar to bottle 3
emboticarse to stuff oneself with medecine 71
embotijar to put in jars 3
embotonar to fasten one's buttons 3
embovedar to arch, to vault 3
embozalar to muzzle 3
embozar to muffle, to wrap up 73
embragar to engage, to connect 72
embramar to anger 3
embravar to enrage 3
embravecer to enrage 35
embrazar to take up shield 73
embrear to cover with tar 3
embregarse to start quarreling 72
embreñarse to become scrubby 3
embretar to pen, to corral 3
embriagar to make drunk 72
embridar to bridle, to check 3
embrocar to wind on 71
embrollar to muddle, to confuse 3
embromar to tease, to make fun of 3
embromarse to get cross 3
embroncarse to get angry 3
embroquelarse to shield oneself 3
embroquetar to skewer for roasting 3
embrujar to put a spell on 3
embrutecer to brutalize 35
embuchar to stuff with mincemeat 3
embudar to emerge, to appear 3
embullar to excite 3
emburujar to jumble together 3
embustear to tell lies 3
embutir to stuff, to pack 5
emerger to emerge, to appear 84
emigrar to emigrate 3
emitir to emit, to give off 5
emocionar to excite, to thrill 3
empacar to bale, to crate 71
empachar to stop up, to clog 3
empadrarse to be attached to parents 3
empadronar to take a census of 3
empajar to fill with straw 3
empajolar to fumigate wine barrels 19
empalagar to pall on, to sicken 72
empalar to impale 3
empalizar to stockade 73
empalmar to join, to connect 3
empalomar to attach headline to rail 3
empamparse to get lost on pampas 3
empanar to cook in breadcrumbs 3
empandar to bend under weight 3
empandillar to make a trick (cards) 3
empantanar to flood, to swamp 3
empañar to put a nappy on 3
empañetar to plaster, to whiten 3
empapar to soak, to drench 3
empapelar to wallpaper 3
empapirotar to dress up 3
empapujar to rivet 3
empapuzar to stuff with food 3

empaquetar *to pack, to parcel up* 3
emparamarse *to freeze to death* 3
emparar *to catch* 3
emparchar *to patch* 3
empardar *to equalize (cards)* 3
emparedar *to immure, to confine* 3
emparejar *to pair, to match* 3
emparentar *to marry into a family* 11
emparrandarse *to go on a binge* 3
emparrar *to train a plant* 3
emparrillar *to grill* 3
emparvar *to lay for threshing* 3
empastar *to paste* 3
empastelar *to find a way out* 3
empatar *to join, to connect* 3
empatizar *to empathize* 3
empavar *to put a jinx on* 3
empavesar *to deck, to adorn* 3
empavorecer *to terrorize* 35
empecer *does not prevent* 35
empecinarse *to be stubborn* 3
empedarse *to get drunk* 3
empedernecer *to harden* 35
empedernir [defect.] *to harden* 70
empedrar *to pave* 11
empegar *to mark with pitch* 72
empeguntar *to mark animals* 3
empelar *to grow hair* 3
empelechar *to marble* 3
empelotarse *to get undressed* 3
empellar *to push, to shove* 3
empellejar *to cover with leather* 3
empeller *to push, to shove* 7
empenachar *to adorn with plumes* 3
empeñar *to pawn, to pledge* 3
empeorar *to make worse* 3
empequeñecer *to dwarf* 35
empercudir *to stain, to tarnish* 5
emperchar *to hang on rack* 3
emperdigar *to brown, to half-cook* 72
emperejilar *to dress up* 3
emperezar *to become indolent* 73
empergaminar *to cover with parchment* 3
empericar *to be dead set* 71
emperifollar *to adorn, to deck* 3
empernar *to bolt, to secure* 3
emperrarse *to get stubborn* 3
empertigar *to hitch up* 72
empestillarse *to shut in* 3
empetacar *to become fat* 71
empetatar *to cover with matting* 3
empezar *to begin, to start* 64
empicarse *to become infatuated* 71
empicotar *to pillory* 3
empilcharse *to dress up* 3
empilonar *to pile up* 3
empinar *to raise, to stand up straight* 3
empingorotar *to climb, to go up* 3
empiparse *to stuff oneself* 3
empitar *to gore* 3
empitonar *to gore, to impale* 3
empizarrar *to roof with slates* 3
emplantillar *to put insoles in* 3
emplastar *to put plaster on* 3
emplastecer *to smooth surface* 35
emplazar *to summon, to convene* 73

emplear *to use, to employ* 3
emplebeyecer *to be vulgar* 35
emplomar *to cover with lead* 3
emplumar *to adorn with feathers* 3
emplumecer *to grow feathers* 35
empobrecer *to impoverish* 35
empodrecer *to rot* 3
empolvar *to powder, to be dusty* 3
empolvorar *to become dusty* 3
empolvorizar *to become dusty* 73
empollar *to incubate eggs* 3
emponcharse *to put a poncho on* 3
emponzoñar *to poison* 3
empopar *to sail before the wind* 3
emporcar *to dirty, to soil* 60
empotrar *to embed, to fix* 3
empotrerar *to put out to pasture* 3
empozar *to stagnate* 73
empradizar *to convert land to pasture* 73
emprender *to undertake* 4
empreñar *to make pregant* 3
emprestar *to borrow* 3
empretecer *to lend* 35
emprimar *to give priority* 3
empringar *to grease* 72
empujar *to push, to shove* 3
empulgar *to brace* 72
empuntar *to put a point on* 3
empuñar *to grasp, to clutch* 3
empupar *to pupate* 3
empurpurar *to dress in purple* 3
empurrarse *to get angry* 3
emputecer *to enrage* 35
emular *to emulate, to rival* 3
emulsionar *to emulsify* 3
enaceitar *to oil* 3
enaguachar *to soak, to drench* 3
enaguazar *to flood* 73
enajenar *to alienate, to transfer* 3
enalbar *to forge steel* 3
enalbardar *to put packsaddle on* 3
enalfombrar *to carpet* 3
enaltecer *to exalt, to ennoble* 35
enamorar *to inspire love in* 3
enamoricarse *to be a bit in love* 71
enamoriscarse *to take a fancy to* 71
enanarse *to dwarf* 3
enancarse *to be on the crupper* 71
enanchar *to widen* 3
enangostar *to narrow* 3
enarbolar *to hoist, to raise* 3
enarcar *to put a hoop on* 71
enardecer *to fire, to inflame* 35
enarenar *to cover with sand* 3
enastar *to put a handle on* 3
encabalgar *to rest, to lean* 72
encaballar *to overlap* 3
encabar *to put a shaft on* 3
encabellecerse *to grow* 35
encabestrar *to put a halter on* 3
encabezar *to lead, to head* 73
encabrestar *to halter* 3
encabriar *to rafter roof* 3
encabritarse *to be riled, to be upset* 3
encabronar *to rile, to upset* 3
encabuyar *to tie up* 3

encolerizar to anger, to provoke 73
encomendar to entrust 11
encomiar to praise, to extol 3
encompadrar to become friends 3
enconar to inflame, to make sore 3
enconcharse to go into one's shell 3
encongarse to dance the conga 72
encontrar to find 19
encoñarse to be lead on 3
encopetar to be conceited 3
encorachar to bag 3
encorajar to encourage 3
encorajinar to anger, to irritate 3
encorchar to cork a bottle, to hive bees 3
encorchetar to fit with clasp 3
encordar to string 19
encordelar to tie with string 3
encordonar to tie up 3
encornar to gore 19
encornudar to cuckold 3
encorralar to pen, to corral 3
encorselar to put in corset 3
encorsetar to confine, to put in straight jacket 3
encortinar to put up curtains 3
encorvar to bend, to curve 3
encostalar to put in sacks 3
encostrar to put a crust on 3
encovar to hide someone 19
encrasar to thicken 3
encrespar to curl, to frizzle 3
encrestarse to raise crest 3
encristalar to glaze 3
encrudecer to irritate 35
encruelecer to make cruel 35
encuadernar to bind, to cover 3
encuadrar to frame 3
encuartar to tie up, to harness 3
encuartelar to billet 3
encubar to vat 3
encubertar to cover horse 3
encubrir [part.irreg.] to conceal 5
encucurucharse to reach the top 3
encuerar to strip naked 3
encuestar to poll, to take poll of 3
enculcarse to go broody 3
encuitarse to grieve 3
enculatar to hive bees 3
encumbrar to raise, to elevate 3
encunar to put in the cradle 3
encurdelarse to get drunk 3
encureñar to mount cannon 3
encurtir to pickle (gherkins) 5
enchalecar to put in straight jacket 71
enchamicar to put on shoes 71
enchapar to plate, to overlay 3
enchaquetarse to put jacket on 3
encharcar to flood, to swamp 71
encharralarse to make an ambush 3
enchastrar to dirty 3
enchicharse to get drunk 3
enchilar to season with chilli 3
enchinar to curl, to perm 3
enchinchar to bother 3
enchiquerar to pen, to corral 3
enchironar to put in jail 3
enchispar to get drunk 3

enchivarse to fly into a rage 3
enchuecar to bend 71
enchufar to join, to connect 3
enchularse to swagger 3
enchutar to go well 3
endechar to grieve, to mourn 3
endehesar to put out to pasture 3
endemoniar to bedevil 3
endentar to engage, to mesh 11
endentecer to cut one's teeth 35
enderezar to straighten 73
endeudarse to get into debt 3
endiablar to bedevil, to bewitch 3
endilgar to send, to direct 72
endiñar to fetch 3
endiosar to deify 3
enditarse to get into debt 3
endomingarse to dress up 72
endosar to endorse, to support 3
endoselar to provide with canopy 3
endrogarse to get into debt 72
endulzar to sweeten 73
endurecer to harden 35
enejar to put on axle 3
energizar to energize 3
enemistar to make enemies of 3
enervar to enervate 3
enfadar to anger, to irrigate 3
enfajar to gird 3
enfajillar to put a wrapper on 3
enfaldar to take up skirt 3
enfangar to cover with mud 72
enfardar to bale, to wrap up 3
enfardelar to bale, to wrap up 3
enfatizar to emphasize, to stress 73
enfermar to make ill 3
enfervorecer to encourage 35
enfervorizar to arouse, to encourage 73
enfeudar to enfief 3
enfielar to correct balance 3
enfierecerse to become angry 35
enfiestarse to have a good time 3
enfilar to enfilade, to thread 3
enflaquecer to make thin, to weaken 35
enflatarse to sulk, to be sad 3
enflautar to unload something 3
enflorar to deck with flowers 3
enflorecer to deck with flowers 35
enfocar to focus 71
enfollonar to muddle, to mix up 3
enfoscar to fill with mortar 71
enfrailar to become a friar 3
enfranquecer to enfranchise 35
enfrascar to bottle 71
enfrenar to bridle, to brake 3
enfrentar to put face to face 3
enfriar to cool, to chill 75
enfrijolarse to get messed up 3
enfrontar to be in front of 3
enfuetarse to become strong 3
enfullar to cheat at cards 3
enfullinarse to cheat, to get angry 3
enfundar to sheathe 3
enfuñarse to sulk, to cloud over 3
enfurecer to enrage, to madden 35
enfurruñarse to sulk, to get sulky 3

envergonzar *to shame* 65
envestir *to confer something* 6
envetarse *to streak* 3
enviar *to send* 75
enviciar *to corrupt* 3
envidar *to bid* 3
envidiar *to envy, to desire* 3
envigar *to put rafters in* 72
envilecer *to debase, to degrade* 35
envinar *to put wine into* 3
enviscar *to birdlime* 71
enviudar *to be widowed* 3
envolver *to wrap, to pack up* 21
enyantar *to eat* 3
enyerbar *to bewitch, to poison, to become overgrown* ...3
enyesar *to plaster* 3
enyugar *to yoke* 3
enyuntar *to put together* 3
enzacatarse *to get covered in grass* 3
enzapatar *to tread on* 3
enzarzar *to involve in a dispute* 73
enzocar *to insert* 71
enzorrar *to use guile* 3
enzunchar *to bind with hoops* 3
enzurdecer *to be left handed* 35
enzurizar *to quarrel, to squable* 73
enzurronar *to put in pouch* 3
epilogar *to sum up, to round off* 72
epitomar *to condense, to abridge* 3
equidistar *to be equidistant* 3
equilibrar *to balance, to poise* 3
equipar *to equip, to furnish* 3
equiparar *to put on the same level* 3
equiponderar *to be equal weight* 3
equivaler *to be equivalent, to equal* 43
equivocar *to mistake* 71
ergotizar *to quibble* 73
erguir *to raise, to lift* 28
erigir *to erect, to build* 86
erizar *to bristle, to stand on end* 73
erogar *to distribute* 72
erosionar *to erode* 3
erradicar *to eradicate* 71
errar *to miss, to aim badly* 12
eructar *to belch* 3
esbozar *to sketch, to outline* 73
escabechar *to pickle, to marinate* 3
escabullarse *to slip away, to slip off* 3
escabullirse *to slip away, to slip off* 9
escachar *to flatten, to crack* 3
escacharrar *to break, to bust* 3
escachifollar *to break, to smash* 3
escaecer *to drop, to fall* 35
escafilar *to lay bricks* 3
escalabrar *to injure the head* 3
escalar *to climb, to scale* 3
escaldar *to scald* 3
escalecer *to heat up* 35
escalfar *to poach eggs* 3
escalfecerse *to decalcify* 35
escalonar *to spread out at intervals* 3
escalpar *to scalp* 3
escamar *to remove scales from* 3
escamochar *to trim vegetables* 3
escamondar *to prune* 3
escamotear *to whisk away, to make vanish* 3

escampar [unipers.] *to clear up, to stop raining* 3
escamujar *to prune* 3
escanciar *to pour out wine* 3
escandalizar *to scandalize* 73
escandallar *to fix price, to sound sailing* 3
escandir *to scan* 5
escantillar *to cut down* 3
escapar *to escape, to ride hard* 3
escaquear *to duck out, to shirk* 3
escarabajear *to bother, to worry* 3
escaramucear *to skirmish* 3
escaramuzar *to skirmish* 73
escarapelar *to scrape off* 3
escarbar *to scratch the earth* 3
escarcear *to prance* 3
escarchar [unipers.] *to frost* 3
escardar *to weed out* 3
escardillar *to weed out* 3
escariar *to ream* 3
escarificar *to scarify* 71
escarizar *to treat sores, to unscar* 73
escarmenar *to comb wool, to teach a lesson* 3
escarmentar *to punish severely* 11
escarnecer *to fear, to scoff at* 35
escarolar *to frill, to flounce* 3
escarpar *to escarp* 3
escarpiar *to spike* 3
escarrancharse *to do the splits* 3
escarzar *to bend a pole* 73
escasear *to be sparing with* 3
escatimar *to cut down, to be mean* 3
escavanar *to weed out* 3
escayolar *to plaster limbs* 3
escenificar *to stage, to dramatize* 71
escindir *to split* 5
esclarecer *to light up, to illuminate* 35
esclavizar *to enslave* 73
esclerosar *to have sclerosis* 3
escobar *to sweep, to sweep out* 3
escobazar *to sprinkle with brush* 73
escobillar *to tap one's feet on floor* 3
escocer *to sting, to hurt* 23
escodar *to cut* 3
escofinar *to rasp, to file* 3
escoger *to choose, to select* 84
escolarizar *to enrol in school* 73
escoliar *to make scolastic notes* 3
escoltar *to escort* 3
escollar *to hit a reef* 3
escombrar *to clear out, to clean out* 3
esconder *to hide, to conceal* 4
escoñarse *to smash up, to break* 3
escopetar *to mine for gold* 3
escopetear *to shoot at* 3
escoplear *to chisel* 3
escorar *to shore up* 3
escorchar *to flay, to skin* 3
escoriar *to rub sore* 3
escorificar *to slag, to scorify* 71
escorzar *to foreshorten* 73
escoscarse *to pretend not to know* 71
escotar *to cut out, to cut to fit* 3
escribir [part. irreg.] *to write* 5
escriturar *to execute by deed* 3
escrupulizar *to scrumple, to hesitate* 73
escrutar *to scrutinize, to examine* 3

estoquear *to stab, to run through* 3
estorbar *to hinder* 3
estornudar *to sneeze* 3
estragar *to ruin, to corrupt* 72
estrangular *to strangle* 3
estraperlear *to deal in black market* 3
estratificar *to stratify* 71
estrechar *to narrow* 3
estregar *to rub, to scrape* 63
estrellar *to star, to spangle* 3
estremecer *to shake, to vibrate* 35
estrenar *to use for the first time* 3
estreñir *to constipate, to bind* 8
estrepitarse *to kick up a fuss* 3
estriar *to groove, to flute* 75
estribar *to rest on, to be based on* 3
estridular *to stridulate, to chirp (grasshoppers)* 3
estrilar *to get cross* 3
estropajear *to clean walls* 3
estropear *to damage, to spoil* 3
estructurar *to construct* 3
estrujar *to squeeze* 3
estucar *to stucco, to plaster* 71
estuchar *to pack into boxes* 3
estudiar *to study* 3
estufar *to warm* 3
estuprar *to rape* 3
esturgar *to do pottery* 72
eterificar *to etherify* 71
eterizar *to etherize* 73
eternizar *to eternalize* 73
etimologizar *to etymologize* 73
etiquetar *to label* 3
europeizar *to Europeanize* 81
evacuar *to evacuate* 3
evadir *to evade, to avoid* 5
evaluar *to evaluate, to assess* 76
evangelizar *to evangelize* 73
evaporar *to evaporate* 3
evaporizar *to vaporize* 73
evidenciar *to prove, to show* 3
eviscerar *to eviscerate* 3
evitar *to avoid* 3
evocar *to evoke, to call forth* 71
evolucionar *to evolve* 3
exacerbar *to irritate* 3
exagerar *to exaggerate* 3
exaltar *to exalt* 3
examinar *to examine* 3
exasperar *to exasperate* 3
excandecer *to anger, to annoy* 35
excarcelar *to release from prison* 3
excavar *to excavate* 3
exceder *to exceed* 4
exceptuar *to except* 76
excitar *to excite* 3
exclamar *to exclaim* 3
exclaustrar *to secularize* 3
excluir [dos part.] *to shut out* 44
excogitar *to find by thinking* 3
excomulgar *to excommunicate* 72
excoriar *to skin, to flay* 3
excrementar *to excrete* 3
excretar *to excrete* 3
exculpar *to exonerate* 3
excursionar *to go on a trip* 3

excusar *to excuse* 3
execrar *to execrate, to loathe* 3
exentar *to exempt* 3
exfoliar *to defoliate* 3
exhalar *to exhale* 3
exheredar *to disinherit* 3
exhibir *to exhibit* 5
exhortar *to exhort* 3
exhumar *to exhume* 3
exigir *to exact, to levy* 86
exilar *to exile* 3
exiliar *to exile* 3
eximir [dos part.] *to exempt* 5
existimar *to judge, to estimate* 3
existir *to exist* 5
exonerar *to exonerate* 3
exorar *to demand* 3
exorcizar *to exorcise* 73
exordiar *to begin* 3
exornar *to adorn, to embellish* 3
expandir *to expand* 5
expansionarse *to expand* 3
expatriar *to emigrate* 75
expectorar *to expectorate* 3
expedientar *to make a file on* 3
expedir *to send, to ship off* 6
expeler [dos part.] *to expel* 4
expender *to expand* 4
expensar *to defray the costs of* 3
experimentar *to test, to try out* 3
expiar *to expiate, to atone for* 75
expirar *to expire* 3
explanar *to level, to grade* 3
explayar *to extend, to expand* 3
explicar *to explain* 71
explicitar *to state, to assert* 3
explorar *to explore* 3
explosionar *to explode* 3
explotar *to exploit* 3
expoliar *to pillage, to sack* 3
exponer *to expose* 16
exportar *to export* 3
expresar [dos part.] *to express* 3
exprimir *to squeeze* 5
expropiar *to expropriate* 3
expugnar *to take by storm* 3
expulsar *to expel* 3
expurgar *to expurgate* 72
extasiarse *to entrance, to enrapture* 75
extender [dos part.] *to spread* 13
extenuar *to extend* 76
exteriorizar *to express outwardly* 73
exterminar *to exterminate* 3
externar *to study in day school* 3
extinguir [dos part.] *to extinguish* 87
extirpar *to extirpate* 3
extornar *to transfer accounts* 3
extorsionar *to extort* 3
extractar *to extract from* 3
extraer *to extract* 51
extralimitarse *to go too far* 3
extranjerizar *to introduce foreign customs* 73
extrañar *to find strange* 3
extrapolar *to extrapolate* 3
extravasarse *to leak out, to flow out* 3
extravenarse *to let blood* 3

extraviar to mislead 75
extremar to carry to extremes 3
extrudir to make extrusions 5
exudar to exude, to ooze 3
exulcerar to make sore, to ulcerate 3
exultar to exult 3
eyacular to ejaculate 3
eyectar to eject 3
ezquerdear to carry on left side 3

F

fablar to talk, to speak 3
fabricar to manufacture 71
fabular to rumour 3
facer to make trouble 66
facilitar to facilitate 3
facturar to invoice 3
facultar to authorize 3
fachear to swank 3
fachendear to show off 3
faenar to work 3
fajar to wrap 3
faldear to be fond of the ladies 3
falsear to falsify 3
falsificar to falsify 71
faltar to lack, to be rude to 3
fallar to pronounce sentence, to judge 3
fallecer to die 35
familiarizar to familiarize 73
fanatizar to be a fanatic 73
fandanguear to make a row 3
fanfarrear to boast 3
fanfarronear to act as a braggart 3
fantasear to day dream 3
faramallear to lie 3
farandulear to brag 3
fardar to show off 3
farfullar to brag, to gabble 3
farolear to boast 3
farrear to make merry 3
farsantear to play a farce 3
farsear to make a farce 3
fascinar to fascinate 3
fastidiar to annoy 3
fatigar to tire 72
favorecer to favour 35
fayuquear to smuggle 3
fecundar to fertilize 3
fecundizar to fertilize 73
fechar to date 3
federar to federate 3
felicitar to congratulate 3
felpar to dress down 3
felpear to dress down 3
femar to manure 11
feminizar to become feminine 73
fenecer to come to and end 35
feriar to exchange 3
fermentar to ferment 3
ferrar to put on iron, to trim 11
ferretear to work at the hardware 3
fertilizar to fertilize 73

fervorizar to have a fervour for 73
festejar to feast 3
festinar to celebrate 3
festonar to festoon 3
festonear to festoon 3
fiar to entrust 75
fichar to file 3
fiestear to celebrate 3
fifar to be a playboy 3
figurar to shape 3
fijar [dos part.] to fix 3
filar to sharpen 3
filetear to touch up 3
filiar to affiliate 3
filmar to film 3
filosofar to philosophize 3
filosofear to philosophize 3
filtrar to filter 3
finalizar to end 73
financiar to finance 3
finar to death 3
fincar to buy property/real estate 71
fingir to feign 86
finiquitar to settle and close 3
fintar to feint 3
fintear to feint 3
firmar to sign 3
fiscalizar to control tax 73
fisgar to pry into 72
fisgonear to spy on 3
fisionar to make a fission 3
flagelar to flagellate 3
flamear to flutter 3
flanquear to flank 3
flaquear to weaken 3
flechar to prick 3
fletar to hire 3
fletear to hire 3
flexibilizar to make more flexible 73
flexionar to bend 3
flipar to turn on 3
flirtear to flirt 3
flocular to floculate 3
flojear to weaken 3
florar to flower 3
florear to decorate with flowers 3
florecer to bloom 35
floretear to play foil 3
flotar to float 3
fluctuar to fluctuate 76
fluir to flow 44
foguear to be trained 3
foliar to make a pagination 3
follar (fuelled) to blow with bellows 19
fomentar to foment 3
fondear to provide with money 3
forcejar to struggle 3
forcejear to wrestle 3
forjar to forge 3
formalizar to formalize 73
formar to form 3
formular to formulate 3
fornecer to become strong 35
fornicar to fornicate 71
forrajear to forage 3
forrar to line fabric 3

G

gibar *to annoy* 3
gilipollear *to act like a idiot* 3
gimotear *to whine* 3
girar *to turn round* 3
gitanear *to glaze* 3
glicerinar *to put in glycerine* 3
gloriar *to glory* 75
glorificar *to glorify* 71
glosar *to gloss* 3
glotonear *to be greedy* 3
gobernar *to govern* 11
gofrar *to waffle* 3
golear *to score a goal* 3
golfear *to loaf* 3
golosear *to eat sweets* 3
golosinar *to eat sweets* 3
golosinear *to eat sweets* 3
golpear *to strike* 3
golpetear *to beat* 3
golletear *to have had enough* 3
gomar *to plant rubber* 73
gongorizar *to make a euphemism* 73
gorgojarse *to have grubs* 3
gorgojearse *to have grubs* 3
gorgorear *to trill* 3
gorgoritear *to trill* 3
gorjear *to chirp* 3
gorrear *to live as a parasite* 3
gorronear *to scrounge* 3
gotear *to drip* 3
gozar *to enjoy* 73
grabar *to burden* 3
gracejar *to joke* 3
gradar *to harrow* 3
graduar *to grade, to graduate* 76
grajear *to caw* 3
gramar *to knead* 3
gramatiquear *to work as a grammarian* 3
granar *to seed* 3
granear *to sow seeds* 3
granelar *to put in bulk* 3
granizar [unipers.] *to hail* 73
granjear *to gain* 3
granular *to granulate* 3
grapar *to staple* 3
gratar *to burnish* 3
gratificar *to reward* 71
gratular *to congratulate* 3
gravar *to burden* 3
gravear *to burden* 3
gravitar *to gravitate* 3
graznar *to squawk* 3
grecizar *to use Greek expressions* 73
grietarse *to crack* 3
grietearse *to crack* 3
grifarse *to smoke marijuana* 3
grillarse *to escape* 3
gritar *to shout* 3
groar *to croak* 3
gruir *to cry* 44
grujir *to grunt* 5
gruñir *to grunt* 9
guacalear *to put in a hamper* 3
guacamolear *to prepare avocado salad* 3
guachachear *to trick* 3
guachapear *to botch* 3

guachaquear *to act uncouthly* 3
guachaquiar *to act uncouthly* 3
guachificarse *to become ordinary* 71
guachinear *to be ordinary* 3
guadañar *to mow* 3
guaguatear *to be a parasite* 3
guajear *to play the fool* 3
guanaquear *to act silly* 3
guanear *to defecate, to fertilize with guano* 3
guanguear *to wear a loose dress* 3
guantear *to slap* 3
guañir *to fad* 9
guapear *to bluster* 3
guaquear *to rob* 3
guarachear *to wear sandals* 3
guaranguear *to be rude* 3
guarapear *to drink sugar-cane liquor* 3
guaraquear *to drink sugar-cane liquor* 3
guardar *to keep* 3
guarear *to drink guarapo* 3
guarecer *to protect* 35
guaricarse *to protect* 71
guarnecer *to equip* 35
guarnicionar *to garrison* 3
guarnir [defect.] *to provide* 70
guasapear *to joke* 3
guaschar *to joke* 3
guasear *to joke* 3
guasquear *to whip* 3
guastar *to spend* 3
guataquear *to weed* 3
guatear *to warp* 3
guatequear *to have a party* 3
guayabear *to kiss* 3
guayar *to grate* 3
guayuquear *to wear loincloth* 3
guazquear *to whip* 3
guerrear *to fight* 3
guerrillear *to fight* 3
guiar *to guide* 75
guillarse *to go crazy* 3
guillotinar *to guillotine* 3
güinchar *to goad* 3
guindar *to hang up* 3
guiñar *to wink* 3
guiñear *to wink* 3
guipar *to see, to notice* 3
güisachear *to stew* 3
guisar *to stew* 3
guisotear *to stew* 3
güisquilar *to eat pumpkin* 3
guitarrear *to play the guitar* 3
guitonear *to wander* 3
gulusmear *to sniff the cooking* 3
gusanear *to become maggoty* 3
gustar *to like, to enjoy* 3
guturalizar *to make guttural* 73

H

haber *to have* 1
habilitar *to qualify* 3
habitar *to inhabit* 3
habituar *to accustom* 76
hablar *to speak* 3

I

J, K

L

LL

M

macaquear to act like a monkey 3
macarse to go bad 71
macear to hammer 3
macerar to macerate 3
macetear to pot plants 3
macizar to become solid 73
macollar to bunch flowers 3
macujear to be crafty 3
macular to be dishonest 3
macurcarse to be astute 71
machacar to crush 71
machaquear to crush 3
machear to act like a male 3
machetear to cut down with a machete 3
machihembrar to assemble 3
machorrear to be sterile 3
machucar to crush 71
madrear to insult 3
madrugar to get up early 72
madurar to ripen 3
maestrear to work as a teacher 3
magancear to laze around 3
magnetizar to magnetize 73
magnificar to praise 71
magostar to toast chestnuts 3
magrear to touch up, to pet 3
maguarse to be spoiled 77
magullar to get bruised 3
mahometizar to make like Mahomet 73
majadear to pound, to grind 3
majaderear to pound, to grind 3
majar to crush, to pound 3
majaretear to become crazy 3
majolar to tie up 19
malacostumbrar to corrupt 3
malanocharse to pass a bad night 3
malaxar to massage 3
malbaratar to sell off cheap 3
malcasar to be unhappily married 3
macomer to eat badly 4
malcriar to spoil, to pamper 75
maldecir [dos part.] to curse 47
maleabilizar to become malleable 73
malear to corrupt 3
maleficiar to suspect 3
malemplear to employ badly 3
malentender to misunderstand 13
malgastar to waste, to squander 3
malherir to injure badly 27
malhumorar to be bad-tempered 3
maliciar to suspect 3
malignar to have a vicious nature 3
malograr to spoil, to waste 3
malojear to give the evil-eye 3
malonear to act badly 3
maloquear to make surprise attack, to raid 3
malorear to waste, to spoil 3
malparar to come off badly 3
malparir to abort 5
malquerer [dos part.] to dislike, to hate 14
malquistar to fall out with somebody 3
malrotar to turn bad 3
malsonar to sound unpleasant 3
maltear to drink a malted milk 3
maltraer to keep on at somebody 51
maltratar to ill-treat 3

malvar to corrupt 3
malvender to sell off cheap 4
malversar to embezzle 3
malvivir to live badly 5
mallar to crush, to pound 3
mamar to suck 3
mampostear to rest 3
mampresar to break in 3
mamujar to suck 3
mamullar to mumble 3
manar to run or flow with 3
mancar to maim 71
mancillar to stain 3
mancipar to make gentle 3
mancomunar to unite 3
mancornar to dominate 19
manchar to soil, to blot 3
mandar to order 3
manducar to scoff 71
manear to hob 3
manejar to drive 3
manganear to bother 3
mangar to pinch 72
mangonear to boss about 3
manguear to pinch 3
maniatar to tie the hands of 3
manifestar [dos part.] to state 11
maniobrar to handle 3
manipular to manipulate 3
manir [defect.] to hang meat 70
manojear to handle 3
manosear to handle 3
manotear to slap 3
manquear to miss 3
mantear to toss in a blanket 3
mantener to keep, to maintain 15
manufacturar to manufacture 3
manumitir [dos part.] to emancipate 5
manuscribir [part. irreg.] to write by hand 5
manutener to feed 15
mañanear to get up early 3
mañear to have habits 3
mañerear to have habits 3
mañosear to be difficult 3
maquear to lacquer 3
maquilar to crush 3
maquillar to make up 3
maquinar to work a machine 3
maquinizar to work with an engine 73
maraquear to shake 3
maravillar to astonish, to marvel 3
marcar to mark 71
marcear to shear 3
marchamar to label 3
marchar to go, to march 3
marchitar to wither 3
marear to annoy 3
margar to fertilise with marl 72
marginar to exclude 3
mariconear to act like a gay 3
maridar to get married 3
marinar to work like a mariner 3
marinear to be a sailor 3
mariposear to flutter about 3
mariscar to gather shellfish 71
maromear to do a balancing act 3

mixturar *to mix* 3
moblar *to furnish* 19
mocar *to blow one's nose* 71
mocear *to act like young people* 3
mochar *to chop off* 3
modelar *to model* 3
moderar *to moderate* 3
modernizar *to modernize* 73
modificar *to modify* 71
modorrar *to feel heavy* 3
modular *to modulate* 3
motar *to nickname* 3
mogollar *to make a commotion* 3
mohatrar *to be usurious* 3
mohecer *to make moudly* 35
mohosearse *to become moudly* 3
mojar *to wet* 3
mojonar *to damp* 3
molar *to be fashionable* 3
moldar *to mould* 3
moldear *to mould* 3
moldurar *to mould* 3
moler *to grind* 22
molestar *to annoy, to bother* 3
molificar *to change* 71
molturar *to crush* 3
mollear *to be pig headed* 3
molliznar [unipers.] *to drizzle* 3
molliznear [unipers.] *to drizzle* 3
momear *to mummify* 3
momificar *to mummify* 71
mondar *to peel* 3
monear *to act like a monkey* 3
monedar *to ask for money* 3
monedear *to ask for money* 3
monetizar *to become a bore* 73
monologar *to soliloquize* 72
monopolizar *to monopolize* 73
montar *to mount* 3
montear *to mount* 3
moquear *to have a runny nose* 3
moquetear *to put down a carpet* 3
moquitear *to have a runny nose* 3
moralizar *to moralize* 73
morar *to live* 3
morder *to bite* 22
mordicar *to nibble at* 71
mordiscar *to nibble at* 71
mordisquear *to nibble at* 3
moretear *to bruise* 3
morfinizar *to put in morphine* 73
morigerar *to moderate* 3
morir [part. irreg.] *to die* 29
morronguear *to be lazy* 3
mortificar *to torment, to vex* 71
moscardear *to annoy* 3
mosconear *to be curious* 3
mosquear *to get cross* 3
mosquetear *to be curious* 3
mostear *to distil* 3
mostrar *to show, to point out* 19
motear *to nickname* 3
motejar *to nickname* 3
motilar *to cut the hair* 3
motivar *to motivate* 3
motorizar *to motorize* 73

mover *to move* 25
movilizar *to mobilize* 73
muchachear *to act like a boy* 3
mudar *to change, to move* 3
muestrear *to show* 3
mugir *to moo* 86
multar *to fine (money)* 3
multicopiar *to duplicate* 3
multiplicar *to multiply* 71
multiprogramar *to multiprogram* 3
mullir *to make a joint* 9
mundanear *to be wordly* 3
mundear *to be wordly* 3
mundializar *to globalize* 73
mundificar *to globalize* 71
municionar *to arm* 3
municipalizar *to become a municipality* 73
muñequear *to play with dolls* 3
muñir *to settle* 9
muquear *to have mucus* 3
murar *to wall* 3
murmujear *to murmur* 3
murmurar *to murmur* 3
musicalizar *to make music* 73
musitar *to mumble* 3
mustiarse *to become sad* 3
mutilar *to mutilate* 3

N

nacer [dos part.] *to be born* 36
nacionalizar *to naturalize* 73
nadar *to swim* 3
nagualear *to lie* 3
najarse *to beat it* 3
nalguear *to swagger* 3
narcotizar *to drug* 73
naricear *to look over or round* 3
narrar *to tell, to narrate* 3
nasalizar *to nasalize* 73
naturalizar *to naturalize* 73
naufragar *to be shipwrecked* 72
nausear *to feel sick* 3
navajear *to slash* 3
navegar *to sail* 72
necear *to talk nonsense* 3
necesitar *to need* 3
negar *to deny* 63
negociar *to negotiate* 3
negrear *to turn black* 3
negrecer *to become black* 35
nesgar *to flare* 72
neurotizar *to become neurotic* 73
neutralizar *to neutralize* 73
nevar [unipers.] *to snow* 11
neviscar [unipers.] *to snow lightly* .. 71
nidificar *to nest, to build a nest* 71
nielar *to mist* 3
nimbar *to surround the head with a nimbus* 3
ningunear *to ignore or pay no attention to* 3
niñear *to act childishly* 3
niquelar *to nickel-plate* 3
nitrar *to nitrate* 3
nitratar *to nitro-plate* 3
nitrificar *to nitrify* 71

P

rectificar *to rectify* 71
rectorar *to become vicechancellor* 3
recuadrar *to square* 3
recubrir [part. irreg.] *to cover* 5
recudir *to answer* 5
recular *to go back* 3
recuperar *to recover* 3
recurar *to cure* 3
recurrir *to resort to* 5
recusar *to reject* 3
rechazar *to push back, to reject* 73
rechiflar *to whistle* 3
rechinar *to creak* 3
rechistar *to complain* 3
redactar *to draft* 3
redar *to throw a net* 3
redargüir *to twist* 44
redecir *to say again* 46
redescontar *to deduct* 19
redhibir *to annul a sale* 5
rediezmar *to decimate* 3
redilar *to round up* 3
redilear *to round up* 3
redimensionar *to remeasure* 3
redimir *to redeem* 5
redistribuir *to redistribute* 44
redituar *to produce* 76
redoblar *to redouble* 3
redoblegar *to bend again* 72
redondear *to round off* 3
redorar *to brown* 3
reducir *to reduce* 39
redundar *to abound, to redound to* 3
reduplicar *to reduplicate* 71
reedificar *to rebuild* 71
reeditar *to reissue* 3
reeducar *to re-educate* 71
reelegir [dos part.] *to re-elect* 67
reembarcar *to re-embark* 71
reembolsar *to reimburse* 3
reemitir *to re-emit* 5
reemplazar *to replace* 73
reemprender *to re-undertake* 4
reencarnar *to reincarnate* 3
reencauchar *to retread* 3
reencauzar *to channel* 73
reencontrar *to find again* 19
reenganchar *to re-hook* 3
reensayar *to re-try* 3
reenviar *to send back* 75
reenvidar *to re-bid* 3
reestrenar *to wear for the first time* 3
resstructurar *to reorganize* 3
reexaminar *to re-examine* 3
reexpedir *to send back* 6
reexportar *to re-export* 3
referir *to tell, to relate* 27
refilar *to trim* 3
refinanciar *to re-finance* 3
refinar *to refine* 3
refirmar *to sign again* 3
refistolear *to be curious* 3
reflectar *to reflect* 3
reflejar *to reflect* 3
reflexionar *to reflect on* 3
reflorecer *to flourish again* 35

refluir *to flow back* 44
refocilar *to give great pleasure to* 3
reformar *to reform* 3
reformular *to formulate* 3
reforzar *to reinforce* 74
refractar *to refract, to change the direction of radiation* .. 3
refregar *to rub* 63
refreír [dos part.] *to refry* 10
refrenar *to rein back* 3
refrendar *to endorse* 3
refrescar *to refresh* 71
refrigerar *to cool* 3
refringir *to refract* 5
refucilar *to re-shoot* 3
refugiar *to give refuge to* 3
refulgir *to shine* 86
refundir *to recast* 5
refunfuñar *to growl* 3
refutar *to refute* 3
regalar *to give present* 3
regalonear *to spoil* 3
regañar *to scold* 3
regañir *to yelp* 9
regar *to water* 63
regatear *to haggle over* 3
regatonear *to accustom to bargain over* 3
regazar *to roll up the skirt in front* 73
regenerar *to regenerate* 3
regentar *to occupy* 3
regentear *to occupy* 3
regimentar *to maintain discipline, to organize people in regiments* 11
regionalizar *to organize by regions* 73
regir *to rule* 67
registrar *to search* 3
reglamentar *to regulate* 3
reglar *to rule* 3
regletear *to put spaces in the text* 3
regocijar *to gladden* 3
regodear *to be fussy* 3
regoldar *to belch* 19
regolfar *to form a pool* 3
regostarse *to become fond of* 3
regresar *to give back* 3
regruñir *to grunt* 9
reguardar *to keep back* 3
regular *to regulate* 3
regularizar *to regularize* 73
regurgitar *to regurgitate* 3
rehabilitar *to rehabilitate* 3
rehacer *to remake* 33
rehelear *to be bitter* 3
rehenchir *to refill* 6
reherir *to re-injure* 27
reherrar *to re-shoe* 11
rehervir *to reboil* 27
rehilar *to re-spin* 78
rehogar *to brown* 72
rehollar *to trample* 19
rehoyar *to pass back* 3
rehuir *to shun* 44
rehumedecer *to re-dampen* 35
rehundir *to sink back* 5
rehurtarse *to evade, to shirk* 3
rehusar *to refuse* 3
reimplantar *to re-establish* 3

reimportar *to reimport* 3
reimprimir [dos part.] *to reprint* 5
reinar *to reign* 3
reincidir *to be recidivist, to relapse* 5
reincorporar *to rejoin* 3
reingresar *to re-enter* 3
reinsertar [dos part.] *to re-insert* 3
reinstalar *to re-install, to reinstate* 3
reintegrar *to reintegrate* 3
reinvertir *to reinvest* 27
reír to laugh, to laugh at 10
reiterar *to reiterate* 3
reivindicar *to claim* 71
rejear *to put a grille on* 3
rejonear *to fight a bull with a lance* 3
rejuntar *to rejoin* 3
rejuvenecer *to rejuvenate* 35
relabrar *to re-work* 3
relacionar *to relate* 3
relajar *to relax* 3
relamer *to lick* 4
relampaguear [unipers.] *to flash* 3
relanzar *to relaunch* 73
relatar *to relate* 3
relazar *to tie up* 73
releer *to re-read* 54
relegar *to relegate* 72
relentecer *to soften* 35
relevar *to paint in relief* 3
reliar *to re-tie* 75
religar *to tie up again* 72
relinchar *to neigh* 3
relingar *to flap the sails* 72
relucir *to shine* 38
reluchar *to fight again* 3
relumbrar *to dazzle* 3
rellanar *to lounge* 3
rellenar *to fill* 3
remachar *to rivet* 3
remallar *to mend the meshes* 3
remanecer *to reappear unexpectedly* 35
remangar *to roll up* 72
remansarse *to form a pool* 3
remar *to row* 3
remarcar *to notice* 71
rematar *to finish off* 3
rembolsar *to reimburse* 3
remecer *to shake, to rock* 83
remedar *to imitate* 3
remediar *to remedy* 3
remedir *to re-measure* 6
remellar *to tan* 3
remembrar *to remember* 3
rememorar *to remember* 3
remendar *to darn* 11
remesar *to remit, to pluck* 3
remeter *to put back* 4
remilgarse *to be affected* 72
remilitarizar *to re-militarize* 73
remineralizar *to remineralize* 73
remirar *to look at again* 3
remitir *to remit* 5
remodelar *to remodel* 3
remojar *to soak, to steep* 3
remolar *to please again* 19
remolcar *to tow* 71

remoler *to annoy* 22
remolinar *to crowd around* 3
remolinear *to crowd around* 3
remolonear *to evade, to shirk* 3
remollar *to soften* 19
remondar *to beat again* 3
remontar *to mend, to rise* 3
remorder *to distress, to greive* 22
remosquear *to get cross* 3
remostar *to put must into the wine* 3
remover *to stir* 25
remozar *to rejuvenate* 73
remplazar *to replace* 73
rempujar *to push back* 3
remudar *to change* 3
remullir *to re-summon* 9
remunerar *to remunerate* 3
remusgar *to suspect* 72
renacer *to be reborn* 36
rendar *to work* 3
rendir *to defeat, to yield* 6
renegar *to deny vigorously* 63
renegociar *to re-negotiate* 3
renegrear *to become very black* 3
renglonear *to put space for writing* 3
renguear *to limp* 3
renombrar *to rename* 3
renovar *to renew* 19
renquear *to limp* 3
rentabilizar *to make profitable* 73
rentar *to produce* 3
renunciar *to renounce* 3
reorientar *to re-orientate* 3
reñir *to scold* 8
reorganizar *to reorganize* 73
repanchigarse *to lounge* 72
repantigarse *to give in the chair* 72
repapilarse *to eat too much* 3
reparar *to repair* 3
repartir *to divide, to distribute* 5
repasar *to pass again* 3
repatear *to kick again* 3
repatriar *to repatriate* 75
repechar *to raise by hanging* 3
repeinarse *to comb again* 3
repelar *to cut again* 3
repeler *to repel* 4
repellar *to fill with mortar* 3
repensar *to rethink* 11
repentizar *to sight-read* 73
repercudir *to rebound* 5
repercutir *to rebound* 5
repertoriar *to make a list* 3
repescar *to give another opportunity* 71
repetir *to repeat* 6
repicar *to chop up finely* 71
repicotear *to emboss, to decorate something with curves* 3
repintar *to paint again* 3
repiquetear *to peal* 3
repisar *to walk on again, to pack down* 3
repiscar *to repinch* 71
replantar *to plant again* 3
replantear *to raise again* 3
replegar *to fold over* 63
repletar *to fill* 3
replicar *to answer* 71

S

T

tafiletear to decorate 3
tajar to slice 3
taladrar to bore 3
talar to fell 3
talonear to spur along 3
tallar to chat 3
tallecer to shoot 35
tamalear to trick 3
tambalear to shake 3
tambar to dress 3
tamborear to drum 3
tamborilear to drum 3
tamizar to sieve 7
tamponar to put ink pad 3
tanguear to dance the tango 3
tantear to consider 3
tañer to touch, to play instrument 7
tapar to cover 3
taperujarse to cover without attention 3
tapialar to wall in 3
tapiar to wall in 3
tapirujarse to cover inadvertently 3
tapiscar to harvest 71
tapizar to carpet 73
taponar to cork 3
tapujarse to muffle oneself up 3
taquear to fill right up 3
taquigrafiar to write in shorthand 75
taracear to inlay 3
tarar to tare 3
tararear to sing in low voice 3
tarascar to beat 71
tardar to take a long time 3
tardecer [unipers.] to become late 35
tarifar to price 3
tarjar to cross out 3
tarjetearse to use the cards 3
tartajear to stammer 3
tartalear to tremble 3
tartamudear to stutter 3
tartarizar to put tartar in 73
tasajear to cut 3
tasar to fix a price for 3
tascar to strike 71
tasquear to go to the bar 3
tatarear to sing in low voice 3
tatuar to tattoo 76
taylorizar to taylorize work 73
tazar to cut 73
teclear to key, to type 3
techar to roof 3
tediar to feel bore 3
tejar to tile 3
tejer to weave 4
telecinematografiar to filmograph 75
telecomponer to teleconstitute 16
telecomunicar to telecommunicate 71
teledetectar to teledetect 3
teledifundir to telebroadcast 5
teledirigir to teledirect 86
telefilmar to telefilm 3
telefonear to telephone 3
telefotografiar to telephotograph 75
telegrafiar to telegraph 75
teleguiar to teleguide 75
telepatizar to do telephathy 73

teleprocesar to tele prosecute 3
telerradiografiar to teleradiograph 75
teletratar to teleprocess 3
televisar to televise 3
temar to be obstinate 3
temblar to tremble 11
tambletear to tremble 3
temer to fear 4
tempanar to be ice-cold 3
temperar to temper 3
tempestear to become angry 3
templar to temper 3
temporalear to temporize 3
temporalizar to temporize 73
temporejar to bear leeward in storm 3
temporizar to temporize 73
tenacear to be stubborn 3
tender to spread 13
tener to have, to posess 15
tensar to make taut 3
tentalear to touch without seeing 3
tentar to touch 11
teñir [dos part.] to dye 8
teologizar to teach theology 73
teorizar to theorize 73
tequiar to damage 3
terciar to divide into three 3
tergiversar to distort 3
terminar to end 3
terraplenar to level 3
terrear to light 3
terrecer to terrify 35
tersar to make something smooth 3
tertuilar to talk 3
tesar to move back 3
testar to make a will 3
testerear to get a bump on the head 3
testificar to attest 71
testimoniar to testify to 3
tetanizar to feel fear 73
tetar to suckle 3
tibiar to cool 3
tijeretear to cut 3
tildar to brand sb as (being) 3
tilinguear to act like a silly person 3
tilintear to like something or somebody 3
timar to steal 3
timbrar to stamp 3
timonear to manage 3
timpanizarse to become distended with gases 73
tincar to strike 71
tindalizar to have Tyndal effect 73
tingar to cover a plank 72
tintar to dye 3
tinterillar to work as a lawyer 3
tintinar to tinkle 3
tintinear to tinkle 3
tinturar to put colour 3
tipificar to typify 71
tipografiar to typograph 75
tiramollar to pull 3
tiranizar to tyrannize 73
tirar to throw, to draw 3
tiritar to shiver 3
tironear to pull 3
tirotear to shoot at 3

titear to squawk 3
titilar to flutter 3
titilear to flutter 3
titiritar to shiver 3
titubear to totter 3
titular to title 3
tiznar to blacken 3
tizonear to poke fire, to smudge 3
toar to tow 3
tobar to overcome 3
tocar to touch, to play 71
toldar to put awning over 3
tolerar to tolerate 3
tomar to take up 3
tonar [unipers.] to shoot 3
tongonearse to walk gracefully 3
tonificar to stimulate 71
tonsurar to clip 3
tontear to fool about 3
topar to run into 3
topear to run into 3
topetar to shock 3
topetear to shock 3
toquetear to touch repeatedly 3
torcer [dos part.] to twist 23
torear to fight 3
tornar to give back 3
tornasolar to make iridescent 3
tornear to turn 3
torpedear to torpedo 3
torrar to toast 3
torrear to toast 3
torrefactar [dos part.] to toast 3
tortolear to fall in love 3
torturar to torture 3
toser to cough 4
tostar to toast 19
totalizar to totalize 73
trabajar to work 3
trabar to fetter, to join 3
trabucar to confuse 71
traducir to translate 39
traer to bring 51
trafagar to bustle about 72
traficar to trade 71
tragar to swallow 72
traicionar to betray 3
traillar to level to the ground 78
trajear to clothe 3
trajinar to carry, to rush around 3
tramar to weave 3
tramitar to transact, to attend to 3
tramontar to escape 3
trampear to cheat 3
trancar to bar 71
tranquear to bar 3
tranquilar to calm 3
transar to compromise 3
transbordar to transfer 3
transcribir [part. irreg.] to transcribe 5
transcurrir to pass 5
transferir to transfer 27
transfigurar to transfigure 3
transflorar to transflorate 3
transflorear to transflorate 3
transformar to transform 3

transfregar to scrub 63
transfundir to transfuse 5
transgredir [defect.] to transgress 70
transigir to compromise 86
transistorizar to put transistor in 3
transitar to travel 3
translimitar to infringe 3
translucirse to be transparent 38
transmigrar to migrate 3
transmontar to escape 3
transmudar to transmute 3
transmutar to transmute 3
transparentarse to be transparent 3
transpirar to perspire 3
transplantar to transplant 3
transponer to transpose 16
transportar to transport 3
transterminar to finish something another time 3
transubstanciar to transform 3
transvasar to transfer 3
tranzar to braid 73
trapacear to cheat 3
trapalear to cheat 3
trapazar to cheat 73
trapear to mop 3
trapichear to be on the fiddle 3
trapisondear to scheme 3
traquear to produce noise 3
traquetear to produce noise 3
trasbocar to vomit 71
trasbordar to transfer 3
trasbucar to vomit 71
trascartarse to get mislaid 3
trascender to come out 13
trascolar to filter 19
trasconejarse to hide oneself 3
trascordarse to confuse 19
trascribir [part. irreg.] to transcribe 5
trascurrir to pass 5
trasdoblar to treble 3
trasdosar to reinforce 3
trasdosear to reinforce 3
trasechar to set a trap for 3
trasegar to move about, to decant 63
trasferir to transfer 27
trasfigurar to transfigure 3
trasflorar to reveal 3
trasflorear to reveal 3
trasformar to transform 3
trasfregar to scrub 63
trasfundir to transfuse 5
trasgredir [defect.] to transgress 70
trasguear to entangle 3
trashojar to turn the pages of 3
trashumar to migrate 3
trasladar to move 3
traslapar to overlap 3
traslimitar to infringe 3
traslucirse to dazzle 38
traslumbrar to dazzle 3
trasmañanar to defer till tomorrow 3
trasmatar to think somebody has survived someone else 3
trasmigrar to migrate 3
trasminar to filter 3
trasmitir to transmit 5
trasmochar to lop 3

U

V

PART IV
APPENDICES

I. DEFECTIVE VERBS

ABARSE	Non-finite forms. Imperative: 2nd person singular and plural.
ABOLIR	Non-finite forms. Indicative: all simple and compound tenses, but the present tense only has 1st and 2nd persons plural. Subjunctive: imperfect, pluperfect, future and future perfect. Imperative: 2nd person plural only.
ACAECER	Non-finite forms and 3rd person singular and plural in every tense.
ACONTECER	Non-finite forms and 3rd person singular and plural in every tense.
ADIR	Non-finite forms only.
AGREDIR	Same as *abolir*.
AGUERRIR	Same as *abolir*.
APLACER	Non-finite forms and the 3rd person singular and plural of the perfect and imperfect tenses in the indicative.
ARRECIRSE	The same as *abolir*.
ATAÑER	Non-finite forms and 3rd person singular and plural only in every tense.
ATERIRSE	The same as *abolir*.
BALBUCIR	Not used in 1st person singular in the present indicative and the present subjunctive.
BLANDIR	The same as *abolir*.
COLORIR	The same as *abolir*.
CONCERNIR	Non-finite forms, used in 3rd person singular and plural in the present and imperfect indicatives.
DENEGRIR	Only used in the non-finite forms.
DESCOLORIR	Only used in the participle and the infinitive.
DESGUARNIR	The same as *abolir*.
DESPAVORIR	The same as *abolir*.
EMBAÍR	The same as *abolir*, but this verb conjugated as shown in table 69.
EMPEDERNIR	The same as *abolir*.
GARANTIR	The same as *abolir* (in Latin America this is not a defective verb).
GUARNIR	The same as *abolir*.
INCOAR	The same as *abolir*, but this verb is conjugated like *amar*, table 3.
INCUMBIR	Non-finite forms and 3rd person singular and plural in all tenses.
MANIR	The same as *abolir*.
POLIR	The same as *abolir*.
PRETERIR	Non-finite forms, the same as *abolir*.
SOLER	Present, present perfect, imperfect, preterite and present perfect tenses in the indicative, present tense in the subjunctive.
TRANSGREDIR	The same as *abolir*.
USUCAPIR	Only in the non-finite forms.

II. IMPERSONAL VERBS

ALBOREAR	DESCAMPAR	OBSCURECER
AMANECER	DESHELAR	ORVALLAR
ANOCHECER	DILUVIAR	OSCURECER
ATARDECER	ESCAMPAR	RELAMPAGUEAR
ATENEBRARSE	ESCARCHAR	RETRONAR
ATRONAR	GARUAR	RIELAR
CELLISQUEAR	GRANIZAR	RUTILAR
CENTELLAR	HELAR	TARDECER
CENTELLEAR	LOBREGUECER	TEMPESTEAR
CLAREAR	LLOVER	TONAR
CLARECER	LLOVIZNAR	TRONAR
CORUSCAR	MOLLIZNAR	VENTAR
CHAPARREAR	MOLLIZNEAR	VENTEAR
CHISPEAR	NEVAR	VENTISCAR
CHUBASQUEAR	NEVISCAR	VENTISQUEAR

III. REGULAR VERBS WITH AN IRREGULAR PARTICIPLE

As mentioned earlier, some verbs follow a regular conjugation model except for the participle. We give a list of these verbs below.

ABRIR	abierto		MANUSCRIBIR	manuscrito
ADSCRIBIR	adscrito		PRESCRIBIR	prescrito
CUBRIR	cubierto		PROSCRIBIR	proscrito
DESCRIBIR	descrito		REABRIR	reabierto
DESCUBRIR	descubierto		RECUBRIR	recubierto
ENCUBRIR	encubierto		RESCRIBIR	rescrito
ENTREABRIR	entreabierto		ROMPER	roto
ESCRIBIR	escrito		SUSCRIBIR	suscrito
INSCRIBIR	inscrito		TRANSCRIBIR	transcrito

In some Spanish speaking countries of America the *p* of former spelling in European Spanish has been retained in certain participles *(adscripto, pre-scripto, proscripto, suscripto, etc.)*.

In addition, it can be mentioned that the irregularity of some verbs is apparent in their participles:

ABSOLVER	absuelto		PUDRIR	podrido
DECIR	dicho		RAREFACER	rarefacto
DISOLVER	disuelto		RESOLVER	resuelto
HACER	hecho		SATISFACER	satisfecho
LICUEFACER	licuefacto		TUMEFACER	tumefacto
MORIR	muerto		VER	visto
PONER	puesto		VOLVER	vuelto

The corresponding verbs formed by derivation from the verbs shown above have similar characteristics (*anteponer, contradecir, desenvolver, deshacer, devolver, disponer, entrever, envolver, exponer, imponer, oponer, posponer, prever, proponer, rehacer, reponer, revolver, superponer, suponer, yuxtaponer, etc.*), the only exceptions being *bendecir* and *maldecir*, which belong to the group of verbs with two participles. The two participle verbs are shown in the list given below.

IV. VERBS WITH TWO PARTICIPLES

A series of Castilian Spanish verbs has two participles, one regular and one irregular. The irregular participles are formed more directly from Latin. Nevertheless, the compound tenses usually take the regular participle (with the exception of *frito, impreso* and *provisto*), the irregular form is used for the adjectival form. For example, *El profesor no ha CORREGIDO todavía los ejercicios* / The teacher has not yet corrected the exercizes, but: *El ejercicio resulta CORRECTO* / The corrected exercize is ready.

The following are the principal verbs having two participles:

	regular	**irregular**
ABSORBER	absorbido	absorto
ABSTRAER	abstraído	abstracto
AFLIGIR	afligido	aflicto
AHITAR	ahitado	ahíto
ATENDER	atendido	atento
BENDECIR	bendecido	bendito
BIENQUERER	bienquerido	bienquisto
CIRCUNCIDAR	circuncidado	circunciso
COMPELER	compelido	compulso
COMPRIMIR	comprimido	compreso
CONCLUIR	concluido	concluso
CONFESAR	confesado	confeso
CONFUNDIR	confundido	confuso
CONSUMIR	consumido	consunto
CONTUNDIR	contundido	contuso
CONVENCER	convencido	convicto
CONVERTIR	convertido	converso
CORREGIR	corregido	correcto
CORROMPER	corrompido	corrupto
DESPERTAR	despertado	despierto
DESPROVEER	desproveído	desprovisto
DIFUNDIR	difundido	difuso
DIVIDIR	dividido	diviso
ELEGIR	elegido	electo
ENJUGAR	enjugado	enjuto
EXCLUIR	excluido	excluso
EXIMIR	eximido	exento
EXPELER	expelido	expulso
EXPRESAR	expresado	expreso
EXTENDER	extendido	extenso
EXTINGUIR	extinguido	extinto
FIJAR	fijado	fijo

FREÍR	freído	frito
HARTAR	hartado	harto
IMPRIMIR	imprimido	impreso
INCLUIR	incluido	incluso
INCURRIR	incurrido	incurso
INFUNDIR	infundido	infuso
INJERTAR	injertado	injerto
INSERTAR	insertado	inserto
INVERTIR	invertido	inverso
JUNTAR	juntado	junto
MALDECIR	maldecido	maldito
MALQUERER	malquerido	malquisto
MANIFESTAR	manifestado	manifiesto
MANUMITIR	manumitido	manumiso
NACER	nacido	nato
OPRIMIR	oprimido	opreso
POSEER	poseído	poseso
PRENDER	prendido	preso
PRESUMIR	presumido	presunto
PRETENDER	pretendido	pretenso
PROPENDER	propendido	propenso
PROVEER	proveído	provisto
RECLUIR	recluido	recluso
RETORCER	retorcido	retuerto
SALPRESAR	salpresado	salpreso
SALVAR	salvado	salvo
SEPELIR	sepelido	sepulto
SEPULTAR	sepultado	sepulto
SOFREÍR	sofreído	sofrito
SOLTAR	soltado	suelto
SUBSTITUIR	substituido	substituto
SUJETAR	sujetado	sujeto
SUSPENDER	suspendido	suspenso
SUSTITUIR	sustituido	sustituto
TEÑIR	teñido	tinto
TORCER	torcido	tuerto
TORREFACTAR	torrefactado	torrefacto

V. SOME REMARKS CONCERNING THE FORMS OF PERSONAL ADDRESS IN SPANISH

In the section on **Conjugation** we mentioned the three grammatical persons, both singular and plural, with indications concerning their use. However, it should be pointed out that in practice the pronouns can be changed or substituted between each other according to the situation. Thus, for example, when a teacher starts his class in the well-known way, by saying *Decíamos ayer* / As we were saying yesterday, using the verb in the plural, when logically he should say it in the singular (*Yo decía ayer* / As I was saying yesterday).

This way of speaking is sometimes used by public speakers and writers wishing to convey a feeling of modesty (*Deseamos darles un consejo que nos ha dictado nuestra propia experiencia* / We would like to give them some advice based on our own experience). In a similar way, when we greet somebody, we would normally use the second person singular; yet, in some cases, we use the first person plural: *¡Buenos días, querido amigo, cuánto madrugamos!* / Good morning, dear friend, we are up early this morning! which is the same as saying *¡Buenas días, querido amigo, cuánto madrugas!* / Good morning, dear friend, you are up early this morning!

It is important to understand that changes are made in the conjugation due to what in Spanish is known as "tratamiento", meaning, the appropriate way to address people to whom we owe respect, deference or courtesy. This is referred to as social register in the field of socio-linguistics.

Tuteo

The term "tuteo" refers to the familiar or personal form of address used between two or more people; the form uses the pronoun *tú* in the 2nd person singular and *vosotros (- as)* in the 2nd person plural, with the corresponding verb form. The following table showing some examples should give a clearer picture of what we wish to explain:

	Nominative (subject)	Dative and accusative (object)	Prepositional case form
Singular	*tú* amas	*te* amo	voy *contigo*; estoy contra *ti*
Plural	*vosotros (- as)* amáis	*os* amo	voy con *vosotros (- as)* estoy contra *vosotros (- as)*

This model has continued in Spain since the beginnings of Castilian Spanish until the present day, albeit with local variations. Thus, the nominative plural (*vosotros, - as*) changed into *ustedes* in the speech of large areas in Andalucía and Central and South America (*Ustedes tenéis la culpa* / You are to blame). An intermediate solution, which attempts to soften the somewhat familiar connotations associated with this form, is to use the 3rd person verb form, a usage which is still common in the Canary Islands (*Ustedes tienen la culpa*). The use of the 2nd person plural pronouns (*vosotros, - as*) has almost disappeared in these regions.

Unfortunately, it is not possible to give any very definite rules concerning the use of *tuteo*, since this depends on many variables such social circumstances, geographical region, custom etc. Nevertheless, it is possible to say that *tuteo* is the usual way of addressing close friends and family, work colleagues (provided there is no big difference in age) and between young people. The normal way of speaking on the *tuteo* level to someone is to use his first name, although when there is a lower level of familiarity, the family name is used. Town dwellers are more likely to use the *tuteo* form than country people, since people of different classes mix more easily in towns and this has lead to a growing tendancy to use the *tú* form instead of the more formal *usted*. In addition to these examples, we can mention that in literary language the *tuteo* form is used when refering to non-real entities like God, the Saints and divinities, or when invoking things present or absent (*¡España, tus costumbres ancestrales y tu respeto al honor!* / O Spain of ancient customs and respect of honour!) or expressions used to curse and insult (*¡Tú, mi supuesto protector, degenerado bastardo de un padre abyecto!* / You, my supposed protector, you degenerate bastard of a contemptible father!).

The respectful form of address using *usted*

The current way of addressing somebody politely is to use *usted* (- *es*) for both genders, using the third person in the verb. In the following table, we summarize the grammatical use of *usted*, with examples to help the reader understand the functioning of this form of address:

	Nominative	Dative	Accusative	Prepositional case
Singular	*usted* ama	*le* digo; *se* lo digo	*lo* (*le*) amo *la* amo	voy con *usted*
Plural	*ustedes* aman	*les* digo; *se* lo digo	*los* (*les*) amo *las* amo	voy con *ustedes*

The origins of *usted* go back to the XVI century, when the early form, *vos*, used for addressing one person with the verb in the 2nd person plural, began to be replaced gradually by *vuestra merced* using the verb in the 3rd person. With this form one referred to the person to whom one was speaking in an indirect way and this made it necessary to change the form of the verb (*Vuestra merced TIENE la palabra* / You can speak now). The form of address expanded so that very soon *vos* changed into a familiar form which disappeared from the speech of Spain, although it has been retained in some regions of Latin America, where it continues to co-exist with *tú*. This form is known as the *voseo*, which we shall consider later.

Through frequency of use *vuestra merced* was contracted to *usted* and it was this form of address which was used with titled people, important people and officials. In fact, the use of this form of address is now basic to social relations in Spain, in spite of the fact that its use has become less frequent in recent times, for the reasons we explained before. In some cases *usted* has replaced the *tuteo* form, in situations where *tuteo* was customary before, like for example when speaking with servants or manual workers (hairdressers, waiters, shoeshine boys, etc.).

The use of *usted* involves the use of the first name (which can be preceded by the title Don, according to the level of respect or deference) or of the family name usually preceded by the the title Don. This form of address has, of course, many subtle shades of meaning of which the native speaker is normally aware. Generally speaking, the use of Don followed by the first name is less widespread and is in fact tending to be used less and less, whereas in Latin America the predominant form is that of *Señor* + *family name*.

Other forms of personal address

Apart from *tu* and *usted*, there are many forms of address which go beyond the scope of this handbook. Among the best known are *Majestad* / Majesty for a sovereign, *Alteza Real* / Royal Highness for a prince or princess of the royal blood, *Santidad* / Holiness for the Pope, *Eminencia* / Eminence for a cardinal, *Excelencia* / Excellency for a head of state, a president of a republic, ministers, governors, ambassadors etc, with variations according to the country concerned. These titles take the 3rd person of the verb. The 2nd person is used when the possessive pronoun is required to complete this type of abstract noun (*Vuestra Majestad, Vuestra Excelencia* / Your Majesty, Your Excellency). One should point out, however, that the 3rd person can be used for the possessive adjective (*Su Majestad, Su Excelencia*) and that the traditional *vos* followed by the verb in the second person plural is also usual.

Finally, let us look at a few examples of personal address, which, according to the protocol in force, should be used with a sovereign: *Me presento ante* VUESTRA MAJESTAD *para* TESTIMONARIAS *mi adhesión* / I come before Your Majesty in order to demonstrate my support; *Esta Constitución*, SEÑOR, *es la gran obra de* VUESTRO *reinado* / This constitution, Señor, is the great achievement of your reign; VOS ENCARNAIS *la primera magistratura des Estado* / You embody the highest authority in the State.

Voseo

Voseo, the Spanish term used to describe the use of *vos* with a single addressee, is an old form of address which was used with persons worthy of respect in order to differentiate them from people of lesser respect or from those with whom one was very familiar. This form was replaced by *usted*, the contraction of *vuestra merced*, some time after the Golden Age in Spain, as we noted before. And so, in Spain and regions of Latin America, *vos* acquired an archaic character, although still used to address God and the Saints. Though it is regarded as familiar, the *voseo* form continues to be used in Argentina and parts of Central America, with some variations. However, this pronoun is not used in Mexico, Cuba, Puerto Rico, Colombia, Venezuela, Bolivia, Ecuador, Chile, Panama, Peru and Santo Domingo. In Uruguay both *vos* and *tú* are used.

The verb forms associated with *vos* used with a sole addressee, are the present and the present perfect tenses of the indicative, employed in the plural form without a diphthong such as *sabés, cantás, tenés, matastes* (*sabéis, cantáis, tenéis, matasteis*). Imperatives take the form of *decí, llegá, tené* (*decid, llegad, tened*). In the indicative and subjunctive imperfect tenses, the singular is used (*sabí, supieras*), although in recent times there has been some hesitation between the singular and the plural. The possessive and personal pronouns used are the 2nd person singular (*tu, tuyo, tuyos ; te*) except in the nominative and prepositional cases (*vos*), as the following shows: *Vos cantás tu canción preferida* / You sing your favourite song.

There is clearly a direct link between the use of *voseo* forms and the greater or lesser importance of Spanish influence during the colonial period. Thus, the European Spanish use has been maintained in the former Vice Royalties of Peru and Mexico and in territories where Spanish influence has been strongest such as Cuba, Puerto Rico and Saint-Domingo. In any case, wherever *voseo* prevails it co-exists quite happily with the traditional Spanish forms of address. This is probably due to the greater literary prestige of the *tú* form and to the critical discussion that the localized use has generated among Latin American grammarians and writers.

*Imprimé par R*OTOLITO *LOMBARDA*
Dépôt légal : décembre 2001
N° de projet : 10088463 (I) 20 (OSB 90°)